Rick de Yampert

CORBEAUX

Un regard unique sur les mystères
et la magie des corvidés

Secret d'étoiles

ÉLOGE DES CORNEILLES ET DES CORBEAUX

« Rick de Yampert nous invite à une exploration des faits scientifiques, des mythes et de ses expériences personnelles avec ces fascinants oiseaux. Riche en informations et en exercices, ce livre guide les lecteurs vers un nouveau niveau de pratique magique grâce aux énergies des *Corvus*. Une merveilleuse lecture. »

— RAINA STARR, animatrice et productrice du podcast *Desperate House Witches*

« Si vous vous intéressez de près ou de loin aux corbeaux et aux corneilles, alors ce livre de Rick de Yampert sera votre porte d'entrée vers la connaissance et le plaisir ! Divisé en chapitres de leçons, grimoire et traditions, ce guide n'est pas seulement un plaisir à lire, mais une expérience interactive qui approfondira votre appréciation de ces corvidés. S'appuyant sur des anecdotes personnelles, sur l'histoire et les observations de la nature, Rick tisse le mystère, le mythe et la magie de ces fascinants oiseaux en une tapisserie magique que vous retournerez encore et encore. »

— LISA WAGONER, autrice de *Positive Pagan*

Pour ma douce Michelle Labella,
dont l'amour m'a conduit plus loin
dans la magie et l'esprit.

NOTE DE L'ÉDITEUR

Toutes les citations présentes dans cet ouvrage ont été traduites depuis l'anglais par la traductrice. Lorsque les sources bibliographiques étaient disponibles dans une édition française, la référence a été précisée en note de bas de page et dans la bibliographie.

SOMMAIRE

PRÉFACE

Une famille de corneilles vit dans l'arrière-cour derrière ma maison (ou peut-être que je vis dans leur avant-cour). J'ai toujours aimé ces oiseaux. Lorsque j'ai appris qu'un groupe de corbeaux ou de corneilles était appelé un « meurtre », j'ai refusé d'employer ce terme. Ils forment des liens durables et des familles dynamiques, c'est pourquoi je préfère nommer ce groupe une « famille ». D'ailleurs, au moment où j'écris ces lignes, quelques-uns d'entre eux bavardent devant la fenêtre. Pas de cri d'alarme ni d'appel pour les retardataires au moment de se percher le soir. Seulement des bavardages.

Plus tard, quand je me rendrai dans ma voiture, l'un d'eux me saluera probablement du haut de mon vieil érable en poussant un cri strident. Je lui répondrai par un joyeux « Bonjour ! », auquel il réplique généralement par un son plus doux. Nous discutons ainsi jusqu'à ce que je sois hors de sa vue. Parfois, un autre m'accueille au fond de l'allée tandis que je monte dans ma voiture et m'éloigne. Tout au long de la journée, à la vue d'un corbeau, une rapide analyse de ses actions m'amène à penser qu'ils ont une affection particulière pour moi. Pourtant, je ne les nourris pas, comme le font certaines personnes, et pendant de nombreuses années, nous avions des chats ; il me semblait donc cruel d'attirer les oiseaux dans l'arrière-cour.

Toutefois, ma grand-mère, dont j'ai hérité ma robustesse et ma sorcellerie, a adopté une corneille comme animal de compagnie pendant la Grande Dépression. Je ne me souviens pas comment elle a acquis un tel compagnon, mais il est probable que l'un de ses frères ait trouvé un oisillon tombé du nid et le lui ait apporté. La corneille était connue pour voler les épingles dans les coiffures des dames, chaparder les bijoux clinquants et déposer son butin entre les touches du piano mécanique de la famille. Au fond, j'aimerais avoir une corneille comme animal de compagnie, mais je me sentirais mal à l'égard de la famille qui l'a perdue. Je vais continuer à profiter de ces interactions joyeuses avec ces oiseaux amicaux et attentionnés, et m'en tenir là.

Tous les corvidés sont intelligents et charismatiques, mais l'amour et l'admiration que Rick leur porte transparaissent à chaque page. Que vous soyez ici pour en apprendre davantage sur les corbeaux, les choucas, les geais bleus et les pies, ou pour célébrer ce groupe d'oiseaux intelligents et bienveillants, vous êtes au bon endroit.

H. Byron Ballard

INTRODUCTION

À VOL D'OISEAU

Un soir d'été, pendant ma promenade quotidienne de près de cinq kilomètres autour de mon ancien quartier, j'ai vu trois corneilles qui volaient au-dessus de ma tête. J'étais à environ cinq pâtés de maisons de ma résidence à Palm Coast, en Floride, et curieusement ces volatiles se dirigeaient directement vers moi.

Plus étonnant encore, alors que je contemplais le ciel, le trio tourna soudainement mais gracieusement en rond à une dizaine de mètres audessus de moi, puis poursuivit sa route vers ma maison.

« Elles m'ont reconnu », pensai-je, me rappelant ces recherches scientifiques qui avaient prouvé que les corneilles peuvent distinguer et mémoriser les visages humains. Elles se souviennent surtout de ceux qui ont tenté de leur faire du mal et de ceux qui les ont aidées. Et les corneilles réagissent en conséquence.

Ma maison est située à la lisière d'un bois, et la ménagerie qui se promène dans mon arrière-cour depuis une dizaine d'années comprend des cerfs, des loutres, des ratons laveurs, des couleuvres agiles noires, des ibis, et même un alligator et un lynx.

Mais je vois des corneilles quotidiennement. Le livre *National Audubon Society Field Guide to Florida*, ainsi que d'autres sources, m'apprennent que la Floride est le repaire des corneilles d'Amérique et des corneilles de rivage, mais pas des corbeaux.

À chaque fois que j'entends les corneilles croasser dans les pins derrière chez moi, que ce soit dans mon ancienne demeure de Palm Coast ou dans la nouvelle, j'attrape les chips, le pain et les crackers que je garde pour elles, et je sors les éparpiller sur ma pelouse. Les corneilles semblent deviner qu'elles m'ont entraîné à sortir sur leur ordre.

Dans mon ancienne résidence de Palm Coast, Lord Vaillant descendait en piqué de son perchoir dans le pin et se posait sur l'herbe, même si j'étais en train de disperser leur festin. Étant le plus grand de mes visiteurs, il était aussi le plus courageux pour récupérer les chips que je lançais près de la fenêtre de mon salon.

Mme Skitta était trouillarde ; elle se précipitait pour attraper un cracker et s'enfuyait à tire-d'aile pour se mettre à l'abri derrière le chêne grisâtre. L'avide M. Piggy attendait que je sois rentré puis prenait son temps, accumulant jusqu'à trois, quatre ou cinq crackers avant de coincer la pile dans son bec et de s'envoler on ne sait où – peut-être pour partager son repas avec sa famille ou sa nuée.

Cette cohorte de corneilles comprenait également celle que je baptisais Rockette en raison de son étrange coup de patte droite quand elle marchait, comme ces danseuses du Radio City Music Hall. Cette démarche résultait sans doute d'une vieille blessure. Elle était l'une des rares corneilles à ne voir aucun inconvénient à dîner seule. Shada complétait mon clan de cinq. C'était une visiteuse occasionnelle de mon ancienne maison, à tel point que je considérais son apparition comme de bon augure, tandis que tout le groupe se manifestait en même temps.

En ce jour d'été, alors que le trio de corneilles effectuait son salut circulaire au-dessus de moi, j'ai eu l'intuition qu'elles faisaient partie de la nuée de corneilles qui se sentaient chez elles près de chez moi. Sans avoir cherché à le provoquer, du moins pas directement, un moment de pure magie s'est produit ; un païen qui voit la divinité se manifester dans la nature.

Quiconque se décide ou a été appelé à poursuivre la magie du corbeau ou de la corneille sera richement récompensé, tout comme les ornithologues, les naturalistes et les biologistes amateurs de la faune et la flore qui sont sous le charme des corvidés.

Les corbeaux et les corneilles sont littéralement partout, ou presque. L'ornithologie (l'étude scientifique des oiseaux) nous apprend que les corneilles et/ou les corbeaux peuplent chaque continent, hormis l'Antarctique, et que les corneilles sont beaucoup moins timides et plus grégaires que les corbeaux. Vous pouvez certainement voir des corneilles lors d'une promenade en forêt, mais vous aurez plus de chances de les croiser dans votre jardin, quand vous flânez dans un parc urbain légèrement boisé ou quand vous vous rendez dans un fast-food, où l'une d'entre elles vous attendra sur le parking pour chiper une frite tombée au sol.

Les corbeaux et les corneilles sont omnivores et mangent à peu près n'importe quoi, des petits oiseaux à de la nourriture normalement réservée aux humains. Le fait que ces oiseaux grignotent délibérément les aliments industriels joue un rôle dans l'augmentation de la population de corvidés en ville, où les occasions de récupérer les détritus des humains gaspilleurs sont nombreuses. À l'instar des coyotes, les corvidés, et plus particulièrement les corneilles, se sont adaptés à l'environnement urbain – même si, bien sûr, nos amis ailés noirs sont bien plus présents que les coyotes.

Que vous soyez un païen pratiquant la magie du corbeau ou de la corneille, ou un naturaliste amateur, les opportunités se présenteront régulièrement à vous.

L'intelligence et les comportements des corvidés sont bien documentés, grâce à des études scientifiques ou, compte tenu de leur omniprésence, à de nombreuses anecdotes.

Jetez un œil sur la myriade de vidéos YouTube et vous verrez des corvidés échafaudant d'ingénieuses astuces pour collecter de la nourriture ou de l'eau, ou des corneilles s'occupant de leurs morts lors d'étonnantes et trompeuses « funérailles ». De même, le goût du jeu des corvidés est bien connu. Là encore, YouTube propose un florilège de vidéos montrant ces volatiles faisant des farces aux chiens, aux chats et à d'autres animaux en tirant sur leur queue. Ils se balancent intentionnellement sur les branches des arbres et jouent au tir à la corde avec des brindilles. Je suis toujours estomaqué en pensant au jour où j'ai vu une corneille suspendue à l'envers sur une branche dans mon arrière-cour.

Compte tenu de ces mystérieux comportements facilement observables (comme des funérailles de corneilles !), il n'est pas surprenant que les humains aient commencé à croire, il y a des millénaires, que les corvidés possédaient une nature extraordinaire, voire surnaturelle. Ces créatures, plus que les autres animaux, détiennent des pouvoirs magiques ! Elles doivent avoir les faveurs des dieux et des déesses !

Cette analyse s'est manifestée dans les mythes et les légendes de nombreuses anciennes cultures de façon à la fois éclairante, stupéfiante, amusante et... effrayante.

L'appétit omnivore des corvidés a pu consister à se nourrir des cadavres humains qui jonchaient les champs de bataille. Ce fait historique, que nous sommes si nombreux à trouver inquiétant, a donné naissance à beaucoup de mythes, dans diverses cultures, présentant ces oiseaux comme un signe annonciateur du trépas et comme les compagnons des dieux et des déesses qui dominent la mort.

En effet, la Morrigan, l'ancienne déesse celte guerrière, prend souvent la forme d'un corbeau ou d'une corneille ; un mauvais présage pour tout guerrier l'apercevant sous cet aspect avant un combat. L'apparence de cette triple déesse se manifeste parfois sous la forme de Badb (aussi écrit Badhbh ou Bobd), ce qui signifie « corneille » en vieil irlandais, ou de Badb-Catha, qui veut dire « corneille de bataille ». La nature menaçante de Badb est renforcée par son aspect de corneille encapuchonnée, dont la tête noire, mise en valeur par le plumage gris du corps, ressemble de façon sinistre et troublante à la capuche du bourreau.

CÚCHULAINN ET LE CORBEAU : C'EST AINSI QUE TOUT COMMENCE

Avant de commencer l'écriture de ce livre, j'ai pratiqué la magie du corbeau de différentes manières et à divers degrés pendant de nombreuses années dans le cadre de mon cheminement païen, en incorporant l'Esprit du Corbeau et de la corneille dans ma pratique, d'abord de façon intuitive, puis délibérément.

Les racines de mon alliance corbeau-corneille remontent à mon premier voyage en Irlande en 1995. Une excursion que je n'avais pas perçue à cette époque comme un moyen de renouer avec mes origines irlandaises. Néanmoins, au General Post Office de Dublin, je fus captivé par *La Mort de Cúchulainn*, une sculpture en bronze d'Oliver Sheppard représentant le grand guerrier mythique irlandais dont les exploits sont immortalisés dans l'épopée millénaire *Táin Bó Cúailnge* (« La Rafle des vaches de Cooley »).

Comme le raconte le *Táin*, Cúchulainn (prononcez kou-ROU-in), accaparé par une bataille imminente, repoussa les avances de la Morrigan lorsqu'elle lui apparut sous la forme d'une belle jeune femme. Il déclina ensuite son aide pour l'affrontement à venir. Furieuse, la déesse jura de causer la perte de Cúchulainn. Blessé au cours d'une autre bataille, Cúchulainn s'attacha à un pilier en pierre afin de mourir debout. Trois jours plus tard, malgré sa mort apparente, les ennemis de Cúchulainn craignirent que ce féroce guerrier ne soit encore en vie ; ils n'osèrent l'approcher qu'après avoir vu un corbeau - en réalité la Morrigan - se poser sur son épaule et constaté que le corps de ce grand combattant ne bougeait pas.

Ce n'est pas seulement Cúchulainn qui m'avait fasciné ce jour-là à Dublin, mais également le corbeau (j'ignorais alors qu'il s'agissait de la Morrigan). Dans les années qui suivirent, j'ai commencé à étudier les corbeaux et les corneilles, à en devenir obsédé. Outre mes nombreuses possibilités de « recherches sur le terrain » (dans mon arrière-cour, au bord de la route, et plus généralement dans le paysage urbain), il existe un riche corpus de légendes, de mythologies et de faits historiques à propos des corbeaux et des corneilles. Hormis les contes de la Morrigan, d'autres mythes de l'Irlande ancestrale et des îles britanniques sont peuplés de corvidés. L'un des plus curieux récits est *Le Rêve de Ronay*, dans lequel le prince gallois Owain et son armée de corbeaux, bien qu'alliés au roi Arthur, se livrent avec lui à une guerre des nerfs qui mène à une sanglante querelle avec le légendaire monarque et ses hommes.

Deux corbeaux, Hugin et Munin, sont les yeux et les oreilles d'Odin, le dieu nordique associé à la sagesse, la guerre et la mort, bien que certains écrivains considèrent les deux volatiles comme des espions d'Odin. Un tel point de vue est conforté par le fait que les armoiries du Norwegian Intelligence Service[1] comportent deux corbeaux.

Les exploits du corbeau[2] et de la corneille abondent dans de nombreux contes amérindiens, notamment ceux des tribus du nord-ouest pacifique. Ces récits faisaient figure d'enseignement de sagesse ou d'histoires qui expliquent comment le monde est devenu ce qu'il est.

1. Le service de renseignement extérieur de la Norvège, N.D.T.

2. Généralement un *trickster*, un farceur à la fois bon et mauvais présent dans de nombreux folklores, N.D.T.

UN VOYAGE DANS LA MAGIE CORBEAU-CORNEILLE

Dans ce livre, votre voyage dans la magie du corbeau et de la corneille débutera par la science de ces oiseaux, un examen des découvertes des comportementalistes animaliers et des biologistes de la faune qui ont documenté l'intelligence et les capacités stupéfiantes des corvidés. Certains scientifiques ont même étudié le cerveau des corneilles par IRM !

Les chapitres « Mythe » explorent les légendes ainsi que les récits historiques, artefacts, le folklore et plus encore, depuis les peintures du Paléolithique des grottes de Lascaux et des mythologies des anciennes tribus nordiques, celtes et amérindiennes, au poème *Le Corbeau* d'Edgar Allan Poe et à la vénération de la Morrigan par les païens actuels.

Les chapitres « Grimoire » permettent d'introduire la magie du corbeau et de la corneille dans notre vie et dans notre travail spirituel, d'entrer dans les réalités non ordinaires, d'accéder à l'espace-temps sacré et d'explorer les mystères divins. Ces méthodes incluent des rituels, de la méditation, de la divination, des exercices corps-esprit, des connaissances scientifiques et des pratiques chamaniques que le spécialiste Mircea Eliade appelle « les techniques archaïques de l'extase. »[3]

Tout au long de notre voyage, nous trouverons des « Leçons », parfois simples, parfois complexes. Des leçons de vie qui peuvent être tirées de l'observation quotidienne de ces créatures magiques et mystiques qui partagent volontiers cette planète avec nous.

NOTE POUR LES NON-PAÏENS, LES CURIEUX ET LES NOUVEAUX VENUS

Ce livre a vu le jour car les corneilles sont devenues naturellement et organiquement une partie de mon chemin païen. Puis ce sont les pratiques du paganisme moderne et ses voies, comme la wicca ou la sorcellerie, qui ont donné naissance aux chapitres « Grimoire ».

À l'origine, un grimoire est un ouvrage contenant des connaissances sur les pratiques magiques : création de sorts, fabrication d'amulettes

3. Mircea Eliade, *Le chamanisme et les techniques archaïques de l'extase.*

et de talismans, rituels pour contacter et communier avec les divinités, méthodes de divination, etc. Le chapitre « Un chemin vers la magie des corvidés » explore le comment et le pourquoi des méthodes magiques et la façon dont ces curieux corvidés ont bâti un pont entre la science et la magie.

Si vous n'êtes pas païen, que vous aimez les aventures dans les royaumes mystiques ou non, ou si vous avez récemment découvert le paganisme, ce livre contient des exercices qui, pour la plupart, utilisent des techniques chamaniques de base réalisables par tous. Des termes tels qu'amulette, talisman, tarot, lychnomancie, etc. sont brièvement expliqués dans ce texte. De nombreuses ressources pour approfondir vos connaissances, même sur le plus ésotérique des sujets, sont disponibles en librairie ou sur Internet.

Quelques-uns des mécanismes du grimoire, comme le tarot de la corneille, la projection de l'ombre d'une bougie, ou encore la thérianthropie, sont plus complexes. N'hésitez pas à vous y intéresser, mais sachez qu'une expérience personnelle préalable dans ces domaines sera très bénéfique.

FORGER UNE COMMUNION AVEC LES CORVIDÉS

Que vous soyez un ornithologue non païen, un passionné de corvidés, un wiccan, un sorcier ou un païen chevronné, l'objectif reste le même : forger une communion plus profonde avec ces fascinantes créatures.

Pour ceux qui suivent une voie païenne, vous apprendrez à modifier votre conscience, à vous libérer de ce que les bouddhistes appellent l'esprit du singe caquetant et que le philosophe Colin Wilson nomme l'esprit mécanique ; ainsi, vous pourrez « altérer » votre conscience et communier avec les dieux, les déesses et/ou les esprits.[4]

Suivez la voie de la magie du corbeau et de la corneille et vous créerez un lien empathique avec ces êtres ailés intelligents en observant de plus près leurs rythmes quotidiens, leurs comportements, leur sens de la communauté, leur goût du jeu, leur vocabulaire étonnant et leur intelligence troublante, voire surnaturelle. Oui, leur présence – belle, sauvage,

4. Colin Wilson, *Super Consciouness.*

mythique, et banale tant elle fait partie de notre quotidien – vous enseignera des faits et des leçons sur le monde naturel, ou du moins sur une partie de celui-ci. Même vos efforts les plus occasionnels (mais dévoués et persistants) provoqueront des rencontres avec les corvidés, des synchronicités et des phénomènes qui forgeront de nouvelles connexions entre vous et les doux arcanes de Gaïa, la Déesse Mère de la Terre. Vous vous retrouverez à vivre cette loi universelle qui s'applique à tout chemin spirituel, tout voyage menant vers des royaumes mystiques, toute exploration magique : « Si vous changez la façon dont vous regardez les choses, les choses que vous regardez changent. »

Pour tout païen curieux des corvidés, wiccan, sorcier, amateur de chamanisme, adepte d'une spiritualité basée sur la Terre ou naturaliste intrigué par ces créatures, la découverte des corbeaux et des corneilles et leurs mythes et légendes infusés de magie qui les ont entourés à travers les âges, vous enchantera. Si vous souhaitez intégrer les corbeaux et les corneilles dans votre chemin spirituel ou si vous êtes simplement intrigué par ces trois corneilles dans votre jardin (oui, elles préparent quelque chose !), les corvidés offrent des moyens palpables de jeter un œil derrière le voile qui sépare les humains du monde naturel. Ils nous permettent de faire l'expérience directe du caractère sacré de la nature et nous ouvrent la voie vers une relation plus profonde avec Gaïa.

CHAPITRE 1

FUTÉS CORVIDÉS

LES PREMIÈRES ÉTUDES

Quand l'auteur romain Pline l'Ancien (23-79 de notre ère) acheva son *Naturalis Historia* (*Histoire naturelle*) en 77 de notre ère, il nota que « les *Corvus* ont au plus cinq petits, et le vulgaire [les masses] pense qu'ils s'accouplent et pondent par le bec ; qu'aussi une femme enceinte qui vient à manger un œuf de corbeau rend son fruit par la bouche, et qu'il suffit qu'on en porte dans la maison pour que l'accouchement soit laborieux. »[1]

Avant de s'engager sur la voie de la magie du corbeau et de la corneille, il est nécessaire de bien connaître les bases scientifiques de la « corvidologie », car la science moderne a en effet beaucoup appris sur ces créatures exceptionnelles. Certaines de ces connaissances sont si surprenantes que l'on en vient à croire que oui, il s'agit d'êtres dotés de capacités surnaturelles. Et pas besoin des informations erronées et des malentendus propagés par Pline l'Ancien et autres érudits de l'Antiquité, aussi bien intentionnés soient-ils, pour s'en convaincre.

Toujours dans son *Naturalis Historia,* Pline l'Ancien semble se rallier aux « vulgaires » et devient même crédule quand il évoque la prétendue incroyable longévité des corbeaux et des corneilles. Il cite même un récit écrit presque huit siècles plus tôt par le poète grec Hésiode (vers 700 avant notre ère) :

> « Quant à la durée de la vie humaine, on ne peut rien dire de certain, tant à cause de la diversité des climats qu'à cause des exemples cités, et de la destinée que chacun apporte en naissant. Hésiode, qui le premier a écrit quelque chose là-dessus, contant, je crois, beaucoup de fables sur la vie humaine, a attribué neuf de nos âges à la corneille, le quadruple de la corneille au cerf, le triple du cerf au corbeau. »

On attribue à Pline l'Ancien la création de la toute première encyclopédie, qui couvre l'anthropologie, la physiologie humaine, la zoologie, la géographie, la météorologie, l'astronomie, la botanique, la pharmacologie, l'art, et plus encore, notamment ses récits sceptiques sur la magie et l'astrologie.

Si Pline l'Ancien écrit « vivre, c'est veiller », et que le terme naturaliste s'applique certainement à lui (il est également écrivain et officier de

1. Pline l'Ancien, *Histoire Naturelle de Pline l'Ancien en Trente-Sept Volumes.*

marine), il ne prétend toutefois pas avoir observé tout ce qu'il rédige. Au contraire, il cite méticuleusement ses sources, précisant que son recueil de connaissances a été établi sur plus de deux mille travaux exécutés par plus de cent écrivains grecs et romains, bien que les chercheurs actuels affirment que les sources de Pline l'Ancien n'existent plus.

Cependant, les comptes-rendus de Pline l'Ancien et ses sources sur l'astronomie, la zoologie ou toute autre discipline sont très différents de la façon dont nous concevons ces domaines scientifiques de nos jours. Outre les descriptions pertinentes de la Terre comme une sphère ou des effets de l'opium, des rapports fantaisistes ont été également consignés, comme ces corbeaux qui donnaient naissance par le bec et pouvaient amener les humains à en faire de même. Citons aussi ces « hommes à tête de chien [...] au nombre de cent vingt mille » vivant dans la montagne, et ces humains appelés « monocoles, qui n'ont qu'une jambe mais qui sautent avec une agilité extrême » et qui ne sont « pas loin des troglodytes. »[2]

Si *Naturalis Historia* est un portrait substantiel de l'état des prétendues connaissances à l'époque de Pline l'Ancien, à partir des années 1940, les chercheurs remirent en question l'exactitude des comptes-rendus farfelus. Peut-être devrions-nous, lecteurs modernes, être plus conscients de notre propre hubris avant de se demander pourquoi l'humanité a-t-elle mis si longtemps à arrêter de croire aux hommes à tête de chien et aux femmes accouchant par la bouche comme les corneilles ?

Alors que nous jetons aujourd'hui un regard perplexe sur le *Naturalis Historia* de Pline l'Ancien, les écrits des Romains nous offrent un aperçu de la façon dont les anciens regardaient les corbeaux et les corneilles (un sujet qui sera abordé plus en détail dans le chapitre « Quand s'enracine la magie des corvidés »).

Il est facile pour nous, qui vivons au XXIe siècle, de se sentir supérieurs face à ce que nous percevons comme de la crédulité de la part des anciens, mais nous pouvons aussi être surpris par une photo de corneille sur Internet, une représentation de ce qui ressemble à une scène de la suite du film d'horreur d'Alfred Hitchcock de 1963, *Les Oiseaux*.

2. Pline l'Ancien, *Histoire Naturelle de Pline l'Ancien en Trente-Sept Volumes*.

La photo montre une infortunée corneille introduite dans le trou d'une sorte de machine géante. Le haut du torse du corvidé a déjà disparu dans la gueule de l'appareil, tandis que les plumes de la queue et les pattes sont diaboliquement attachées par une sangle rouge.

Que se passe-t-il ici ?

Désolé, Alfred. Point de torture de corvidé. C'est au contraire l'état actuel de la science des oiseaux.

En 2016, la Audubon Society (la Société nationale Audubon) publia sur son site un article de Kat McGowan intitulé *Meet the Bird Brainiacs : American Crow.*[3] Il est accompagné d'une photo d'Andy Reynolds avec une légende indiquant que la corneille, anesthésiée et indemne, a été introduite dans un TEP scan. John Marzluff, un biologiste de la faune de l'université de Washington, s'apprête à examiner le cerveau de l'oiseau.[4]

Oui, la science des corvidés a parcouru un long chemin depuis le *Naturalis Historia* de Pline l'Ancien.

LE COMPORTEMENT DES CORNEILLES

Dans les trois livres *In the Company of Crows and Ravens, Gifts of the Crow*, les auteurs, John Marzluff et Tony Angell, se plaisent à faire des comparaisons, certes brèves, entre les corvidés et les grands singes. « Mentalement, les corbeaux et les corneilles ressemblent davantage à des singes volants qu'à n'importe quels autres oiseaux », écrivent-ils.[5] Ils notent affectueusement que les oiseaux ont été décrits comme de « grands singes à plumes ».[6]

Les biologistes Bernd Heinrich et Thomas Bugnyar, spécialistes des corbeaux, ont mené plusieurs expériences en lien avec l'alimentation et ont conclu que les capacités de ces oiseaux à résoudre les problèmes vont au-delà de l'instinct et impliquent de la logique, une aptitude très

3. À la rencontre des oiseaux surdoués : la corneille d'Amérique, N.D.T.

4. https://www.audubon.org/magazine/march-april-2016/meet-bird-brainiacs-american-crow#

5. John Marzluff et Tony Angell, *In the Company of Crows and Ravens.*

6. John Marzluff et Tony Angell, *Gifts of the Crow.*

limitée, voire inexistante, chez la plupart des animaux. Heinrich et Bugnyar relèvent que certaines facultés des corbeaux approchent ou dépassent celles des « grands singes ».[7]

Étant donné que la plupart des gens connaissent l'intelligence des grands singes, grâce aux programmes actuels de la National Geographic ou aux recherches de Jane Goodall, il n'est peut-être pas nécessaire de citer d'autres preuves scientifiques documentées concernant les facultés intellectuelles des corvidés. C'est un fait, considérant ce qu'ils sont capables de réaliser, ils sont aussi malins que les grands singes.

Mais un bref catalogue des nombreux comportements intelligents des corvidés semble judicieux.

| LES CORNEILLES CALCULENT

Les corneilles comprennent les causes et leurs effets. Elles réfléchissent, calculent et savent comment aborder les situations potentiellement dangereuses avec beaucoup plus de précaution que ne le permet le simple instinct chez les autres animaux. Les corneilles ont été observées en train d'utiliser, et même de fabriquer, des outils pour collecter des insectes. Lors d'une expérience, elles ont pris un bâton pour toucher un serpent en plastique afin de voir s'il était dangereux.

| LES CORNEILLES APPRENNENT

Les corneilles apprennent de leurs expériences. Elles se souviennent. Elles recourent à la tromperie pour distraire les autres oiseaux et les mammifères, comme les loutres, pour voler leur nourriture.

| LES CORNEILLES OFFRENT DES CADEAUX

Les corneilles sont connues pour apporter des cadeaux aux gens qui les nourrissent. Une jeune fille de Seattle, Gabi Mann, a reçu des boutons, des boucles d'oreilles, des trombones, des colifichets en verre, et même une étonnante patte de crabe de la part de corneilles, après leur avoir apporté de la nourriture.[8]

7. Bernd Heinrich et Thomas Bugnyar, « Just How Smart Are Ravens ? ».
8. John Marzluff et Tony Angell, *Gifts of the Crow*.

LES CORVIDÉS JOUENT

Les corbeaux et les corneilles adoptent des comportements non seulement semblables à ceux des humains, mais que les biologistes décrivent en plus comme joueurs. C'est ce que montrent de nombreuses vidéos YouTube prises par des humains abasourdis : une corneille chevauchant un essuie-glace ou glissant à plusieurs reprises sur un toit enneigé. Les corbeaux ont également été vus en train de réaliser des figures aériennes, et même de la planche à voile à l'aide de morceaux d'écorce.

LES CORVIDÉS ORGANISENT DES « FUNÉRAILLES »

Nombre de corneilles se réunissent autour d'une de leurs congénères morte dans ce que les biologistes appellent des « funérailles de corneilles ». Bien que les ornithologues notent que ce terme est quelque peu trompeur, les oiseaux ne rendant probablement pas hommage à leurs défunts, les scientifiques ajoutent que de tels rassemblements constituent des preuves supplémentaires de l'intelligence des corneilles. Des études suggèrent que les oiseaux évaluent les dangers imminents et tentent de savoir quels prédateurs sont à proximité.

LES CORNEILLES SE SOUVIENNENT DES VISAGES

Le plus étonnant est peut-être que les corneilles reconnaissent et se souviennent des visages humains. En d'autres termes, les corneilles sont rancunières.

Marzluff et Angell constatent ironiquement, et même un peu tristement, que leurs nombreuses années de recherches à l'université de Washington, qui consistaient à attraper des corneilles pour les étudier avant de les relâcher, ont amené les corvidés à les prendre littéralement pour cible sur le campus. Les deux chercheurs n'en revenaient pas d'être grondés et attaqués par les oiseaux quand ils le traversaient, alors que les autres passants pouvaient vaquer à leurs occupations.

In the Company of Crows and Ravens a été publié en 2005. Un an plus tard, Marzluff imagina une expérience : deux étudiants assistants chercheurs et lui-même ont mis un masque d'homme préhistorique, puis ont saisi et bagué sept corneilles. Au cours de l'année qui suivit, les chercheurs, et des volontaires qui n'étaient pas impliqués dans le processus, se sont promenés sur le campus avec le fameux masque, sans manifester le moindre comportement menaçant à l'égard des corneilles.

Mais un nombre significatif de corneilles, bien plus que les sept qui ont été baguées par les hommes préhistoriques et plus que celles qui ont été témoins de cette intrusion, s'agitaient et émettaient des croassements stridents pour houspiller les hommes des cavernes se promenant au milieu d'elles.

À titre de contrôle, Marzluff avait également des volontaires pour marcher autour du campus doté d'un masque de l'ancien vice-président Dick Cheney. Les chercheurs voulaient vérifier si les corneilles pouvaient être alertées par l'odeur du caoutchouc ou l'apparence surréaliste, et pas très humaine, de n'importe quel masque. Mais les corneilles ignorèrent Cheney.

Dans un article du *New York Times* publié plus de deux ans après la première expérience, Marzluff rapporta qu'il avait récemment revêtu le masque d'homme préhistorique et traversé le campus universitaire ; il fut hué par quarante-sept des cinquante-trois corneilles recensées.[9]

Marzluff et ses collègues ont conclu que les corneilles ont appris à reconnaître les humains et, plus significatif, que leurs connaissances sont partagées avec leur descendance et leurs congénères. Les corneilles partagent leur intelligence de façon stratégique, informant à propos des humains ayant blessé ou menacé les oiseaux, ou à l'inverse des humains les ayant nourris. Les corneilles agissent en conséquence, soit en rabrouant et en plongeant sur les personnes qui se sont révélées être hostiles, soit en approchant et en nouant des relations avec ceux qui se sont occupés d'elles.[10]

En résumé, les humains, les artistes des grottes de Lascaux, les Grecs et les Romains de l'Antiquité, les Celtes, les Nordiques, les Amérindiens, les biologistes, les naturalistes amateurs, la jeune fille de Seattle, etc. ont observé les corbeaux et les corneilles, et ont constaté depuis des millénaires leur extraordinaire intelligence et leurs remarquables aptitudes.

Et pendant tout ce temps, les corbeaux et les corneilles nous observent.

Et se souviennent de nous !

9. Michelle Nijhuis, https://www.nytimes.com/2008/08/26/science/26crow.html

10. John Marzluff et Tony Angell, *Gifts of the Crow*.

CHAPITRE 2

UN CHEMIN VERS LA MAGIE DES CORVIDÉS

Il est scientifiquement documenté que les corneilles et les corbeaux nous identifient en tant qu'humains – sans parler des autres découvertes –, et c'est non seulement incroyable, mais aussi instructif. Les peintures rupestres des grottes paléolithiques de Lascaux, premier tableau connu représentant des corneilles, datent de vingt mille ans ; les Celtes et leur déesse de la guerre, la Morrigan ; les Nordiques et leur Dieu-Corbeau, Odin ; et les Amérindiens avec leurs contes, ne se contentaient pas d'inventer des histoires ou de laisser libre cours à leur imagination. Ils ne se basaient pas uniquement sur leurs sensations et leur intuition, mais observaient et expérimentaient les méthodes étranges des corvidés. Ainsi, il aurait été déconcertant que ces cultures aient échoué à incorporer les corbeaux et les corneilles dans leurs mythes, leurs légendes, et leur *Weltanschauung* (vision du monde) magique.

Le corpus de connaissances grandissant a de nombreuses implications positives pour n'importe quel païen, sorcier, wiccan, praticien chamanique ou adepte d'une spiritualité basée sur la Terre.

Autrement dit, les corvidés offrent aux chercheurs spirituels une opportunité unique.

Comme nous l'avons vu, les chercheurs aiment comparer l'intelligence des oiseaux à celle des grands singes. Les comparaisons entre les corvidés et les dauphins sont plus rares, bien que la littérature scientifique sur les dauphins et leurs aptitudes intellectuelles soit abondante. Cependant, en raison de leur localisation, forger des relations proches et naturelles avec les dauphins ou les singes n'est réservé qu'à quelques privilégiés. C'est également le cas pour de nombreux autres animaux sauvages que les sorcières ou les chamanes se sentent traditionnellement appelés à choisir comme allié spirituel : loup, renard, ours, coyote, aigle, etc.

Mais les corbeaux et les corneilles sont presque partout. Comme l'ont remarqué moult amateurs de corvidés, ces volatiles ne se contentent pas de tolérer l'intrusion humaine sur leur territoire. Dans la tradition amérindienne, ces oiseaux détournent allègrement les activités et les manies humaines à leur avantage : si vous faites tomber une barre chocolatée, vous nourrissez une corneille qui a découvert où les humains négligents sont susceptibles d'égarer leur nourriture. Conduisez une voiture sur un boulevard, et vous roulerez peut-être sur une noix qu'une corneille intrépide a déposée sur la route afin qu'elle soit ouverte par une automobile, libérant ainsi les délicieux morceaux contenus à l'intérieur.

Une telle astuce a été documentée en 1998 dans l'émission de la BBC Earth, *The Life of Birds*, avec David Attenborough. Si la tactique consistant à faire tomber une proie ou de la nourriture sur une surface dure est courante chez de nombreuses espèces volatiles, la séquence de la BBC indique que des corneilles noires ont appris, dans une ville japonaise, à non seulement faire tomber des noix devant les voitures, mais aussi sur un passage pour piétons, ce dernier stratagème permettant de récupérer plus prudemment leur aliment lorsque les voitures s'arrêtent.[1]

Si ce documentaire de la BBC est convaincant, une étude réalisée en 1997 à l'université de Californie conteste cette aptitude : elle conclut que les corneilles observées utilisaient simplement une technique aviaire commune, les interactions avec les voitures n'étant qu'une coïncidence.[2]

Il existe peut-être une troisième interprétation. Les biologistes, naturalistes amateurs et aficionados de corvidés ayant constaté que les corbeaux et les corneilles possédaient un goût du jeu vif et sophistiqué, le casse-noisettes pourrait être aussi un amusement pour les corvidés plutôt qu'une stratégie pour se restaurer.

Même une brève étude de la vie de ces volatiles peut nous amener à penser que le monde des corvidés est similaire au nôtre.

On pourrait être tenté de comparer les recherches neurologiques de haute technologie de Marzluff sur cette malheureuse corneille aux récits sur les extraterrestres enlevant des humains pour mener d'étranges expériences sur eux. Mais imaginons l'inverse : les études sur les corvidés nous ont déjà permis d'établir qu'ils connaissent – ou plutôt ont *appris* – pas mal de choses sur nous et nos habitudes.

Pour quiconque ayant pratiqué la magie du corbeau et de la corneille, une question se pose : ces volatiles sont-ils les alliés spirituels des humains, ou sommes-nous leurs alliés ?

Quoi qu'il en soit, le fait que les corvidés partagent volontiers leur monde avec nous est propice à la pratique de cette magie.

Une introduction au paganisme moderne et à la magie est nécessaire. Bien qu'il n'existe pas de définition unique et définitive, le paganisme repose sur trois principes fondamentaux :

1. https://www.pbs.org/lifeofbirds/brain/index.html.
2. https://doi.org/10.2307/4089172

- La divinité s'exprime et se manifeste à travers la nature. Le paganisme, et les voies qui en découlent, comme la wicca et la sorcellerie, sont donc considérés comme des religions ou des pratiques basées sur la Terre.
- Le paganisme est polythéiste, et les entités/essences divines féminines cohabitent avec les entités/essences divines masculines, c'est-à-dire les déesses et les dieux.
- La magie existe.

C'est ce dernier principe qui forme le cœur des chapitres « Grimoire » de cet ouvrage.

À l'école, en cours de sciences, nous apprenons que notre Univers est en mouvement et en flux constants. Ce n'est pas seulement le cas de la Terre, des étoiles et des planètes, mais aussi du fauteuil qui trône dans votre salon. La physique nous enseigne qu'il s'agit d'un tourbillon d'énergie, d'une masse d'électrons, de protons et de neutrons en état d'accélération ; sa structure en apparence solide est en réalité une duperie, car ce fauteuil est principalement composé d'espace et d'énergie.

De mon point de vue, la magie est la combinaison de l'art et de la science de la découverte, de la concentration et de l'harmonisation avec l'énergie des éléments, les rythmes de la nature, les comportements de la faune et de la flore, le flux de l'Univers. Le résultat ? Nous ne changeons pas tellement la réalité, mais plutôt la façon dont nous percevons et expérimentons cette réalité (ou les *réalités*), ce qui nous offre une meilleure compréhension des mystères de l'Univers, qui sont masqués par notre vie quotidienne et monotone.

Que vous soyez un ornithologue passionné de corvidés ou un païen ou une sorcière chevronné, suivre la voie de la magie du corbeau et de la corneille vous mènera à une communion plus profonde avec ces oiseaux. Vous découvrirez un grand secret caché à la vue de tous : le banal et le magique cohabitent et volent de concert.

Oui, cette corneille dans votre jardin et ces trois corbeaux dans l'érable dans le parc vous regardent. À votre tour de les observer.

CHAPITRE 3

OBSERVER LES OBSERVATEURS

Étant donné que les corneilles se souviennent du visage des humains qui se sont plus ou moins bien comportés avec elles, peut-être est-il ironique que ces mêmes humains éprouvent des difficultés à différencier les corbeaux des corneilles. Pourtant, ils sont bel et bien différents.

Avant de vous aventurer dans votre première rencontre consciente et magique avec les corvidés, connaître quelques principes de base scientifiques améliorera votre conscience et vous aidera à établir une base de référence pour le comportement des corvidés. Vous pourrez ensuite distinguer les actions ordinaires de celles qui sont véritablement surnaturelles et qui peuvent être des signes, des présages ou des coïncidences révélatrices de synchronicités profondes. Cela sera essentiel au fur et à mesure que vous approfondirez votre exploration de la magie du corbeau et de la corneille.

CRIAILLEMENTS ET CROASSEMENTS

Est-ce un corbeau ou une corneille ? Le monde entier, excepté l'Antarctique, abrite plus de cinquante espèces de corbeaux et de corneilles, dont les neuf espèces de corneilles et les deux espèces de corbeaux qui vivent en Amérique du Nord.

Les corbeaux et les corneilles appartiennent à la famille des *Corvidae*, qui inclut également les geais bleus, les pies et les casse-noix mouchetés. Ils font partie du genre *Corvus*, comme les choucas des tours et les freux. Le nom *Corvidae* a donné naissance au terme « corvidé ». La corneille d'Amérique, qui est l'espèce la plus présente dans l'hémisphère occidental, tire son nom scientifique, *Corvus brachyrhynchos*, du mot latin *corvus*, qui signifie « corbeau » ou, comme le traduisent les experts des corvidés Marzluff et Angell, « corneille »[1] ; et de *brachyrhynchos*, qui vient des mots grecs *brachys* (« petit ») et *rhynchos* (« bec »). Les taxonomistes ont désigné quatre sous-espèces de corneilles d'Amérique, dont celle de Floride.

Le grand corbeau doit son nom scientifique, *Corvus corax*, au mot latin *corvus* et au mot grec *corax*, qui signifie « qui croasse ».

À noter que pour les noms scientifiques, le nom du genre *Corvus* est utilisé aussi bien pour les corneilles, les corbeaux, les freux ou les choucas

1. John Marzluff et Tony Angell, *In the Company of Crows and Ravens*.

des tours. Ainsi, *Corvus splendens* correspond à la corneille de l'Inde et *Corvus cryptoleucus* au corbeau à cou blanc.

Ce chapitre met en évidence l'une des principales caractéristiques de ces oiseaux : le corbeau croasse et la corneille criaille.

Quiconque ayant entendu le cri d'une corneille ou d'un corbeau (mais qui ne l'a jamais entendu ?) risque d'être surpris d'apprendre qu'ils sont scientifiquement classés parmi les oiseaux chanteurs, de l'ordre des passériformes, ce qui signifie qu'ils ont des pattes adaptées pour se percher.

Une courte mais très instructive introduction sur les cris des corbeaux et des corneilles (avec des sons de corvidés !) est présentée par le biologiste et spécialiste des corneilles Kevin J. McGowan du Cornell Lab of Ornithology.[2] Comme le remarque McGowan, les corneilles émettent non seulement un familier criaillement, mais aussi « un large répertoire de cliquetis et même des sons de cloches ». Le cri du grand corbeau est quant à lui qualifié de « sorte d'appel grossier » avec de « petites notes de rire » et d'autres vocalisations de corbeaux.[3]

Comme McGowan et d'autres biologistes le constatent, le répertoire vocal des corbeaux et des corneilles englobe bien plus que des criaillements et des croassements. Plus de trente sons distincts ont été recensés, et les scientifiques admettent ne pas avoir déchiffré la signification précise de ces nombreuses communications entre corvidés.

Les cris de ces oiseaux sont suffisamment divers pour que ces corvidés puissent se reconnaître au sein de leur couple, leur famille, et même de leur « voisinage », comme l'affirme McGowan. Eh oui ! les corbeaux et les corneilles s'accouplent pour la vie, bien que les biologistes notent certaines transgressions. La chercheuse Kaeli Swift, titulaire d'un doctorat de la School of Environmental and Forest Sciences de l'université de Washington, qualifie d'ailleurs les corneilles de « monogames »[4].

Dans mon arrière-cour, j'entends régulièrement six à huit vocalisations différentes de la part des sous-espèces floridiennes de corneilles d'Amérique, mais je ne qualifierais de criaillements, ou ce qui y ressemble, que

2. « Laboratoire d'ornithologie de Cornell », N.D.T.

3. https://academy.allaboutbirds.org/caw-vs-croak-inside-the-calls-of-crows-and-ravens/

4. https://corvidresearch.blog/

la moitié de ces sons. Le cri des corneilles ne ressemble nullement au croassement d'un corbeau, comme l'atteste McGowan. Si vous entendez un cri bref et aigu, c'est un corbeau. Un son plus rauque indique tout de même la présence d'un corvidé, mais pas nécessairement celle d'une corneille. J'ai été complètement déconcerté lorsque j'ai entendu un corvidé émettre un cri guttural semblable à un chat qui miaulerait et se gargariserait dans le même temps. Si mon guide Audubon ne m'avait pas informé que les corbeaux ne peuplaient pas la Floride, j'aurais cru qu'un cousin du Hugin d'Odin s'était arrêté pour me rendre visite. Il s'agissait en réalité d'un membre de la sous-espèce floridienne de la corneille d'Amérique (le *Corvus brachyrhynchos pascuus*, ce dernier terme signifiant « pâturage » en latin) qui émettait une sorte de miaulement différent du criaillement quotidien.

AUTRES DIFFÉRENCES

Outre leurs criaillements et croassements respectifs, les corneilles et les corbeaux diffèrent d'autres façons. Le site Internet de Swift contient un guide détaillé dans la section intitulée « The definitive guide for distinguishing American crows & common ravens »[5].

APPARENCE

Les corbeaux sont sensiblement plus grands que les corneilles. Ils peuvent peser jusqu'à 1,6 kilo avec une envergure de plus de 130 centimètres, tandis que les corneilles pèsent environ 450 grammes et ont une envergure d'à peu près 90 centimètres. Le bec des corbeaux est plus grand, de nombreux biologistes et ornithologues parlant de « nez romain » pour décrire sa taille et sa forme. Les plumes de la queue du corbeau forment une courbe à leur extrémité lorsqu'elles sont fanées ; celles de la queue de la corneille s'apparentent plutôt à un carré.

Plus subtilement, Roger Tory Peterson indique que les corbeaux ont un aspect « goitreux », c'est-à-dire avec des plumes touffues au niveau de la gorge.[6]

5. « Le guide ultime pour différencier les corneilles d'Amérique et les grands corbeaux », N.D.T.

6. Roger Tory Peterson, *A Field Guide to the Birds*.

Corbeau *Corneille*

Profil du corbeau et de la corneille

Corbeau *Corneille*

Corps du corbeau et de la corneille

Bien avant de connaître ce fait, j'ai réussi à photographier une corneille – pas un corbeau – perchée sur une ligne électrique dans mon arrière-cour. J'ai capturé son profil et j'ai été plutôt surpris par sa gorge hirsute.

L'image en noir et blanc figure sur mon site (mistercrowart.com) et s'intitule *Odin*. Si mon guide Audubon, qui fait autorité en la matière, ne m'avait pas informé, j'aurais cru voir un corbeau.

En dépit des différences documentées entre les corneilles et les corbeaux, identifier un corvidé peut s'avérer ardu quand vous n'en avez pas un autre à proximité pour les comparer, du moins jusqu'à ce que vous ayez acquis une certaine expérience de l'observation des oiseaux.

Oui, les guides d'Audubon et de Peterson sont des indispensables pour tout adepte de la spiritualité fondée sur la Terre, et pour tout naturaliste sérieux.

| INTERACTIONS

Les corbeaux et les corneilles ne s'entendent pas, comme l'ont démontré une étude du Cornell Lab et d'autres chercheurs, et des anecdotes rapportées par des observateurs.[7] Les corbeaux sont connus pour piller les nids de corneilles, à la recherche d'œufs ou d'oisillons à manger. Un fait décrit dans un article paru en 1985 dans le *Journal of Field Ornithology*. Il est pourtant attesté que les corneilles, considérablement plus petites, sont bien plus souvent les agresseurs et se regroupent pour harceler ou attaquer un corbeau isolé, généralement sans contact physique.

Certains contes amérindiens, comme *How Raven Stole Crow's Potlatch*[8], dépeignent la rivalité entre les corbeaux et les corneilles, les premiers prenant communément le dessus sur les secondes.

| TERRITOIRE

La géographie joue un rôle dans la façon dont vous rencontrez un corvidé. Le site d'Audubon affirme que le grand corbeau a disparu de la majeure partie de l'est de l'Amérique du Nord et du Midwest avant 1900, avant de finalement revenir sur son territoire. L'habitat de la corneille d'Amérique recouvre quant à lui une grande partie de l'Amérique du Nord.[9]

Le Cornell Lab relève que le grand corbeau est un oiseau presque exclusivement présent dans l'hémisphère Nord et qu'il peut être

7. https://www.allaboutbirds.org/news/crows-have-a-mob-mentality-toward-ravens/#

8. « Comment le corbeau a volé le potlatch de la corneille », N.D.T.

9. Kenn Kaufman, *Birds of North America*, « American Crow ».

aperçu aussi bien en Europe (mais plus rarement en France) qu'en Asie (hormis dans le sud-est de la région).[10] Les corneilles résident dans le monde entier, à l'exception du sud de l'Amérique du Sud et de l'Antarctique.[11]

IDENTIFIER LEUR GENRE

Déterminer le genre d'un corvidé est franchement difficile. Contrairement aux cardinaux rouges ou aux carouges à épaulettes (qui, à l'instar de nombreuses autres carouges, ne sont pas des corvidés), il n'y a pas de différences visibles entre le mâle et la femelle chez la corneille d'Amérique ou chez le grand corbeau. La taille un peu plus grande des mâles n'est pas un indicateur fiable, et les apercevoir en vol ou perchés à des dizaines de mètres dans le feuillage des arbres biaise notre perception de leur taille réelle. Les biologistes et les naturalistes affirment que les corneilles mâles ont des comportements de mâle dominant tels que les manœuvres de vol acrobatique pour attirer les femelles durant la parade nuptiale, puis les mâles nourriront les femelles pendant la reproduction et après la ponte.

En observant à plusieurs reprises la première nuée de corneilles qui me rendait visite quasi quotidiennement dans ma cour, j'ai vite compris qui était le mâle alpha : il était plus grand et plus courageux que ses congénères. Je le voyais s'approcher davantage que les autres de ma maison ; une attitude que je favorisais en dispersant de la nourriture près de ma demeure. Certes, il y avait d'autres mâles dans ce groupe, mais il était de loin le plus imposant et le plus magnifique de tous. Je l'ai appelé Lord Vaillant. Il devint mon animal totem, ma corneille spirituelle. C'est lui qui m'apprit à changer de forme, une technique que je partagerai dans le chapitre 25.

Quand j'ai emménagé dans mon nouvel ermitage dans les bois et que j'ai donc dû malheureusement quitter Lord Vaillant, Rockette, Mme Skitta et les autres corneilles de mon voisinage, j'ai été rapidement accueilli par un nouveau couple que j'ai nommé Boga et Baca. Le comportement plus téméraire de Boga m'indiqua qu'il s'agissait du mâle, bien qu'il ne fût pas aussi dominant que Lord Vaillant.

10. https://birdsoftheworld.org/bow/species/comrav/cur/introduction

11. https://www.birdnote.org/listen/shows/wide-world-crows

Quoi qu'il en soit, ne vous attardez pas sur le genre des corneilles que vous croisez. Faites confiance à votre intuition, et n'ayez pas peur de leur donner un nom.

PAROLE ET LANGAGE

L'un des aspects les plus amusants des corneilles est leur conversation ! Leurs cris sont en fait une forme de communication. Bien que cela soit le cas pour un large éventail de vocalisations animales, les corneilles possèdent un vocabulaire plus étendu que celui des autres créatures. En plus d'une décennie d'observation, j'ai constaté qu'il était très, très rare qu'elles arrivent et partent de mon arrière-cour en silence. Ce sont des bavardes, des bavardes bruyantes.

Quand vous rencontrez des corneilles, guettez la façon dont elles semblent discuter avec les autres corneilles à proximité. Dès que vous entendez un cri, écoutez si une réponse survient. Parfois, la distance entre ces deux cris est stupéfiante. Une corneille peut émettre une série de criaillements et en réponse, un léger cri résonnera à plusieurs pâtés de maisons, ou même à travers un champ, un parc ou des bois.

C'est à ce moment qu'un crayon et un papier pourront vous être utiles. Griffonnez quelques notes, ou même des comptes-rendus plus détaillés, à propos des conversations que vous entendez, au moins les premiers jours de votre pratique de la magie du corbeau et de la corneille. J'évoquerai plus en détail l'importance de cette activité dans le chapitre 6.

Imaginez vos propres onomatopées. Si « croâ » est l'interjection quasiuniverselle concernant le cri des corneilles, les opinions divergent quant à celui des corbeaux : « coa », « crack », « groan »...

Pour vous familiariser avec la variété du langage des corvidés, vous pouvez vous référer au chapitre « Les augures des corvidés » avant de débuter vos recherches. Il énumère les systèmes de divination conçus autour du langage des corvidés par les Celtes et les Tibétains, des sons traduits en langage humain via des onomatopées détaillées. Là encore, concevez au préalable votre propre dictionnaire et faites-en un jeu : établissez votre liste de vocabulaire, puis comparez vos onomatopées avec la terminologie des Celtes et des Tibétains.

Rappelez-vous : l'objectif est de créer une terminologie des cris des corvidés qui vous convienne et qui soit facilement discernable.

Mon propre dictionnaire inclut bien sûr le « croâ », un mot reconnaissable et stéréotypé pour désigner les corneilles... sauf que ce n'est pas le cas. Passez du temps avec elles et vous apprendrez vite à différencier les divers criaillements. Il y a le son puissant, robuste, voire rauque ou guttural. Mais vous entendrez aussi régulièrement un son moins dur, une sorte de criaillement doux ; enfin, il y a ce que j'appellerais un « jappement ». Rien à voir avec celui, parfois agressif, d'un chien, mais plutôt un « aboiement » léger, joyeux.

La différence entre ces criaillements est le niveau d'urgence dans chacun d'entre eux. Hormis à l'aube, le seul moment de la journée où j'entends le « croâ » le plus fort est lorsque les corneilles sont en état d'alerte. Ainsi, j'entends un perçant « Kii ! Kii ! » d'une buse à épaulettes menaçante ou d'une douzaine de corneilles qui passent en volant, criaillant avec excitation alors qu'elles s'élancent parmi les pins vers les bois environnants. Plus étonnant encore, la mêlée de corneilles ; ce groupe de corneilles, peu importe leur nombre, perchées dans les arbres ou volant de branche en branche, et qui émettent soudainement en chœur des criaillements avant de décoller et de partir. Lors de ces cris, je n'ai jamais perçu la moindre menace dans les environs. En réalité, ces oiseaux semblaient répondre de façon télépathique aux stimuli émis à distance.

Tout ceci est basé sur mes observations et sur mes expériences, et n'est pas universellement vrai ; le seul langage que je perçoive quand les oiseaux sont en vol est le criaillement. Alors que les corneilles aiment jouer, aussi bien en vol, perchées ou passant de branche en branche, les corneilles que je vois se déplacer semblent animées d'un but ou d'une détermination, comme si elles avaient des affaires à régler. « Croâ » semble être la langue officielle de leur royaume.

En attendant, entendre ce surprenant feulement a banni instantanément et pour toujours l'idée que les conversations entre les corvidés se limiteraient à de simples criaillements.

Ce son est toujours exprimé, d'après mon expérience, en une seule vocalisation, et jamais en une salve de deux ou trois cris. Le fait de ne jamais avoir entendu une corneille « feuler » en vol m'a conduit à plusieurs théories : les corneilles sont peut-être incapables physiologiquement de vocaliser ce son quand elles volent, la signification de ce cri n'est sans doute pas appropriée à ce moment, ou peut-être choisissent-elles simplement de ne pas émettre de son.

Je n'ai entendu ce cri que lorsque les corneilles étaient en ma présence ou quand elles me suspectaient d'être à proximité, et jamais lors d'une promenade dans un parc ou une zone commerciale. Je les soupçonne d'échanger avec moi parce qu'elles cherchent de la nourriture.

Parfois, j'aimerais avoir un chat ou que le chat d'un voisin déambule dans mon jardin quand Boga ou une autre corneille « miaule ». Peut-être qu'un félin présent dans le coin inclinerait la tête en signe d'étonnement à l'écoute de cet étrange miaulement venu de la cime des arbres. J'imagine un chat se dire : « Quel drôle d'accent de chat ! »

Un autre cri insolite m'accueillit par une chaude journée ensoleillée de début février, près de la côte floridienne : le faible murmure d'une chouette rayée provenant des bois derrière ma demeure. Habituellement, je ne percevais que le hululement lugubre des chouettes rayées depuis les profondeurs des bois lors de mes promenades nocturnes. Le fait que Gaïa m'ait offert ce rare moment en plein jour était encore plus envoûtant.

J'étais assis dans mon patio, et le cri d'un oiseau – une sorte de hululement sourd qui se voulait être un murmure – me parvenait depuis des peuplements de pins ou de champs arides dans le lointain.

Mais peu de temps après, j'ai entendu Baca et Boga criailler, et parfois « feuler » ; j'ai alors pris des biscuits et me suis aventuré dans l'arrière-cour pour l'un de leurs repas quotidiens. J'ai perçu le cri d'une chouette, levé la tête vers la branche de pin où étaient perchées deux corneilles et ai enfin découvert la vérité : c'était Baca qui hululait tel une lointaine chouette !

J'ai surpris son cri à plusieurs reprises, son corps qui se soulevait doucement et ses ailes qui s'entrouvraient à chaque appel. Je fus alors convaincu que ce son enchanteur venait bel et bien d'elle, et non d'une chouette.

Un autre cri d'oiseau, issu de la contrée sauvage située derrière ma maison, me parvint aux oreilles au début du printemps : deux syllabes répétées qui avaient le rythme et la mélodie d'une pendule à coucou, mais avec une voix grinçante qui me rappelait l'interprétation du Pingouin par Burgess Meredith dans la série des années 1960 *Batman*.

Pendant des jours, chaque fois que j'entendais ce coucou étrangement charmant et farfelu, je cherchais l'origine de ce son : dans les pins, l'arbre à suif chinois, dans les recoins de mon arrière-cour. Puis un jour, à ma grande surprise, j'en découvris la source : un oisillon de corneille !

Il est tout aussi important de nommer, de décrire et de documenter les types de cris que de noter leur nombre et leurs rythmes quand vous les entendez. Le cri omniprésent est émis de multiples façons, presque infinies. Par exemple, la corneille de votre jardin produit quatre salves de cris : était-ce quatre sons rythmiquement espacés ou deux criaillements se succédant rapidement, suivis d'une brève hésitation avant deux autres cris rapides ? Indiquez ces schémas dans votre journal magique.

Le plus grand nombre de criaillements que j'ai entendus en une seule fois était de sept, chacun étant espacé de manière égale. Il est plus courant d'entendre trois ou quatre cris, parfois émis à des rythmes variés.

Quand vous les observez, et notamment quand vous surveillez leur langage, n'oubliez pas de noter l'heure, le lieu, la météo et toute autre circonstance particulière, comme un orage qui approche ou la présence d'un autre animal.

J'ai ainsi découvert que les corneilles étaient beaucoup plus sensibles au lever du soleil que la plupart des coqs qui vivent à cinq kilomètres alentour. Le salut matinal de la corneille se manifeste généralement par une salve de deux criaillements rauques en succession rapide, suivie d'une courte pause avant un dernier cri puissant. J'ai tellement entendu cette « phrase » à la première lueur du jour que je suis convaincu qu'elle est liée au lever du soleil et au début d'une nouvelle journée. Peut-être est-ce un réveil ou le signe donné aux autres corneilles qu'il est l'heure de se rassembler et de chercher de la nourriture ; on pourrait même parler d'un rituel. Peut-être est-ce un cri de joie : « Voici le soleil ! »

La réponse à ces « Croâ-croâ ! Croâ ! » consiste souvent en un similaire « Croâ ! Croâ ! Croâ ! » d'une corneille située à vingt voire à cinquante mètres.

Suivez les criaillements, feulements et coucous avec assiduité, et notez tout ce qui entoure ces sons ; bientôt, vous serez en mesure de comprendre le langage des corneilles et des corbeaux.

LES INTERACTIONS HUMAINS-CORVIDÉS

Peterson décrit la corneille d'Amérique comme « généralement grégaire »[12], c'est-à-dire qui reste parmi les siens. Les corbeaux ont tendance à voler en couple, tandis que les corneilles se déplacent par groupe, même si j'ai régulièrement vu des couples de corneilles dans mon arrière-cour. Les corbeaux planent (ils volent sans battre des ailes) davantage que les corneilles.

Les corbeaux s'amusent même à faire des sauts périlleux ou des tonneaux en plein vol ! Les corneilles ne réalisent pas de telles prouesses.

Les chercheurs et les amateurs d'oiseaux rapportent que les corneilles s'épanouissent parfaitement en compagnie des humains, tandis que les corbeaux s'adaptent moins bien à notre présence et sont plus timides. Vous remarquerez que les oiseaux qui avalent leur petit-déjeuner avec les humains dans les patios, qui laissent des objets brillants pour les enfants ou qui se perchent sur les épaules des gens sont moins fréquents que ne le laissent croire les vidéos YouTube. Si les corneilles restent prudentes en présence des humains, du moins jusqu'à ce qu'elles aient évalué le potentiel danger, elles ne s'envolent pas à notre simple présence. Quand j'entends des corneilles dans mon arrière-cour et que je sors pour les nourrir, les corneilles sautent de branche en branche dans les pins aux alentours, tout en conservant une distance de sécurité. Puis quand je me retire dans mon patio, certaines corneilles, plus courageuses, osent descendre sur la pelouse pour récupérer ce que je leur ai lancé.

Mais les corneilles, bien plus que les corbeaux, sont à l'aise parmi les gens, et un humain peut s'approcher - sans avoir à les amadouer - de trente ou quarante corneilles quand elles sont perchées dans les arbres, sur les lignes électriques ou sur les lampadaires.

Hormis lorsque les corneilles ont été massacrées par les communautés agricoles ou urbaines qui percevaient la propagation des oiseaux comme un danger pour les cultures ou une nuisance pour les gens, l'empiétement des humains a favorisé leur survie au lieu de la menacer. La nature adaptable et malléable des corneilles et leur régime omnivore leur ont permis d'apprendre où les humains négligents faisaient tomber leur nourriture.

12. Roger Tory Peterson, *A Field Guide to the Birds*.

Voici quelques astuces pour croiser des corvidés ou savoir quoi faire lorsqu'ils viennent à votre rencontre.

| UTILISER UN GUIDE PRATIQUE

Utilisez un guide pratique pour déterminer si les corneilles ou les corbeaux sont courants dans votre région. Recherchez également quelles espèces et sous-espèces peuvent vivre près de chez vous.

Par exemple, la corneille mantelée est reconnaissable : elle arbore en effet un grand plumage gris savamment mêlé à une tête, une gorge, des ailes et une queue noires. Mais si vous vivez en Europe ou dans certaines zones du Moyen-Orient, vous pouvez aussi distinguer une sorte de capuchon. L'une des sous-espèces, la corneille de Mésopotamie, est originaire du sud de l'Irak et du sud-ouest de l'Iran, entre le Tigre et l'Euphrate.

En Floride, seuls la carouge à épaulettes, le quiscale des marais et le quiscale bronzé se rapprochent de la corneille ; j'ai donc rarement besoin de guide lors de mes excursions, ma mémoire suffit.

Bien que les guides donnent de brèves descriptions onomatopéiques des cris d'oiseaux, je ne les trouve pas utiles pour identifier les oiseaux qui se cachent dans les arbres ou les buissons. C'est particulièrement vrai pour le vaste vocabulaire des corneilles. Apprenez les bases grâce à votre guide, puis l'expérience deviendra votre meilleur enseignant.

| CONNAÎTRE L'HABITAT DES CORNEILLES, LEUR PERCHOIR ET LEUR NID

Le Cornell Lab of Ornithology note que les corneilles d'Amérique « vivent dans tout endroit offrant quelques arbres sur lesquels se percher et une source fiable de nourriture », aussi bien dans des espaces naturels que ceux créés par l'humain. Toutefois, elles restent à distance des vastes forêts.[13]

Les corneilles font partie des nombreux oiseaux qui se perchent lors de la période de reproduction. Elles se rassemblent la nuit pour dormir en groupes allant de plusieurs centaines jusqu'à deux millions de corneilles, comme cela a été estimé à Fort Cobb, en Oklahoma (comme l'a rapporté Gerald Iams en 1972).[14]

13. https://www.allaboutbirds.org/guide/american_crow/overview

14. Kevin McGowan, *Cornell Lab of Ornithology* « Frequently Asked Questions about Crows ».

Selon le Washington Department of Fish and Wildlife[15], les corneilles peuvent voler plus de soixante kilomètres chaque jour, de leur site de repos nocturne jusqu'à leur zone d'approvisionnement pendant la journée (sauf en période de reproduction).[16] Ceci explique probablement pourquoi je vois rarement des corneilles en fin d'après-midi ou en début de soirée, et pourquoi je n'en ai jamais vu ni entendu à la tombée de la nuit : mes corneilles locales se perchent loin de ma maison.

La chercheuse spécialiste des corvidés Kaeli Swift remarque que les corneilles ne dorment dans un nid que lorsqu'elles couvent leurs petits (une nichée par an), pendant une période de huit semaines, puis elles abandonnent leur nid une fois la tâche accomplie, bien qu'elles construisent parfois un peu plus tard un autre nid sur l'ancien.[17] Soyez donc conscient que chercher un nid de corneilles peut être décourageant.

| ATTIRER LES CORVIDÉS JUSQUE CHEZ VOUS

Ah, la nourriture ! Ne vous étonnez pas : les corneilles et les corbeaux aiment manger, comme nous. (L'accent est mis ici sur les corneilles car elles sont beaucoup plus grégaires que les humains.)

Les corneilles sont de véritables omnivores, et le Cornell Lab of Ornithology constate que leur vaste régime alimentaire comporte des insectes, des céréales, des graines, des fruits à coque, des fruits, des baies, des souris, des tortues, des poissons et plus encore. Elles sont toutefois décrites comme un « fréquent prédateur de nid » qui dévore les œufs et les oisillons. Le Cornell Lab affirme également qu'elles mangent « des charognes et des ordures ».[18]

Le mot « ordure » est le fruit d'une observation, non une recommandation pour les nourrir.

En 2001, une étude de Marzluff et d'autres scientifiques révéla que la moitié de la nourriture consommée par les corneilles en zone urbaine à Seattle, était des déchets jetés par les humains. Du côté des mangeurs

15. Le Service de la pêche et de la vie sauvage de Washington, N.D.T.
16. https://wdfw.wa.gov/sites/default/files/publications/00611/wdfw00611.pdf
17. https://corvidresearch.blog/
18. https://www.allaboutbirds.org/guide/american_crow/overview

difficiles, à Manitoba, au Canada, les corneilles mangeant des couleuvres ne consomment que leur foie.

Toutes les corneilles adorent le maïs, comme le confirment de nombreuses sources. Certes, elles mangent du maïs transformé, en boîte, mais elles raffolent du maïs naturel, non transformé ; ainsi, pendant des siècles, elles ont suscité l'ire des agriculteurs et leur présence a participé à l'invention de l'épouvantail.[19]

La chercheuse Kaeli Swift affirme que les corneilles aiment la nourriture sèche pour animaux, les fruits à coque non décortiqués, les œufs, les restes de viande et les croquettes de pommes de terre frites.[20]

Je nourris mes corneilles avec des biscuits salés, des chips tortillas et des morceaux de pain : des aliments simples pour des créatures qui ne le sont pas tant que ça.

Servez-vous de votre bon sens et de votre intuition pour choisir la nourriture. Ce n'est pas parce qu'une corneille dévore une pizza au pepperoni qu'il faut lui en lancer une part dans votre jardin. Pourquoi leur donner des céréales sucrées ou d'autres aliments hautement transformés contenant une multitude d'ingrédients artificiels, quand les chips tortillas à base de maïs, d'huile végétale et de sel les rendront ivres de bonheur ?

Les corneilles se rendent vite compte quand elles ont un nouveau bienfaiteur, et croyez-en mon expérience, elles reviendront presque tous les jours.

PRENEZ GARDE

Étant donné que de nombreuses personnes nourrissent les oiseaux, il s'agit là d'une des exceptions à la règle « Ne nourrissez pas les animaux sauvages ! ». Plusieurs raisons à cela : la nourriture humaine n'est pas adaptée au système digestif des animaux. Attirer les animaux sauvages hors de leur milieu naturel vers des lieux remplis d'humains peut causer des dégâts aussi bien chez les animaux que chez les hommes. Certains animaux peuvent être touchés par la rage, une infection virale mortelle qui se transmet facilement aux humains par les morsures ou les griffures.

19. John Marzluff et Tony Angell, *In the Company of Crows and Ravens.*
20. https://corvidresearch.blog/

Fort heureusement, les corneilles et les corbeaux sont intelligents, très conscients de leur environnement, adaptables et précautionneux. Il est assez improbable que vous puissiez les attirer par inadvertance sur un chemin dangereux ou que vous détruisiez leur système digestif.

En fin de compte, n'oubliez jamais ceci : n'essayez pas de transformer les corneilles et les corbeaux en animaux domestiques. Vous êtes à la recherche d'une communion authentique et respectueuse avec certaines des créatures les plus sensibles de Gaïa ; avec des êtres qui deviendront vos messagers auprès des dieux et des déesses, et qui vous révéleront leurs mystères.

CHAPITRE 4

LEÇONS : LE POUVOIR D'ACTION DE GAÏA

Pendant l'écriture de ce livre, j'ai reçu un message de mes propriétaires qui souhaitaient récupérer leur maison. Après onze années, soit la plus longue période de ma vie passée au même endroit, je devais déménager.

« Crois-tu que tes corneilles vont te suivre ? » m'a demandé une amie.

« Je ne pense pas, ai-je répondu. D'après ce que je sais des habitats des corneilles, je crois qu'elles vont rester près de l'endroit où elles se perchent ou nichent la nuit. »

J'ai été séduit par le fait que « mes » corneilles pourraient avoir l'idée de prendre la route et de me suivre. Mon amie n'était pas la seule à s'en inquiéter. D'autres amis et membres de ma famille ont exprimé une empathie similaire. À vrai dire, j'étais un peu bouleversé. Je ne m'attendais pas à ce que Lord Vaillant et son clan m'accompagnent, mais je me demandais tout de même : « Et s'il n'y avait pas de corneilles près de ma nouvelle demeure ? »

Quand je recherchais une nouvelle résidence, le critère principal était un environnement embrassé par la Déesse Mère Gaïa, tout comme dans mon ancienne maison.

Après trois mois de prospection, et la date de mon déménagement approchant, j'étais frustré et sur le point d'emménager dans un domicile qui ne me convenait pas. Puis environ cinq kilomètres plus loin, je suis tombé sur l'exacte réplique de ce qui allait être mon ancienne demeure ; nichée au bout d'un cul-de-sac dans une zone rurale, il n'y avait aucun canal ou cours d'eau à proximité, mais une nature sauvage s'étendait au-delà.

J'avais enfin un nouveau chez-moi.

L'ARRIVÉE DES CORNEILLES

Par une chaude et venteuse journée de mi-novembre, j'ai fait le premier de mes nombreux voyages en camion de déménagement avec mon épouse, Cheryl, ma collection de poupées africaines, ma centaine de masques, mes soixante-dix cartons de livres, mon sitar, mon autel païen, et d'autres choses encore. Les vitres étaient baissées. Le soleil brillait. La journée était douce. À quelques encablures de ma nouvelle maison, j'ai entendu un son familier : « Croâ ! Croâ ! Croâ ! »

J'ai garé le camion puis j'ai bondi à l'extérieur à la recherche de corneilles. Je les aperçus enfin – un couple de corneilles – dans l'un des pins qui longeaient mon arrière-cour. Il ne s'agissait pas de Lord Vaillant ou de Mme Skitta, ni d'aucune des autres corneilles de mon clan habituel. Mais j'étais fou de joie.

« Les corneilles ont un foyer dans ma nouvelle maison ! »

J'ai vu ce couple à chacun de mes déplacements en camion vers ce lieu que j'avais nommé mon « ermitage dans les bois ».

Deux jours avant de quitter définitivement mon ancienne demeure, je me suis promené dans l'arrière-cour, près du canal. J'ai remarqué deux grosses branches qui étaient tombées – récemment, ai-je supposé – sur ma pelouse. Elles venaient de l'un des pins préférés de mon groupe de corneilles. J'ai souri.

UN CADEAU D'ADIEU DE MES CORNEILLES

J'ai ramassé consciencieusement et gaiement les deux branches, puis les ai chargées dans le camion. J'ignorais comment les utiliser, mais je savais que ces morceaux de bois adorés des corneilles – de mes corneilles ! – se manifesteraient un jour à travers la magie de la corneille.

Lors de ma première matinée dans mon ermitage dans les bois, j'ai éparpillé des crackers bon marché dans mon arrière-cour. Peu de temps après, j'ai entendu un « Croâ ! Croâ ! ». J'ai pu voir un couple de corneilles dans un arbre à suif chinois, celui qui se révélera être mon Arbre Spirituel. Après dix minutes de bavardage, la plus grande des corneilles, un mâle, se posa à une dizaine de mètres des crackers que j'avais semés pour leur festin. À l'instar de Mme Skitta ou d'un humain s'approchant d'un feu d'artifice qui n'aurait pas explosé, cette corneille s'avança avec précaution vers le cracker le plus proche : son torse était littéralement, comiquement en train de s'éloigner de ce mystérieux objet qui était soudainement apparu, tandis que ses pattes s'écartaient de son corps et qu'elles se rapprochaient du cracker sur la pointe des pieds.

Finalement, il attrapa le cracker avec son bec et s'envola précipitamment vers les hautes branches du cyprès, au coin sud-est de mon arrière-cour.

« C'est le début d'une belle amitié », murmurai-je à moi-même, en référence à la dernière phrase prononcée par Humphrey Bogart dans *Casablanca*. Spontanément, je surnommai ma nouvelle corneille Bogey, que j'ai ensuite transformé en Boga. Plutôt que de m'inspirer d'Ingrid

Bergman, co-star de *Casablanca,* pour nommer la partenaire de Boga, je l'ai appelée Baca, en l'honneur de Lauren Bacall.

Boga et Baca revinrent le lendemain, puis le surlendemain, etc. Comme je l'avais fait avec mon ancien clan de corneilles, à chaque fois que je les entendais criailler dans mon arrière-cour, je disséminais une poignée de crackers et de chips sur ma pelouse. Je voulais que ce nouveau groupe de corneilles sache qu'il pouvait « m'entraîner » à les nourrir, un festin entre mes mains.

LA VOIE DE LA MAGIE DU CORBEAU ET DE LA CORNEILLE

Aleister Crowley, le célèbre occultiste du XXe siècle, a défini la magie, ou plutôt « *magick* », comme il l'a épelée, ainsi : « la science et l'art de provoquer des changements conformément à notre volonté »[1]. Mais ce n'est ni la manière de faire ni l'objectif de la magie du corbeau et de la corneille.

Je détaillerai certaines techniques, comme la métamorphose, la lychnomancie et les lectures de tarot, qui utiliseront votre relation avec les corneilles de votre quartier. Comme pour n'importe quelle technique, qu'elle soit physique, psychologique ou métaphysique, ces méthodes deviendront plus efficaces grâce aux connaissances acquises à travers la pratique répétée.

Toutefois, la maîtrise de la magie du corbeau et de la corneille n'a rien à voir avec celle de la science. La partie « art » de l'équation de Crowley pourrait s'appliquer ici, mais toute modification impliquera un changement en vous ; tout mage avisé comprendra qu'il s'agit du changement auquel faisait référence Crowley.

La voie de la magie du corbeau et de la corneille nécessite de rechercher et d'entretenir la communion avec Gaïa. Les mystères de la grande déesse Terre vous seront révélés, et votre être intérieur, que le poète irlandais William Butler Yeats appelait « le cœur profond », changera, tout comme votre relation avec Gaïa, qui s'approfondira. Ces oiseaux magiques et surdoués sont un portail pour y parvenir.[2]

1. Aleister Crowley, *Magick in Theory and Practice.*
2. William Butler Yeats, *The Lake Isle of Innisfree* (*L'île du lac d'Innisfree*).

La leçon qui me fut transmise par mes corneilles Boga et Baca, est que Gaïa a un pouvoir d'action. Même le banquier de Wall Street le plus rationnel et pragmatique, tapi dans son bureau au milieu d'une jungle en béton, le sait. Le soleil se lève. Le soleil se couche. Le printemps revient et la verdure de Gaïa renaît, que ce soit à travers un champ de tournesols des monts Great Smoky ou une herbe courageuse poussant à travers une fissure d'un trottoir de Manhattan.

Même les adeptes des spiritualités centrées sur la Terre peuvent devenir complaisants et considérer la présence, la vitalité et l'action de Gaïa comme allant de soi. Les poètes et les sages à travers les âges ont essayé de nous le rappeler, de nous sortir de notre existence mécanique, robotique et matérialiste. « Il y a plus de choses dans le ciel et sur la terre, Horatio, que n'en rêve votre philosophie », écrit William Shakespeare dans son célèbre *Hamlet*.

Passez du temps avec les corneilles et les corbeaux et vous vous rappellerez la maxime de *Hamlet*. Les Romains croyaient que les corvidés étaient les messagers des dieux et des déesses. Et ils le sont. La salutation de Boga et Baca signifie qu'ils me considèrent comme l'ami des corvidés, et ils m'ont délivré un message de Gaïa . « Ma magie est à l'œuvre, où que vous vous trouviez. Elle est aussi proche que votre jardin. Soyez attentif ! »

CHAPITRE 5

GRIMOIRE : TROUVEZ VOTRE CORVIDÉ SPIRITUEL

Une initiation, qu'elle soit réalisée avec une assemblée de wiccans, un groupe druidique, des scouts, n'importe quelle organisation ou seul, est un marquage cérémoniel d'un début, d'un avant et d'un après. Alors que chaque jour, les énergies, les entités et la magie de Gaïa nous enveloppent tous, païens et non-païens, l'auto-initiation proposée dans ce chapitre pour trouver votre corvidé spirituel sera une reconnaissance brutale de la présence de Gaïa et une découverte audacieuse de ses émissaires, la corneille et le corbeau.

Sachant que vous ne communiquez pas encore consciencieusement et magiquement avec vos corvidés, votre auto-initiation sera votre premier acte officiel de la magie du corbeau et de la corneille. Cet apprentissage est le premier signe de votre intention de créer un lien avec les corvidés. Cette relation ne nécessite pas seulement de la volonté, mais également une pleine conscience et de la concentration.

Faites le premier pas vers votre corneille ou corbeau spirituel, et votre lien avec tous les corvidés commencera à changer. Votre relation à la nature, à la Terre Mère, à Gaïa, changera également. Comme le dit le chaman yaqui don Juan Matus, vous commencerez à « voir ».

Carlos Castañeda, un écrivain, chercheur spirituel, mystique et chroniqueur de don Juan Matus, écrivit au sujet de l'une de ses rencontres avec le chaman :

> « L'intérêt particulier de don Juan lors de son second cycle d'apprentissage était de m'apprendre à "voir". Apparemment, dans son système de connaissances, il y avait la possibilité de faire une différence sémantique entre "voir" et "regarder". "Regarder" se référait à la manière ordinaire dont nous sommes habitués à percevoir le monde, tandis que "voir" impliquait un processus très complexe en vertu duquel un homme de connaissances percevait prétendument "l'essence" des choses du monde.[1] »

Conscience et concentration modifieront votre perception future et jetteront les bases d'une pleine communion avec le genre corvidé, avec Gaïa. Vous ne regarderez plus ces oiseaux de la même façon car le plus grand changement aura commencé à se produire en vous.

Une remarque importante à propos de ce travail et de tous les rituels et les techniques décrits dans ce livre : il s'agit rarement de recettes

1. Carlos Castaneda, *A Separate Reality; Further Conversations with Don Juan.*

exactes. Réaliser une opération métaphysique en suivant les recommandations à la lettre est voué à l'échec, dans un sens aussi bien pratique que magique. L'énergie déployée pour mémoriser un chant ou un rituel dans ses moindres détails est une énergie qui pourrait être mieux exploitée. Imaginez un guitariste de rock jouant une même chanson, concert après concert. Plus il tentera de la reproduire de façon absolument identique, plus ce solo deviendra robotique, sans âme. Dès la deuxième performance, son état d'esprit sera mécanique et davantage focalisé sur l'exécution que sur la transmission de l'essence même de la chanson. Il en va de même avec votre magie.

Ainsi, mon invocation est composée de mes mots. Ils ont résonné en moi. Ils peuvent ne pas faire écho chez les autres ; ce n'est pas un prérequis. Vos mots doivent seulement résonner avec votre cœur, votre esprit.

Plus important encore, les mots ou les actions qui vous parlent résonneront plus fort avec l'esprit, Gaïa, les dieux et les déesses... et les corbeaux et les corneilles. Souvenez-vous que ce que vous recherchez via cette communion avec les corvidés – percer quelques-uns des grands mystères – existe dans le sein de Gaïa depuis des temps immémoriaux. Cette aspiration à découvrir les mystères réside dans le cœur humain depuis l'époque des artistes des grottes de Lascaux, et même au-delà. Quand vous soulevez le voile qui vous sépare de ces mystères, assurez-vous que c'est votre propre cœur qui sera mis à nu devant la divinité.

CE DONT VOUS AUREZ BESOIN

- La conscience.
- Un apaisement de votre esprit singe.
- Un lieu, rural, en banlieue ou urbain, où vous avez observé des corvidés.

CONTEXTE

Faites vos devoirs et acquérez une compréhension de base du comportement des corvidés et de leur vocabulaire. Étudiez les chapitres scientifiques précédents, et si vous êtes ambitieux, consultez quelques-uns des ouvrages cités dans la bibliographie de ce livre, notamment ceux de John Marzluff. Vous apprendrez ainsi à discerner le comportement banal des corneilles des comportements plus extraordinaires, voire prophétiques. Par exemple, tous les jours j'entends les corneilles entonner leur « miaulement » ; c'est un cri que j'interprète comme l'annonce d'une présence. Au cours de ma vingtaine d'années de communion avec les corneilles, je n'en ai vu qu'une seule fois se suspendre à l'envers à la branche d'un arbre, et une seule autre fois un groupe d'une quinzaine de corneilles vilipender un des leurs allongé sur le dos.

PRÉPARATION

Aucune. Renoncez à toute méditation ou travail de respiration. L'efficacité et la puissance de votre initiation viendront de votre spontanéité, de la chance et de la synchronicité.

ACTIONS

Commencez une invocation à haute voix et en plein air, dans un lieu dans lequel vous avez aperçu des corvidés ou vous pensez qu'ils pourraient vous rendre visite ou se rassembler. Cela peut être un endroit avec quelques arbres. Dites :

> « Esprit du Corbeau, Esprit de la Corneille,
> messagers entre les mondes,
> créatures de Gaïa,
> vous qui murmurez à l'oreille des dieux et des déesses,
> qui volez entre les univers,
> croassez, criaillez
> vos doux arcanes à moi
> qui cherche votre sagesse,
> votre savoir,
> votre esprit
> en ce lieu, en cette heure.
> Vous dont les ancêtres
> ont chuchoté à mes ancêtres
> de Lascaux
> et même au-delà.
> Soufflez-moi
> vos doux arcanes.
> Esprit du Corbeau, Esprit de la Corneille. »

N'oubliez pas que cette invocation n'est qu'un modèle que vous pourrez adapter librement. Car il est important que vous élaboriez votre propre invocation qui vient du fond de votre cœur.

Maintenant, trouvons une corneille ou un corbeau.

Peut-être ces oiseaux sont-ils déjà de réguliers visiteurs de votre jardin, de votre quartier, de votre village, de votre ville. Je souris toujours intérieurement quand un ami qui vit dans le coin me dit : « Tiens, il n'y a aucune corneille là où je vis. » Peut-être ne se posent-elles pas sur le rebord de votre fenêtre, mais ces amis ne sont tout simplement pas en harmonie avec Gaïa. Les corvidés peuplent chaque continent hormis l'Antarctique, et les corneilles, bien plus que les corbeaux, sont présentes dans toute l'Amérique du Nord. Elles sont ici, dans votre quartier ou près de l'endroit où vous faites vos courses, s'adaptant intelligemment à la présence et au comportement humains.

« Mais je vis dans une grande ville », dites-vous dans un soupir. Ce n'est pas un problème. Examinons un article de David W. Dunlap publié en octobre 2016 dans le *New York Times*. Le titre en dit long : « Crows and Ravens Make New York Comebacks to Caw (and Cr-r-ruck) About » L'article affirme que les espèces connues comme le grand corbeau ont toujours été peu présentes, mais pas absentes, dans Big Apple. Alors que la population de corneilles augmentait dans les années 1990, elle fut dévastée au début des années 2000 par le virus du Nil occidental, mais elle est depuis revenue aux chiffres d'avant l'épidémie. Et les New-Yorkais aperçoivent eux aussi à nouveau des corbeaux.[2]

Si vous avez déjà établi une relation avec des corneilles ou des corbeaux – vous les voyez souvent dans votre jardin ou sur votre balcon, vous les nourrissez de crackers et/ou de pain, peut-être même avez-vous donné un nom à vos visiteurs les plus réguliers –, il vous suffit alors de consacrer à nouveau et de revigorer votre communion en chantant une invocation similaire à celle proposée ci-dessus.

Si vous débutez la recherche de votre corneille ou de votre corbeau spirituel, après votre invocation, cherchez un corvidé. Vous pouvez simplement vous asseoir dans votre cour ou votre jardin, vous promener dans votre quartier ou vous aventurer dans un parc municipal ou sur un sentier par-delà votre jungle de béton. Ne vous découragez pas si une

2. https://www.nytimes.com/2016/10/24/nyregion/crows-and-ravens-make-new-york-comebacks-to-caw-and-cr-r-uck-about.html.

corneille ou un corbeau n'apparaît pas rapidement. Ils sont là. Si vous faites chou blanc, ou du moins le croyez-vous, reformulez votre intention à haute voix : « Esprit de la Corneille, Esprit du Corbeau, je recherche la communion avec vous et j'attends vos messagers. » Vaquez à vos occupations. Gardez votre cœur et vos sens ouverts. Après avoir fixé votre intention, un corbeau ou une corneille, voire plusieurs, apparaîtront – dans une heure, le lendemain ou le surlendemain.

Le premier corvidé qui attire votre attention, la première corneille que vous « voyez » dans le sens de don Juan Matus, c'est-à-dire qui engage votre conscience, qui fait vibrer quelque chose en vous ou qui vous envoie un signe palpable à travers un comportement inhabituel, est votre initiateur, votre corneille ou corbeau spirituel.

Ce corvidé n'est pas nécessairement le premier que vous rencontrez dans votre quête, surtout si, par exemple, vous en croisez un pendant que vous roulez à plus de 120 kilomètres à l'heure sur l'autoroute. Néanmoins, ce corvidé, aperçu sur le bas-côté pourrait tout à fait être votre corneille ou corbeau spirituel, car peut-être traversez-vous une terre sacrée ou un « lieu de pouvoir », comme décrit par don Juan dans les écrits de Castañeda.

N'importe quelle corneille ou corbeau attire mon attention si je conduis à travers le désert ou dans les routes de montagne du nord du Nouveau-Mexique, qui est la terre de ma jeunesse et qui recèle, selon moi, de nombreux lieux de pouvoir.

DEMANDEZ LE NOM DE VOTRE CORNEILLE OU CORBEAU SPIRITUEL

Une fois que votre corneille ou votre corbeau spirituel vous a initié, qu'il ou elle a annoncé indéniablement sa présence, de façon provocante ou intuitive, demandez silencieusement son nom. Son nom peut survenir immédiatement ou après quelques jours de réflexion intermittente, de méditation, ou pendant des activités totalement banales, loin du genre corvidé. Parfois la magie, quelle qu'elle soit, fonctionne comme la muse, l'inspiration ou l'intuition : lentement, en s'agitant dans le subconscient jusqu'à ce qu'elle jaillisse avec une certaine perspicacité. Et l'esprit, la magie ou la muse n'en est pas moins spontané, fortuit ou efficace pour avoir fonctionné de cette façon.

Ce corvidé sera votre corneille ou corbeau spirituel car il sera le premier à communiquer avec vous, effrontément ou subtilement, depuis que vous vous êtes embarqué dans ce tout nouveau voyage. Cet oiseau déchirera le voile qui vous sépare des grands mystères. Il est un messager de Gaïa, un émissaire des dieux et des déesses.

Ce volatile vous a emmené sur la voie de la magie du corbeau et de la corneille.

La magie est en marche !

Prononcez à voix haute un simple remerciement : « Merci, Esprit du Corbeau, Esprit de la Corneille. Merci, Gaïa. Soyez bénis. »

POUR ALLER PLUS LOIN

En reconnaissant ce messager, vous n'avez pas seulement vécu une initiation, vous avez accompli un acte magique. Vous vous êtes placé dans la lignée directe des artistes des grottes de Lascaux et de vos ancêtres. Rappelez-vous qu'en ces temps anciens et préhistoriques, qui sont indéchiffrables pour nous, humains modernes, l'un de nos ancêtres était le tout premier humain à remarquer et à reconnaître les aptitudes surnaturelles et le comportement des corvidés. Il n'a pas seulement deviné, mais également observé, l'aspect mystique des corneilles et des corbeaux. L'artiste des grottes de Lascaux, comme l'a révélé l'archéologie moderne, était tout simplement le premier homme à être si subjugué qu'il s'est senti obligé de commémorer et d'immortaliser une telle rencontre.

À votre tour, dorénavant.

Au cours de mes années de pratique, ma famille et mes amis ont constaté (avec l'aide de mon art) ma prédilection pour les corneilles, alors que je ne faisais aucun prosélytisme ni ne les avais embarqués dans mon cheminement païen. Inévitablement, ils remarquent désormais davantage les corneilles et partagent avec moi les histoires de leurs rencontres. Tout cela dans le cadre de conversations anodines, que j'analyse comme des actes magiques involontaires, une sorte de contagion verbale.

Imaginez l'efficacité de votre attention et de votre intention magique dans votre initiation. Il se peut que vous ne rencontriez plus jamais votre corneille ou corbeau spirituel en chair et en os. Mais vous emporterez cette rencontre avec vous et vous prendrez à nouveau contact avec votre animal spirituel, encore et encore.

CHAPITRE 6

GRIMOIRE : TENEZ UN JOURNAL MAGIQUE

Un « grimoire » désigne un livre de sortilèges ou un recueil d'écrits magiques. Habituellement, ce type d'écrits regroupe des instructions et explique comment exécuter ces sorts : création d'objets magiques tels que des talismans et des amulettes, diverses méthodes de divination, etc.

Un journal magique contient plus que cela. Outre des directives sur la façon de réaliser des sorts, des rituels et autres, votre journal peut inclure des récapitulatifs généraux ou détaillés sur la manière dont vous les avez exécutés (quand, où, comment) ainsi que les résultats (ou leur absence) qui se manifestent dans les jours, semaines ou mois suivants.

Évidemment, vous documenterez vos observations de corvidés. C'est essentiel. Ces oiseaux sont des créatures complexes, intelligentes, et leurs comportements sont divers et variés, et nuancés. Noter leurs activités vous permettra de mieux percevoir les synchronicités et les schémas ayant de potentielles implications magiques.

Employez ce journal dans sa forme traditionnelle et consignez vos pensées, vos réflexions, vos émotions et vos activités, qu'elles soient directement liées à la magie ou non. Réexaminer les actions antérieures peut révéler des synchronicités ou des corrélations qui n'avaient pas été remarquées entre votre état psychologique ou physique et l'efficacité de vos actes magiques.

CE DONT VOUS AUREZ BESOIN

Un carnet. Choisissez-en un qui attire votre regard et qui corresponde à vos sensibilités magiques, ou créez votre propre couverture.

Des crayons de différentes couleurs.

CONTEXTE

Six semaines après le décès de mon épouse, d'un cancer du sein, j'étais dans notre salle de musique lorsque j'ai entendu un bruit de craquement venant de la cuisine, semblable à une flûte de champagne se fracassant sur le carrelage.

Surpris, j'ai instinctivement crié le nom de Cheryl en me précipitant vers la cuisine, une réminiscence de ces derniers mois où la maladie provoquait pertes de connaissance et chutes, ce qui m'avait amené à l'appeler pour vérifier son état dès que j'entendais le moindre bruit. Au son d'un verre qui se brise, mon cerveau rationnel et pragmatique supposa que l'air conditionné ou quelque chose d'autre avait fait vibrer un verre à vin et l'avait envoyé au sol. Mais dans la même nanoseconde, mon cerveau mystique et intuitif se demanda si l'esprit de Cheryl était en train de m'envoyer un signe.

J'entrai dans la cuisine... et rien. Pas de verre cassé, pas de désordre ni d'accident.

Deux mois plus tard, au cours d'une nuit, je suis entré en transe et une vision de Cheryl apparut : avec son beau sourire d'Isis et sa peau nubienne, Cheryl s'était métamorphosée en déesse apaisante et chatoyante.

Cette nuit-là, j'écrivis à propos de cette apparition, ainsi que de l'incident du verre brisé qui avait eu lieu quelques mois auparavant. Ce premier jet devint la base de mon livre *I Buried My Wife and Danced on Top of Her: A Pagan, Punkish, Sort-Of Spooky Grief Memoir.*

En relisant les premières pages de ce mémoire, je suis stupéfait. C'est comme si ce récit (l'histoire de ma vie !) avait été rédigé par un romancier et que je lisais pour la première fois un conte étrange. Si je me souviens du verre cassé, de la vue de la déesse Cheryl, des formes sombres que j'apercevais du coin de l'œil autour de notre maison, et d'autres événements suspects, certains détails, voire des épisodes entiers, ont en revanche disparu de ma mémoire.

Au cas où mon histoire serait trop subtile, retenez ceci : écrivez la vôtre !

Tenir un journal magique, que vous pouvez nommer le *Livre des ombres*, est de rigueur pour quiconque poursuit sérieusement un chemin païen.

L'écriture est à la fois mon gagne-pain et ma passion ; il m'est donc facile de vanter les avantages de coucher des mots sur le papier ou sur un ordinateur. Mais pour ceux qui ne seraient pas convaincus par le pouvoir magique des écrits, prenez en compte les points suivants :

LA MÉMOIRE EST DÉFAILLANTE

Vous ne vous en souviendrez pas. Bien sûr, vous vous souviendrez du moment où vous avez tourné au coin de ce sentier isolé et où Pan a sauté et vous a fait une peur bleue – et vous avez survécu afin de raconter cette histoire. Le lendemain, la semaine suivante, le mois prochain, vous vous remémorerez parfaitement cette rencontre. Après tout, il s'agissait de l'un des moments les plus intenses que vous ayez vécus au cours de votre cheminement magique. Mais à quel point ces souvenirs sont-ils détaillés ? Vous rappelez-vous ce que portait Pan ? Était-il souriant ou renfrogné ? Qu'a-t-il dit ? Dégageait-il la même odeur que Bigfoot ?

Au début des années 1980, bien avant que je ne commence mon parcours païen, j'ai vu le film *Au-delà du réel*, basé sur les recherches du scientifique John Lilly concernant les effets de la privation sensorielle sur la conscience humaine, via l'utilisation d'un caisson d'isolation (Lilly est également connu pour ses recherches sur la communication avec les dauphins). Ce caisson est une structure semblable à un cube remplie d'eau salée permettant à quelqu'un d'être enfermé et de flotter dans un environnement insonorisé, et dans le noir complet. Je n'avais pas accès à ce type de caisson, mais j'étais déterminé à mener ma propre expérience, sans les drogues psychédéliques employées par Lilly.

J'ai donc vidé un petit placard chez moi, calfeutré la porte avec des serviettes pour empêcher la lumière d'entrer, et prié pour qu'aucun bruit externe ne me parvienne. J'avais créé mon « caisson d'isolation ».

Je respirais aussi calmement que possible mais contrairement au cobaye dans le caisson de privation sensorielle, je ne flottais pas dans l'eau salée et j'avais conscience du poids de mon corps, ou plutôt, je ne ressentais pas l'absence de poids.

Comme prévu, le temps s'effrite. Je ne savais pas depuis combien de temps je m'étais isolé lorsque ma première vision arriva : Jim Morrison, le charismatique chanteur poète dionysien du groupe The Doors, apparut dans une brume, son visage et son corps illuminés par la faible lueur orangée d'une sorte de flamme, peut-être une bougie, mais je n'en suis pas certain.

Je ne me souviens de rien d'autre. Ma mémoire m'a fait défaut, et je n'ai pas pris le soin, à ce moment-là, de noter mon expérience de privation sensorielle. Bien sûr, ce n'est pas une grande perte pour l'histoire de la recherche des états modifiés de la conscience, mais des années plus tard, je fus si déçu que je n'ai pas écrit à propos de cette expérience. Mr Mojo Risin', sentez-vous libre de revenir me voir et rappelez-moi ce qui s'est passé quand je vous ai rencontré pendant ce long voyage.

Par ailleurs, en tant que journaliste expérimenté, j'ai interviewé des milliers de personnes et j'ai pu constater les particularités et les lacunes de la mémoire humaine. Oui, votre mémoire va s'éroder.

| DOCUMENTEZ AVEC PRÉCISION VOS RECHERCHES

Une autre excellente raison de tenir un journal magique : comme n'importe quel bon naturaliste, vous voudrez ou aurez besoin de documenter vos recherches, que vous ayez observé le comportement des corneilles et des corbeaux dans votre jardin ou dans vos rêves, vos visions, vos rituels et vos lectures de tarot. D'une part, vous aiderez votre mémoire sporadique et conserverez vos aventures avec les corvidés, avec toute leur part de drame, pour leur propre intérêt. D'autre part, vous créerez une chronique détaillée qui vous permettra de discerner les schémas, les anomalies et les synchronicités dans les attitudes de ces oiseaux magiques et intelligents qui marchent et volent entre les mondes.

Par exemple, vous faites de la divination et vous avez la vision d'une corneille émettant des criaillements particuliers au-dessus d'une meute de loups. Deux jours plus tard, dans votre jardin, une corneille commence à communiquer d'une façon qui vous est familière. Serait-ce le même schéma de criaillements perçu dans votre vision ?

Peut-être faites-vous une lecture de tarot de la corneille (vous trouverez un guide à la page 192) et un certain nombre de cartes de la suite des épées apparaît ; c'est alors que vous vous souvenez de ce rêve, trois semaines plus tôt, dans lequel un dragon brandissant une épée surgissait lors d'une réunion de travail (mais les détails précis de ce rêve se sont dissipés). Et vous vous demandez quelles synchronicités peuvent bien être à l'œuvre.

Un journal magique bien tenu écartera de telles conjectures dans ce cas de figure.

Gardez toujours une trace de chacun de vos tirages de tarot. Il en va de même pour votre cheminement magique, qu'il implique la pratique de la magie du corbeau et de la corneille, le druidisme, la sorcellerie de cuisine, l'incantation, la magie des bougies, la magie de la lune, la participation à des ateliers dans des festivals, la radiesthésie, l'interprétation des rêves ou la célébration de la magie de Beltaine et de Samain.

L'ÉCRITURE EST UN ACTE MAGIQUE

En tant qu'écrivain, je crois au pouvoir magique des mots. Rien de surprenant à cela.

Je raconte des expériences humaines (mon côté journaliste) ; j'écris pour m'exprimer, pour le plaisir et pour la joie de jouer avec les mots (essais personnels et philosophiques, et poèmes) ; et je jette des mots sur le papier pour explorer ma propre psyché (l'écriture est la forme de méditation la plus connue).

Et en tant que païen qui évite principalement les rituels wiccans en cercle et les sorts traditionnels (bien qu'il n'y ait rien de mal à cela), j'écris pour forger mes réalités non ordinaires en quelque chose de tangible. Ces chroniques serviront non seulement de journal magique et d'histoire de mon âme, mais aussi de récits ayant un aspect utilitaire. Mes récits sur l'ouverture de mon esprit, de mon cœur et de mon âme m'inspireront et me guideront plus profondément vers des réalités non ordinaires. Ainsi, mes chroniques me rapprocheront plus que jamais du mystère divin, vers une communion plus intense avec la déesse Gaïa et le dieu Cernunnos, et avec la Corneille Spirituelle qui est, selon moi, une autre manifestation de Gaïa.

Bien sûr, nous avons chacun des souvenirs de nos rencontres profondes avec les autres royaumes, mais noter ces aventures vous transformera. Votre vie ne sera peut-être pas comparable à celle de Frodon dans *Le Seigneur des anneaux* ou de Morgane dans *Les Dames du lac*, mais coucher sur le papier l'histoire de votre âme, ou n'importe quel récit, permet de découvrir des détails enfouis dans votre subconscient et de révéler des connexions, des synchronicités et des liens de cause à effet jusqu'alors cachés. Vous serez sans doute surpris de constater à quel point votre histoire transcende le banal.

ATTENTION, L'ÉCRITURE MAGIQUE A UN COÛT

L'écriture est un outil largement négligé et sous-utilisé. Mais son usage a un coût.

Certains observateurs remarqueront, à juste titre, que l'écriture peut s'opposer à la nature « expérimentale » du chamanisme, du paganisme ou de tout autre chemin spirituel fondé sur la nature. L'écriture, ou plutôt le processus d'écriture dans lequel on commence à envisager de mettre des mots sur ce que l'on est en train d'expérimenter, nous sort de l'instant présent. En raison de ma profession, je suis sans cesse en

« mode écriture », à formuler mes pensées – « marteler mes pensées »,[1] comme le dirait le poète irlandais William Butler Yeats – pour un essai ou un poème, même si je fais la queue à l'épicerie, me promène dans le quartier ou participe à un rituel au Phoenix Phyre Pagan Festival, en Floride.

Je m'en suis rendu compte lors de mes deux voyages sur des sites sacrés en Irlande. Naturellement, j'avais prévu de relater mes aventures dans un cahier et d'écrire une série de récits de voyages pour mon journal, dès mon retour. Mais je savais aussi que ce processus d'écriture pouvait m'attirer vers un univers alternatif, dans un simple simulacre de mon expérience actuelle de l'espace-temps. En d'autres termes, je craignais d'être comme ces touristes qui sont davantage préoccupés par le fait de prendre la photo parfaite devant les pyramides de Gizeh plutôt que d'être dans l'instant présent.

Pourtant, l'écriture vous transformera. L'écriture est un acte magique. Écrivez !

ACTIONS

La méthode d'écriture magique la plus efficace est un bon vieux stylo et du papier. Si vous préférez la vitesse et l'efficience d'un clavier, imprimez vos récits (sans oublier de les dater !) et rassemblez-les dans un cahier ou agrafez-les à votre journal. Puis, une fois que vous réfléchirez à ces écrits, quelques jours ou quelques semaines plus tard, vous pourrez les annoter, peut-être en observant des schémas, en étudiant la façon dont se déroulent les synchronicités au fil du temps, ou en découvrant comment une rencontre particulière s'est avérée prophétique. De plus, un cahier vous permettra de dessiner des cartes ou des images, qui seront parfois plus parlantes que les textes. Enfin, un journal ou un carnet sera plus facile à transporter et vous donnera l'occasion de documenter vos observations et vos idées sur le terrain.

Vous pouvez créer un système de code couleur. Par exemple, les entrées marquées d'un astérisque rouge désigneront des « journées mémorables » ; celles avec un astérisque violet indiqueront des détails sur l'observation des corneilles, etc.

1. William Butler Yeats, *If I Were Four-and-Twenty*.

Pas besoin d'être Molière ou Shakespeare et d'écrire un texte de mille mots. Même un journal rempli de phrases brèves, succinctes et mnémotechniques pourra se révéler fructueux.

POUR ALLER PLUS LOIN

Plus vous documenterez le qui, le quoi, le quand et le où de votre vie magique, plus vous serez capable de discerner le comment : les techniques, les paramètres et les conditions qui semblent produire les résultats les plus dramatiques et les plus efficaces dans votre quête ultime du pourquoi. « Pourquoi je fais cela ? »

L'objectif de la magie du corbeau et de la corneille consiste à lever le voile, à se connecter et à communier avec les royaumes supérieurs, la conscience cosmique, la divinité, les mystères de Gaïa. Connaître le comment vous mènera à une découverte plus profonde de la raison qui vous a conduit à débuter la recherche de votre chemin païen/sorcier/magique.

Grâce à l'écriture, vous deviendrez de plus en plus adepte – aussi bien dans son sens commun que magique.

CHAPITRE 7

MYTHE : L'HOMME-OISEAU DE LASCAUX ET LA PRÉHISTOIRE

Qui était le premier humain, ou proto humain, à remarquer les attitudes extraordinaires des corneilles et des corbeaux ?

Nous, *Homo sapiens*, terme latin désignant des « hommes sages », pouvons facilement voir que les corvidés agissent différemment, avec une intention autre que celle des autres oiseaux et même de nombreux autres mammifères et autres créatures sauvages. Si les biologistes de la faune moderne affirment que l'intelligence des corvidés est équivalente à celle des dauphins et des grands singes, vous n'avez même pas besoin d'être un naturaliste amateur pour être conscient, charmé et impressionné par le comportement des corneilles et des corbeaux.

Installé dans mon patio, alors que je contemplais les bois situés au-delà de ma demeure, je vis des cardinaux rouges et des troglodytes mignons vaquer à leurs occupations, à la recherche de graines, de mauvaises herbes, de baies noires, de scarabées, de criquets, d'araignées et d'autres insectes qui peuplent l'herbe. Parfois, les cardinaux rouges et les troglodytes tombent par hasard sur des biscuits salés et des chips que j'ai éparpillés sur ma pelouse pour les corneilles, mais ils ne semblent pas avoir d'appétence pour ces aliments. En réalité, ils mangent presque de manière instinctive, même machinale. Aussi aiguisés que soient leurs instincts, ils semblent trouver leur dîner par hasard.

Il en va de même pour les ratons laveurs et les couleuvres noires qui déambulent occasionnellement dans mon arrière-cour. Le hasard semble davantage à l'œuvre que leurs techniques de survie. Étant donné que mon arrière-cour est devenue un village virtuel pour les anoles verts, les anoles bruns, les crapauds du sud des États-Unis et les rainettes, il est évident que les couleuvres noires ne viennent pas y manger plus souvent. Elles ne s'y nourrissent que lorsqu'elles sont perdues.

Les écureuils qui vivent dans mon jardin et dans les bois adjacents font preuve d'une certaine malice : ils se réfugient dans les arbres quand j'arrive, et une fois les crackers disséminés sur ma pelouse, ils descendent des arbres avec prudence et attendent que je sois reparti.

Comparez ces comportements avec ceux des corvidés. Les corneilles d'Amérique qui viennent fréquemment dans ma cour annoncent généralement leur arrivée d'un familier « croâ-croâ » tandis qu'elles se posent sur les branches les plus basses des pins et de leur arbre à suif chinois adoré.

Presque à chaque fois que j'entends une corneille, j'attrape des chips et des crackers, ainsi que mon appareil photo, et je sors pour les nourrir et les photographier.

Après que j'ai dispersé leur pitance, les corneilles font preuve de patience tandis que je reste à proximité pour les prendre en photo. Elles paraissent même prendre la pose, au point que je les photographie pendant cinq, huit, dix minutes, voire plus.

Ainsi, il est facile de voir et d'entendre des corneilles mener à bien leurs affaires avec plus de soin, de volonté et d'intelligence que la plupart des créatures. Il ne fait aucun doute que les premiers humains, ou les proto humains, ont également remarqué ces manières si particulières aux corneilles et aux corbeaux.

Quel a été le premier humain à le faire ?

L'histoire ne nous donne pas de réponse à cette énigme. Cependant, nous savons que nos ancêtres pratiquaient probablement la magie de la corneille il y a déjà dix-neuf mille ans. La preuve la plus éclatante se situe sur les peintures rupestres paléolithiques découvertes dans le sud de la France en 1940, parmi d'autres œuvres stupéfiantes.

L'HOMME-OISEAU

Connu sous le nom de grotte de Lascaux, ce complexe abrite quelque mille quatre-cents gravures et six cents peintures. Les archéologues ont débattu de l'âge de ces anciennes images, comme pour celles des autres grottes à travers le monde. L'estimation la plus courante des œuvres de Lascaux est située entre dix-sept mille et quinze mille avant notre ère, et elles n'ont probablement pas toutes été peintes au cours de la même période (relativement courte).[1]

Ces peintures incluent des chevaux, des bisons, des félins, un ours et d'autres animaux, ainsi qu'une scène étrange portant le nom de « scène du Puits ». Elle représente un bison vraisemblablement blessé à côté d'une figure humaine couchée sur le dos avec une tête d'oiseau, ou un humain portant un masque d'oiseau. Les interprétations varient. De nombreux spécialistes parlent d'une simple figure humaine, bien qu'il s'agisse techniquement d'un thérianthrope ou d'un être à la forme à

1. https://www.bradshawfoundation.com/lascaux/

la fois humaine et animale. Les archéologues affirment qu'il s'agit de l'unique créature humaine, ou semblable à un humain, qui fut représentée à Lascaux.

L'homme-oiseau est clairement ithyphallique, allongé, les bras écartés au niveau des épaules et les mains qui ressemblent à des pattes d'oiseau. Néanmoins, malgré l'indéniable tête d'oiseau, le dessin des pattes n'était probablement pas intentionnel. Cette figure humaine est assez primitive, une sorte de bonhomme allumettes, en comparaison avec les majestueux bisons et les rhinocéros à proximité, bien qu'une lance transperce l'arrière-train du bison, faisant se répandre ses entrailles. Un peu comme si Van Gogh avait esquissé les cornes, la tête, le dos et les jarrets des animaux gracieusement incurvés, tandis qu'un élève de maternelle aurait dessiné l'homme-oiseau. La rudesse de cette figure humaine, en comparaison avec les nombreuses autres représentations animales à couper le souffle à Lascaux, est un autre mystère de ces grottes.

La scène inclut une autre curiosité : un mât ou un bâton plus petit que le tronc de l'homme-oiseau et surmonté d'un oiseau au corps légèrement plus grand que la tête de l'homme-oiseau, et esquissé de façon tout aussi grossière.

De nombreux spécialistes évoquent invariablement un oiseau, un homme-oiseau ou une tête d'oiseau quand il s'agit la scène du Puits. Toutefois, John Marzluff et Tony Angell n'hésitent pas à suggérer que les artistes de Lascaux ont voulu dépeindre une corneille ou un corbeau. Ils affirment que cette scène montre la mort d'un chasseur et présument que la tête d'oiseau sur le corps humain et l'oiseau sur le mât sont des corneilles ou des corbeaux ; même à ce stade de l'évolution humaine, ces corvidés auraient déjà été associés à la mort.[2] Ce lien a sûrement été favorisé par la prédilection des corneilles et des corbeaux pour les charognes.

Bien sûr, il n'existe aucune preuve formelle que l'homme-oiseau de Lascaux arbore la tête d'un corvidé ou que le mât est surmonté d'un corneille. Mais d'après les recherches et les observations exhaustives de Marzluff et Angell, Heinrich et d'autres biologistes de la faune, ainsi que mes longues années d'examen de l'intelligence, du soin et de la capacité d'action des corneilles d'Amérique autour de ma maison en Floride, il est possible d'émettre une théorie selon laquelle ce sont des corneilles ou des corbeaux qui ont attiré l'attention de l'artiste de Lascaux.

THÉORIES À PROPOS DE L'HOMME-OISEAU DE LASCAUX

Quelle est la véritable signification de cette curieuse représentation de l'homme-oiseau et de son mât ? La réponse succincte et directe est que personne ne le sait. Le sens de cet homme-oiseau et de ce bison relève de la spéculation. Les théories se répartissent globalement en deux catégories : la scène du Puits illustrerait un homme décédé – un chasseur tué au cours d'un accident de chasse – ou un chasseur blessé. L'autre hypothèse suggère que cette scène représenterait un humain bien en vie mais pris dans une sorte de transe chamanique.

LA MAGIE DE LA CHASSE

Même la théorie du chasseur mort ou blessé n'est pas un argument en faveur d'un récit banal sur un moment tragique ayant eu lieu à l'âge de pierre, comme si un ancien historien avait simplement voulu laisser une trace de l'histoire. L'hypothèse que le chasseur était mort ou blessé

2. John Marzluff et Tony Angell, *In the Company of Crows and Ravens*.

suppose que l'artiste était imprégné d'une vision surnaturelle, magique, et que la création de l'homme-oiseau et du bison mourant constituait une opération magique.

Mario Ruspoli, un réalisateur italien engagé par le ministre français de la Culture pour documenter les grottes de Lascaux après leur fermeture au public pour cause de détérioration due à la circulation humaine, a vu la scène du Puits et fut stupéfait. Il affirma que le site était « chargé d'un pouvoir occulte. »[3]

Enfant, le paléoanthropologue kényan Richard Leakey fut sidéré quand il visita Lascaux avec ses parents, les paléontologues Louis et Mary Leakey, et le tout aussi célèbre archéologue, anthropologue et abbé français Henri Breuil. Il n'est donc pas surprenant que Lascaux et les autres sites de peintures rupestres figurent en bonne place dans le livre de Richard Leakey et de Roger Lewin *Les Origines de l'homme*.

En 1903, l'archéologue et historien des religions français Salomon Reinach, ainsi que d'autres chercheurs avant lui, a supposé que la scène de l'homme-oiseau et les autres peintures rupestres illustraient des cas de « magie sympathique, ou de magie de la chasse » qui faisaient partie de « rituels magiques et totémiques ».[4]

Cette théorie a été adoptée et défendue par l'abbé Breuil, notamment dans *Quatre Cents Siècles d'art pariétal : les cavernes ornées de l'âge du renne*, publié en 1952.

Une explication plus complète de la magie sympathique, détaillée par l'anthropologue écossais Sir James George Frazer dans *Le Rameau d'or*, est présente dans les pages suivantes. Toutefois, voici une définition succincte de la loi de la similitude de Frazer et de la « magie d'imitation » qui en résulte : créer une image ou une représentation d'un être ou d'un objet réel, et ce qui se passe dans cette image affectera en contrepartie le monde réel.

Les peintures rupestres étaient donc un acte de magie de la chasse (un terme utilisé par de nombreux spécialistes des cultures paléolithiques), un acte d'imitation dans lequel la fécondité des proies (regardez les nombreux troupeaux esquissés sur les murs des grottes) et la réussite

3. Robert E. Ryan, *The Strong Eye of Shamanism.*

4. Richard E. Leakey and Roger Lewin, *Origins Reconsidered: In Search of What Makes Us Human.*

de leur chasse étaient représentées, reflétant la croyance, l'intention et le désir de voir ces représentations se manifester dans la vie réelle. Une telle théorie n'a de sens, évidemment, que si l'on estime que l'homme-oiseau est blessé mais survivant, plutôt que mort.

Quant à la particularité de l'homme-oiseau et de son mât, ces détails cadrent bien avec l'hypothèse de la magie d'imitation si on les considère comme des corvidés obsédés par la mort.

Les cultures ultérieures, notamment celtiques et nordiques, ont volontiers remarqué l'étrange et troublante apparition de corneilles et de corbeaux fonçant sur le champ de bataille pour se régaler des corps humains. De tels comportements (parmi leurs nombreuses autres activités) ont commencé à figurer dans la mythologie de ces cultures, et d'autres. Les scientifiques actuels ont même donné un nom à l'une de ces espèces, la corneille noire.

Le biologiste Bernd Heinrich, dans son ouvrage *Mind of the Raven: Investigations and Adventures with Wolf-Birds,* explique comment les loups et les corbeaux ont développé une relation sophistiquée et symbiotique pour chasser et tuer, qui va au-delà du fait que les corbeaux se jettent sur les proies fraichement tuées par les meutes de loups.

Toutefois, je n'ai trouvé aucun chercheur qui envisage le fait que la consommation de charognes par les corvidés, qui devait être assez évidente pour n'importe quel *Homo sapiens* du Paléolithique, ait pu jouer un rôle, magique (selon moi) ou non, dans la création de l'homme-oiseau de Lascaux.

| LA DUALITÉ MASCULIN-FÉMININ OU LA GÉOMÉTRIE PRATIQUE

Passant en revue l'ensemble des grottes de Lascaux, Joseph Campbell écrit que la beauté et la nature majestueuse des créatures représentées, leurs postures, et les arrangements esthétiques des animaux et des nombreuses formes géométriques suggèrent bien plus qu'une simple tentative de magie primitive « grossière ».[5]

L'approche structuraliste-systématique du paléontologue français André Leroi-Gourhan à l'égard des peintures rupestres explora ce qu'il considérait

5. Joseph Campbell, *The Way of the Animal Powers. Historical Atlas of World Mythology.*

comme une dualité masculin/féminin soulignée dans les bêtes, les dessins géométriques, l'homme-oiseau de Lascaux et autres thérianthropes.[6] D'autres explorateurs de grottes ont perçu des intentions plus pratiques. Par exemple, les trois paires de points verticaux juste sous la queue du rhinocéros dans la scène de l'homme du Puits ne seraient qu'une représentation de déjections.[7]

Leakey poursuit en notant qu'à la mort de l'abbé Breuil, en 1961, l'hypothèse de la magie de la chasse eut de moins en moins la cote.[8]

TRANSE CHAMANIQUE, ANIMAUX SPIRITUELS

Au cours des décennies suivantes, les chercheurs commencent à envisager des interprétations plus complexes, souvent chamaniques, de l'homme-oiseau de Lascaux, du célèbre « sorcier » de la grotte des Trois-Frères, en France, et d'autres thérianthropes, créatures et scènes découvertes dans le monde en constante évolution des peintures rupestres. Parmi ces chercheurs, outre le maître de la mythologie Joseph Campbell, on peut citer l'archéologue sud-africain David Lewis-Williams et le préhistorien français Jean Clottes et leur livre *Les Chamanes de la Préhistoire : transe et magie dans les grottes ornées*, paru en 1998 ; Robert E. Ryan et son exhaustif ouvrage *The Strong Eye of Shamanism: A Journey into the Caves of Consciousness*, publié en 1999, et d'autres encore.

Le site de la Bradshaw Foundation, une organisation à but non lucratif basée à Genève, est une ressource formidable sur l'art pariétal. La fondation travaille en collaboration avec l'Organisation des Nations unies pour l'éducation, la science et la culture (Unesco), la Royal Geographic Society, la National Geographic Society, le Rock Art Research Institute et le Trust for African Rock Art.

Ce site web très complet inclut des sections sur les théories de l'art pariétal, telles que l'art pour l'art, la magie de la chasse, la magie de la fertilité, le chamanisme, et plus encore.

6. https://www.bradshawfoundation.com/news/index.php?id=Rock-art-theories-VI ; Joseph Campbell, *The Way of the Animal Powers*.

7. Joseph Campbell, *Primitive Mythology*.

8. Richard E. Leakey and Roger Lewin, *Origins Reconsidered*.

La rubrique consacrée au chamanisme indique que dans les sociétés de chasseurs-cueilleurs, le chaman « était une figure très importante : prêtre, magicien, guérisseur, artiste. En tant que messager, médium ou émissaire, le rôle du chaman était de rendre l'extraordinaire "ordinaire". Le chaman pouvait faire la liaison entre ce monde – le monde naturel – et le monde spirituel. »[9]

Cette rubrique poursuit en citant la théorie intrigante de certains chercheurs qui affirment que « la paroi rocheuse était perçue comme l'interface – le voile – entre ces deux mondes », et que les chamans se procuraient « la force vitale des animaux dans le monde spirituel » et ramenaient ce mojo pour servir son peuple dans le monde physique.

De fait, selon cette théorie, toutes ces peintures rupestres d'animaux ne sont pas censées dépeindre des créatures terrestres en chair et en os, mais des « animaux spirituels », tandis que les divers thérianthropes « représentent des chamans ou des sorciers avec des masques. »[10]

| LA GÉOMÉTRIE DE LA TRANSE CHAMANIQUE

Les recherches quelque peu controversées de David Lewis-Williams et de Jean Clottes se sont penchées sur des études neuropsychologiques modernes. De fait, les deux chercheurs clamèrent que les nombreuses formes géométriques des grottes de Lascaux ressemblaient aux hallucinations provoquées par les circuits cérébraux des humains modernes, indépendamment du contexte culturel, lorsqu'ils sont en état de conscience modifiée, c'est-à-dire un état de transe chamanique. D'autres états d'hallucination font appel au milieu culturel de l'expérimentateur, comme l'expliquent Lewis Williams et Clottes.[11]

| LE CHAMAN MÉTAMORPHE

En examinant l'homme-oiseau de Lascaux, Campbell note la fréquence de l'imagerie et des motifs d'oiseaux dans les contextes chamaniques, et le fait que les chamans en transe chevauchent souvent les oiseaux pour se rendre dans les royaumes de l'au-delà. Les chamans prennent souvent la forme d'oiseau. Campbell conclut qu'il est tout à fait possible

9. http://www.bradshawfoundation.com/news/index.php?id=Rock-art-theories-V
10. *Ibid.*
11. Jean Clottes et David Lewis-Williams, *Les chamanes de la Préhistoire.*

que l'homme-oiseau de Lascaux n'était pas un chasseur tué par sa proie mais plutôt un chaman en transe.[12]

De même, Ryan écrit que la scène de Lascaux portraiture un chaman en « transe-mort et transformation », et que le bison transpercé est un sacrifice sacré ; l'homme et la bête ne font plus « qu'un dans l'extase ».

LA THÉORIE DE L'ÂME EXTERNE

La magie de la chasse ou un chaman en transe ne sont pas les seules interprétations de l'homme-oiseau de Lascaux.

Edward Allworthy Armstrong, un ornithologue britannique et prêtre de l'Église anglicane, évoque une « âme externe ». Le « pasteur-naturaliste » (comme l'appelle sa nécrologie) mentionne l'existence de « cultes des oiseaux » au cours de la période du Paléolithique supérieur.[13] L'oiseau sur le mât est un « objet de culte », étant donné que l'artiste de Lascaux aurait pu aisément esquisser un oiseau dans un arbre beaucoup plus réaliste si cela avait été son intention. La similarité entre la tête de l'homme-oiseau et le volatile sur le bâton ou le mât révèle une connexion entre les deux. Il s'agit peut-être d'une relation « totémique », mais plus vraisemblablement « une représentation de l'âme externe qui, dans les cultures ultérieures, était souvent dépeinte en oiseau. Si un volatile en particulier est représenté, il s'agit peut-être d'un corbeau, car les légendes basques font référence à cet oiseau comme l'esprit des grottes des chasseurs préhistoriques. »[14]

Armstrong soutient sa théorie de l'âme externe en citant la prévalence du motif de l'oiseau sur un poteau dans les arts magiques, religieux et funéraire de cultures ultérieures comme l'Égypte ancienne et la Mésopotamie, notant ainsi le spectaculaire sarcophage peint découvert à Aghia Triadha, en Crête en 1903. Les archéologues datent ce sarcophage à 1 400 avant notre ère, quand l'île était sous domination mycénienne, et affirment que les images sur le cercueil en calcaire combinent des caractéristiques des cultures minoenne et mycénienne.

L'une des images les plus frappantes du sarcophage illustre une femme portant un haut blanc, une écharpe et une ceinture bleues, et une longue

12. Joseph Campbell, *The Way of the Animal Powers*.

13. *British Birds*, « Obituary: Rev. Edward Allworthy Armstrong ».

14. Edward A. Armstrong, *The Folklore of Birds: An Enquiry into the Origin & Distribution of Some Magico-Religious Traditions*.

jupe rehaussée de lignes ocres ondulées. Son attention se porte sur deux piliers à proximité, qui sont à peine plus hauts qu'elle. Chaque pilier est surmonté de ce qui ressemble à une chauve-souris géante aux ailes déployées, qu'Armstrong identifie comme « des doubles haches, symboles de pouvoir ». Les oiseaux perchés au-dessus de chaque « hache » sont, selon lui, des corbeaux, le tableau entier laissant entendre que les corbeaux étaient « connectés avec la mort ».

Armstrong poursuit en évoquant les nombreuses images d'oiseau sur un mât représentées par des cultures chamaniques telles que les Toungouses, les Mansis, les Yakoutes, les Dolganes et les Ostiaks de Sibérie et d'autres régions d'Asie et d'Eurasie. Selon lui, le mât-oiseau de Lascaux était un précurseur.

LA PROFONDE INTERDÉPENDANCE DE LASCAUX

Joseph Campbell regretta que « les animaux envoyés par le Pouvoir Insaisissable ne servent plus, comme dans les temps primitifs, à enseigner et à guider la nature humaine... Les souvenirs de [...] ces animaux émissaires doivent subsister en nous ; ils se réveillent un peu et s'agitent lorsque nous nous aventurons dans la nature sauvage. »[15]

C'est ainsi que l'humanité moderne est amenée à s'interroger sur la beauté obscure de cette paroi au fond du puits de la grotte de Lascaux. La scène dépeint-elle la magie de la chasse ? Une transe chamanique ? Une commémoration d'un événement terrifiant ? Un autre mystère encore énigmatique pour la science ou les mystiques ?

Ces questions ne trouveront peut-être jamais de réponse.

Comme l'observe Richard Leakey, Lascaux « est chargé de sens, mais nous ne pouvons déchiffrer ce qui est dit. La puissance est palpable, mais nous sommes culturellement aveugles à son contenu. » Pourtant, conclut-il, quiconque s'intéressant à Lascaux dans le but de comprendre les origines de l'humanité en ressortira avec « une conviction profonde d'interdépendance. »[16]

15. Joseph Campbell, *The Way of the Animal Powers.*

16. Richard E. Leakey and Roger Lewin, *Origins Reconsidered.*

Nous, humains modernes, savons que lorsque l'artiste de Lascaux a appliqué ses pigments sur la paroi de la scène du Puits il y a dix-sept mille à dix-neuf mille ans, il a ressenti une forme de connexion profonde avec le monde animal, le monde aviaire, le monde des corvidés. Quiconque connaissant la vie et les comportements des corvidés sera d'accord avec les scientifiques ou les chamanes qui affirment que l'homme de Lascaux et son mât sont, en effet, un homme-corneille doté d'un bâton-corbeau.

Cette interprétation est tout à fait plausible, si l'on considère Lascaux à travers le prisme largement abandonné de la magie de la chasse ou via les théories plus contemporaines et sophistiquées qui incluent le chamanisme. En effet, la manière dont les cultures humaines du monde entier ont commencé à intégrer les corneilles et les corbeaux dans leurs mythes, leurs légendes, leurs pratiques chamaniques et leurs spiritualités, au cours des millénaires suivants, ne fait que confirmer que tout a débuté dans les entrailles de la terre, il y a presque vingt mille ans.

Au fin fond de la grotte de Lascaux, nous trouvons ce qui est probablement la première trace connue au monde de la magie de la corneille.

CHAPITRE 8

GRIMOIRE : VOTRE ARBRE SPIRITUEL

De nombreuses cultures et mythologies à travers le monde considèrent les arbres comme des entités sacrées ou des dépositaires d'un pouvoir magique. Si vous vous adonnez à la magie de la corneille et du corbeau ne serait-ce que sur une courte période, vous remarquerez que les corvidés présents chez vous, dans votre quartier ou dans un parc ont tendance à se percher sur un arbre spécifique, voire plusieurs arbres spécifiques.

Trouver un arbre à consacrer comme votre arbre spirituel améliorera simultanément votre communion avec les corvidés et avec Gaïa (c'est-à-dire la nature). Cela fonctionnera à la fois sur le plan terrestre et sur le plan magique. L'observation répétée des corvidés dans un lieu spécifique aiguisera vos qualités d'observation, et vous commencerez à remarquer quels oiseaux préfèrent la sécurité des branches supérieures et ceux qui osent se percher à proximité des humains. Bien plus que leur taille ou leur apparence, ce sont leurs attitudes respectives qui vous aideront à distinguer les oiseaux les uns des autres. Votre arbre spirituel sera l'endroit où vous ferez votre don de nourriture, contribuant ainsi à assurer le retour quotidien des oiseaux et à ce qu'ils vous reconnaissent comme leur bienfaiteur.

C'est alors que la magie commencera à opérer : les corvidés, qui vous auront identifié comme un ami de leur espèce, communiqueront avec vous en criaillant dès que votre présence croisera la leur. Ils commenceront à vous percevoir comme leur *genius loci*, l'esprit protecteur de leur lieu.

Ce grimoire inclut deux exercices : chercher/trouver votre arbre spirituel, et une méditation pour consacrer cet arbre une fois que vous l'avez découvert.

CE DONT VOUS AUREZ BESOIN

- Du maïs cru, non transformé, et deux autres aliments naturels, tels que des noix non décortiquées, des baies ou des graines de tournesol ou de courge.
- Un guide pratique pour identifier les arbres et les autres plantes de votre région.
- Un guide pratique magique pour identifier les arbres et les autres plantes de votre région (facultatif).

CONTEXTE

Quel était le premier humain à grimper dans un arbre ? Plus précisément : que lui est-il passé par la tête quand il escalada pour la première fois les branches d'un arbre ? Les chasseurs primitifs ont pu devenir des proies et fuir un bison en furie ou un tigre à dents de sabre, et c'est ainsi que l'un de nos ancêtres monta dans un arbre. Il se peut qu'ils soient devenus curieux, en voyant les oiseaux se percher sur les hautes branches des arbres.

Quoi qu'il en soit, à ce moment précis de la Préhistoire, quelqu'un s'est hissé sur un arbre et comprit que son espèce, les premiers êtres de cette planète à avoir une conscience d'eux-mêmes, n'était plus liée à la terre.

Depuis des millénaires, nous, les humains, tenons pour acquis de pouvoir escalader les structures réalisées par l'homme et avoir une vue d'ensemble de la terre. Mais jusqu'à ce que les tumulus de Bougon soient construits, au Ve millénaire avant J.-C., les arbres constituaient le seul moyen pour les humains d'atteindre littéralement une conscience élevée. Une telle élévation au-dessus du sol de notre planète a permis à nos ancêtres de s'élever métaphoriquement, intellectuellement et spirituellement. Ces points de vue élevés ont engendré de nouvelles pensées, bien que primitives, sur les humains et leur place dans le monde et dans le cosmos.

Comme le savent les païens et les adeptes d'autres religions basées sur la Terre, la géographie de Gaïa peut avoir – et a – un impact sur notre perception spirituelle.

De nombreuses cultures considèrent certains arbres comme sacrés : l'asvattha ou le figuier sacré, présent dans la mythologie indienne ; l'arbre de la Bodhi, sous lequel Bouddha a atteint l'éveil ; l'iroko des Yorubas, en Afrique de l'Ouest ; et le noisetier, considéré comme une demeure féerique et une source magique de sagesse par les Celtes d'Irlande.

Les différentes mythologies et religions ont poussé plus loin leur vénération des arbres, décrivant symboliquement leur cosmos spirituel sous la forme d'un « arbre du monde ». Le tronc réside dans notre royaume terrestre quotidien, la demeure de l'humanité, de la faune, de la flore, des océans, des rivières, de la savane et des montagnes. Les racines s'étendent profondément dans la terre, le Monde Souterrain, la résidence des divinités chthoniennes, et le royaume qui reçoit les vaisseaux charnus de toutes leurs créatures à leur mort. Les branches s'élancent vers les cieux, le royaume divin, le Monde Supérieur, la demeure des dieux et des déesses, et dans certains systèmes de croyance, les esprits de nos êtres chers disparus.

Pour les Mayas, l'arbre du monde est un fromager, connu aussi sous le nom de Yaxche. Les adeptes du dieu Tengri en Asie Centrale pensaient que l'arbre du monde créait un pont entre la maison des hommes sur terre et le royaume spirituel du Monde Supérieur.

Dans la mythologie nordique, Yggdrasil est un frêne ou un if (les spécialistes en débattent) dont les branches couvrent les Neuf Mondes et s'étendent au-delà des cieux, tandis que les trois racines s'enfoncent dans les eaux sacrées. L'étymologie de Yggdrasil n'est pas claire, mais ce terme est souvent traduit comme le « cheval d'Odin », une référence où Odin se serait pendu aux branches d'Yggdrasil en signe d'abnégation pour rechercher la connaissance des runes. Ici, le « cheval » est, selon les spécialistes, une référence poétique à la potence, puisque les condamnés chevauchent la potence pour quitter ce monde et rejoindre le prochain.

À travers l'idée d'un arbre du monde, nous voyons l'une des raisons pour lesquelles tant de cultures considèrent les arbres comme sacrés. S'enracinant profondément dans la chair de Gaïa et se ramifiant vers le ciel, les arbres sont littéralement proches des autres royaumes, et donc spirituellement, psychologiquement et symboliquement proches des ancêtres, des dieux et des déesses des mondes chthonien et céleste. Bien sûr, même les plus grands arbres du monde, comme le séquoia vert, s'élèvent à moins de 120 mètres au-dessus du sol. En termes cosmiques, on est encore loin de la barbe d'Odin. Pourtant, les arbres demeurent les belles et douces sentinelles de Gaïa ; ils nous rappellent que pendant que nous, humains, confinés dans le Royaume du Milieu, continuons notre course à la construction de grands immeubles sans âme, la Terre berce nos défunts bien-aimés, aspire et grandit vers les royaumes célestes depuis des temps immémoriaux.

Même dans nos paysages urbains, les arbres nous rappellent la joie et l'élévation de l'esprit liées à ce désir de se hisser vers les cieux. Peut-être que le manque d'arbres dans nos villes rendra leur présence encore plus précieuse, alors que ceux d'entre nous qui vivent près ou parmi les bois sont devenus familiers, voire indifférents à la magie de l'Arbre.

Mais les corneilles et les corbeaux le savent.

PRÉPARATION

Prévoyez de partir spécifiquement en quête de votre arbre spirituel. Préparez une offrande, qui servira lors de la consécration de votre arbre, en mettant du maïs cru non transformé et deux autres aliments naturels dans un sac en papier. Ne prenez pas de nourriture transformée. Vous pouvez utiliser des aliments divers, mais n'oubliez pas d'incorporer du maïs frais, le mets préféré des corneilles. Vous pouvez acheter du maïs concassé, vendu comme nourriture pour oiseaux, ou vous en procurer en coupant des épis.

Avant de débuter la recherche de votre arbre, définissez votre intention en chantant à voix haute une invocation spontanée à l'Esprit de la Corneille et du Corbeau. Créez votre propre chant, semblable à celui-ci :

« Esprit du Corbeau, Esprit de la Corneille,
guidez-moi jusqu'au cœur de Gaïa
pour trouver l'arbre où vous vivez. »

ACTIONS

La seule condition préalable pour trouver votre arbre est d'avoir vu une corneille ou un corbeau perché sur ses branches. En d'autres termes, un arbre qui porte secours aux corvidés. Peut-être avez-vous déjà un arbre à l'esprit, sur lequel corneilles ou corbeaux se seraient perchés ou ébattus. Si c'est le cas, c'est parfait. Rendez-vous jusqu'à l'arbre et passez à la partie consécration et bénédiction.

EN QUÊTE D'UN ARBRE

Votre quête peut être aussi simple que marcher dans votre jardin ou vous promener dans votre quartier et observer la faune et la flore de Gaïa. Vous pouvez vous rendre dans votre parc favori, près d'un sentier ou dans une nature sauvage primitive.

Si vous débutez votre quête sans savoir si elle sera achevée, ne vous hâtez pas de proclamer le premier arbre venu comme votre Arbre Spirituel. Si c'est le cas, si vous sentez une connexion avec le premier arbre sur lequel vous voyez une corneille ou un arbre, qu'il en soit ainsi. Mais ne vous dépêchez pas de terminer votre quête. Si après une première tentative vous ne trouvez aucun arbre qui incarne l'esprit du corbeau et de la corneille, réinitialisez votre intention et soyez plus attentif quand vous vous promènerez les jours et les semaines suivants. Votre Arbre Spirituel peut être celui sur lequel vous avez remarqué des corneilles à plusieurs reprises, quand soudainement vous passez devant et sentez une aura ou une bouffée d'énergie pour la première fois. Ou peut-être qu'un jour, vous constatez un nombre spécifique de corneilles dans l'arbre, un nombre magique ou étant important pour vous.

Chacun de mes Arbres Spirituels, le *Gordonia lasianthus* et les pins de mon ancienne résidence, ainsi que l'arbre à suif chinois dans mon nouvel ermitage, ne se sont pas révélés à moi soudainement. C'est l'amour des corneilles pour ces arbres qui s'est révélé à moi au fil du temps, lorsque des oiseaux que j'ai nommé Lord Vaillant, Mme Skitta, Boga et Baca se posaient sur les branches ; même un moldu pouvait se rendre compte qu'ils se sentaient chez eux. L'aura de ces arbres grandit jusqu'à ce que la magie de la corneille fût palpable et indéniable.

Ce serait une bénédiction si votre arbre spirituel se trouvait dans votre jardin, sur une parcelle boisée et non aménagée, non loin de chez vous dans un parc. Laissez l'Esprit de la Corneille être votre guide. Si votre arbre se trouve à proximité, il sera un portail facilement accessible qui vous aidera à entrer en communion avec les corvidés et Gaïa. En revanche, s'il se trouve loin, peut-être est-il niché le long de votre sentier pédestre favori ; vous aurez alors la chance de le visiter à Samain, à Beltaine ou lors de n'importe quelle journée spéciale tandis que tourne la roue de l'année. Toutefois, il est indispensable qu'il s'agisse d'un arbre sur lequel se sont posés des corneilles et/ou des corbeaux ; quelque que soit le lieu où il pousse et nourrit les oiseaux, vous serez appelé à lui rendre visite et à laisser des offrandes.

Il est presque aussi important de découvrir un arbre sur lequel vous avez repéré des corneilles et des corbeaux que d'en déceler un qui dégage des vibrations magiques. La beauté physique de cet arbre – la couleur de son écorce, la courbe de ses branches, la géométrie de ses feuilles ou de ses aiguilles, ses fruits, ses noix ou ses fleurs – attirera peut-être votre œil. Si vous connaissez bien les propriétés magiques des arbres, cherchez un if, un sorbier ou un chêne jusqu'à ce que vous en trouviez un qui accueille des corvidés. Néanmoins, si vous êtes un profane, recherchez un arbre qui vous parle, et votre quête se transformera ; vous chercherez alors celui qui incarne à la fois la magie de la corneille et une certaine forme de magie de l'arbre.

Comme pour tout travail d'incantation, recherches métaphysiques et opérations magiques, définissez vos intentions, puis faites le travail physique et mental avant et pendant le processus. Il modifiera votre conscience et vous éloignera de votre esprit robotique, altérant ainsi votre conscience et permettant à la magie d'opérer. Puis restez en alerte et conscient.

Ce travail consiste « seulement » à s'engager avec une conscience accrue dans le monde naturel des arbres, que ce soit au fond des bois, dans un paysage urbain, en banlieue ou dans votre jardin.

| EFFECTUEZ DES RECHERCHES

Outre le travail métaphysique, un peu de pratique magique vous sera utile au cours de votre quête. En plus des recherches dans les livres ou sur Internet, un guide pratique vous sera également salutaire. Ce type d'ouvrage est essentiel pour quiconque s'engage sur une voie spirituelle basée sur la nature.

Une fois que vous avez dégoté votre arbre spirituel, vous voudrez, et aurez besoin de, savoir de quel arbre il s'agit. Ce n'est pas une question de magie mais de pratique : certaines plantes sont plus ou moins toxiques, provoquant des éruptions cutanées si vous les touchez, et même la mort si vous ingérez des fruits, des noix, la sève, les feuilles ou les aiguilles. En dépit de ses propriétés magiques et de la place qu'il occupe dans la mythologie et le folklore, l'if commun peut être fatal, ayant déjà causé la mort d'êtres humains et de bétail. Les oiseaux, cependant, ne risquent rien en mangeant les baies, en raison de la nature de leur système digestif.

Précisons que personne ne devrait consommer une plante, ou une partie d'une plante, sans être certain que ces produits sont sans danger.

J'ai découvert mon arbre spirituel, un arbre à suif chinois, dans le mois suivant mon emménagement dans mon nouvel ermitage, dans les bois. Alors que je répandais des crackers sur ma pelouse, j'ai vu que le couple de corneilles curieux, mais prudent, qui venait inspecter se posait inévitablement dans l'arbre à suif chinois. Ce couple, que j'ai appelé Boga et Baca, devait passer un certain temps sur les branches, à évaluer la situation – environ cinq minutes les premiers jours –, avant que l'un d'eux ne descende au sol, sautille nonchalamment, attrape un cracker, puis s'envole vers un pin à proximité ou vers le cyprès près de l'étang, à la lisière des bois, à l'est. L'autre corneille lui a sans doute emboîté le pas.

En emménageant ici, je n'avais pas trouvé mon Arbre Spirituel. C'est lui qui m'a trouvé.

CONSÉCRATION ET BÉNÉDICTION

Pour consacrer et bénir l'arbre, laissez votre offrande de nourriture au pied du tronc et prononcez à haute voix une bénédiction semblable à celle-ci (comme d'habitude, cela doit venir de votre cœur) :

> *« Merci, Gaïa. Merci, Esprit de la Corneille/du Corbeau. Merci, Esprit de l'Arbre.*
> *Je suis béat et béni de ta présence en cet endroit.*
> *Puisses-tu révéler tes doux mystères à moi. Béni sois-tu. »*

Si vous êtes sûr de la nature de l'arbre (un pin, un sycomore, un chêne, un frêne, un liquidambar, etc.), prononcez votre bénédiction en posant vos paumes sur le tronc. Attention, bien que les arbres derrière ma maison sont pour la plupart sûrs, comme l'atteste mon guide – et c'est sûrement le cas autour de chez vous –, circuler dans la faune et la flore sauvage de Gaïa doit se faire avec conscience et respect.

Si la nature de l'arbre est incertaine, levez vos paumes de main à quelques centimètres du tronc tandis que vous murmurez votre bénédiction.

UNE MÉDITATION DE L'ARBRE SPIRITUEL

Une fois que vous avez vérifié la nature de votre arbre, vous souhaiterez l'explorer de façon tactile (si possible) en préparation d'une transe-méditation. Là encore, la prudence est de mise si vous avez des doutes sur le type d'arbre. Votre première transe-méditation et tout travail futur avec votre arbre spirituel pourront être réalisés efficacement, en sécurité, sans contact, sous les branches et à proximité de son aura.

Fiez-vous à votre intention pour poursuivre votre méditation. Ainsi, vous voudrez peut-être commencer une méditation centrée sur Samain ou Beltaine, entrer en contact avec vos ancêtres, ou communier avec votre dieu ou votre déesse. La méditation suivante, ou une similaire, peut constituer une première méditation d'introduction à votre Arbre Spirituel.

Vous vous lancerez probablement dans votre vision en plein jour ou au crépuscule. Vous serez à l'extérieur, et à moins que vous ne soyez dans votre jardin, vous serez sûrement dépendant des caprices de la vie qui vous entoure. Si vous êtes dans un parc public, vous ne ressentirez pas beaucoup de solitude.

Entrer dans un nemeton ou tout autre espace sacré, souvent isolé, pour lever le voile et entrevoir les mystères, c'est une chose. Soulever le voile dans un lieu public ou semi-public, c'en est une autre.

Si vous cherchez à communier avec l'Esprit de la Corneille et du Corbeau ou avec la Déesse-Dieu au sein de ce que le poète irlandais William Butler Yeats décrit comme « l'ensemble de banquiers, de professeurs et d'ecclésiastiques que les martyrs appellent le monde »,[1] sachez que « l'esprit singe » des passants qui bavardent peut tourbillonner autour de vous. Rappelez-vous que de telles intrusions n'annulent pas l'esprit : elles interrompront seulement votre capacité à vous concentrer, à altérer votre conscience et à entrer en communion avec l'esprit en cette heure et en ce lieu. Il n'y aura peut-être même aucune perturbation. Les bouddhistes, dont certains de mes amis, semblent assez habiles à entrer dans des états de méditation, malgré des conditions inadéquates. Cultiver de telles aptitudes, comme communier avec le divin loin des environs de Newgrange en Irlande, Uluru en Australie, Chidambaram en Inde, Glastonbury Tor en Angleterre, Tsankawi au Nouveau-Mexique ou de votre sentier favori, est utile pour n'importe quel chercheur spirituel.

Si votre transe méditative devant votre arbre spirituel nouvellement consacré est irrévocablement perturbée, reconnaissez que la magie du monde réel, au-delà des invocations de ce livre, peut être désordonnée et remplie d'imprévus. Vous tirerez des leçons de ces expériences.

| DÉBUTEZ VOTRE MÉDITATION

Explorez sensuellement votre arbre spirituel. Caressez son tronc, ses feuilles ou ses pins avec vos doigts, d'abord les yeux clos afin que le toucher devienne votre apport sensoriel. À quand remonte la dernière fois que vous avez touché un arbre ? Ouvrez les yeux et regardez attentivement l'écorce. Vous verrez que Gaïa est une peinture expressionniste abstraite dont les œuvres sont beaucoup plus intriquées et fascinantes

1. William Buttler Yeats, *Adam's Curse* (*La malédiction d'Adam*).

que celles de Jackson Pollock, Willem De Kooning ou Lee Krasner. Faites attention aux animaux qui trouvent refuge dans l'arbre : les fourmis, les insectes ou les lézards rampent le long de son tronc, les abeilles ou les papillons volent parmi ses branches. Et bien sûr, n'oubliez pas de noter les corneilles, les corbeaux ou autres oiseaux qui se perchent dans le monde feuillu devant vous. Relevez les odeurs de l'arbre : émanent-elles de ses fleurs, de ses fruits, de ses pollens ou de ses branches ? Écoutez les sons environnants : le bourdonnement des abeilles, le chant des cigales, le fredonnement des autres insectes, les criaillements ou les croassements des corvidés.

Chaque arbre a son propre écosystème, son petit monde, avec toutes sortes de créatures (et leur esprit) qui se frayent un chemin et participent à la danse étonnante de Gaïa. Pour commencer votre transe méditative, décidez si vous voulez vous tenir debout face à l'arbre avec vos paumes sur le tronc ou à quelques centimètres de celui-ci, ou si vous souhaitez être assis, le dos appuyé contre le tronc. Fermez les yeux et prenez trois respirations profondes, puis murmurez une invocation de votre cru. Quelque chose semblable à celle-ci :

« Esprit de la Corneille, Esprit du Corbeau,
puissiez-vous trouver du réconfort
parmi les branches accueillantes de cet arbre
dans le cœur de Gaïa, maintenant et pour toujours. »

Quand vous sentez que vous êtes prêt, imaginez une corneille qui se pose sur les branches supérieures de votre Arbre Spirituel et annonce son arrivée en criaillant. Regardez les branches de l'arbre depuis le sol ; parmi ses branches, ses feuilles ou ses aiguilles, vous pourrez distinguer la forme noire de la corneille. Accueillez-la et demandez-lui d'où elle vient – sa réponse peut être un lieu physique ou un royaume mystique. Demandez-lui ce qu'elle a vu au cours de son voyage jusqu'ici. Souvenez-vous d'écouter patiemment ; vous n'êtes pas pressé.

Après, et seulement après, expliquez-lui pourquoi vous êtes ici, à ce moment précis. Dites-lui que cet arbre est votre Arbre Spirituel, dédié à l'Esprit de la Corneille, et qu'il restera un lieu sacré pour les corneilles. Faites-lui savoir que vous viendrez pour recevoir la sagesse des corneilles et que vous laisserez des offrandes pour elle et son clan, comme les trois aliments que vous avez déposés au pied de l'arbre un peu plus tôt.

Demandez-lui de vous emmener en voyage, de vous permettre de la rejoindre vers la destination de son choix, puis de vous ramener à votre arbre. La corneille peut choisir un endroit physique proche ou lointain, ou un royaume mystique, mythologique ou féerique. Vous ne volerez pas vous-même, la corneille vous portera sur son corps et ses ailes. Encore une fois, la corneille et vous avez le temps.

Profitez de la caresse du vent sur votre visage. Écoutez le murmure des battements de cœur de la corneille et le son tout aussi rythmé de ses battements d'ailes. Remarquez comment votre cœur commence à battre au même rythme que celui de la corneille. Contemplez la tapisserie de nuages qui s'étend devant vous dans la poitrine bleu turquoise de Nout, la déesse égyptienne du ciel. Abaissez ensuite votre regard vers la chair vert-brun de Gaïa. Peut-être reconnaissez-vous l'endroit où vous êtes. Pendant que la corneille se rapproche de la poitrine de Gaïa, faites attention au paysage et à tout élément caractéristique : les montagnes, les rivières, les lacs, les villes, un château, une danse tribale au Pueblo de Taos, le sphinx de Gizeh, les chutes Victoria, la tour Eiffel, la cabane au bord du lac que vous avez vue enfant, les bois de votre premier rituel Beltaine.

Souvenez-vous que les corneilles et les corbeaux peuplent chaque continent, hormis l'Antarctique. Les corbeaux d'Odin traversent les Neuf Mondes. Les corneilles peuvent voler n'importe où.

Demandez à la corneille de revenir dans votre arbre. Remerciez-la et faites-lui vos adieux.

TERMINEZ VOTRE MÉDITATION

Ouvrez vos yeux et, quelle que soit votre position, concentrez votre regard sur les branches au-dessus de vous.

Demandez la permission pour prendre une feuille, une fleur, une brindille, un fruit ou une baie que vous déposerez ensuite sur l'autel de votre maison. Si vous avez l'intuition que l'arbre agrée, acceptez son cadeau. À l'inverse, si vous recevez un signe indiquant que ce n'est pas le bon moment, revenez un autre jour et répétez votre demande. Promettez à votre arbre de revenir le voir.

POUR ALLER PLUS LOIN

Quelques jours ou même quelques semaines après la consécration de votre arbre, revenez bénir ce lieu nouvellement sanctifié avec un objet sacré. Cela peut être un cristal ou une pierre (connue pour ses attributs magiques !), la figure d'un dieu ou d'une déesse, ou encore un objet ludique, comme un nain, une fée, ou même une corneille ! Apportez quelque chose qui vous procure de la joie.

J'ai honoré mon arbre en plaçant à son pied le soleil de la bénédiction, un cadeau précieux qui m'avait été offert par ma défunte épouse bien-aimée, Cheryl. Il s'agit d'un soleil en céramique vert-olive avec des mains évasées à sa base, des mains qui se déploient et qui reçoivent des offrandes. J'y ai placé du maïs après avoir égrené un épi, des graines de tournesol et quelques noix de pécan, puis murmuré une brève bénédiction :

« *Merci, Gaïa, pour les cadeaux que sont les arbres et les corneilles.* »

Depuis ma première offrande, mon arbre abrite dorénavant un véritable jardin féerique avec ses nains en céramique et en plastique, ses dragons, ses licornes, ses fées et d'autres objets encore.

Si votre arbre est dans votre jardin ou à proximité, allez le voir quand vous entendez des criaillements et des croassements, ou des sortes de miaulements de corvidés, afin qu'ils vous « entraînent » à venir à chacun de leur signe.

J'ai toujours dans mon garde-manger un stock de nourriture pour les corneilles, composé de biscuits salés et de pain rassis, que je répands sur ma pelouse ou sur les branches les plus basses de l'arbre à chaque fois que j'entends « mes » corneilles.

Si vous observez les huit sabbats ou les festivals saisonniers de la roue de l'année païenne, réalisez ces rituels sous votre arbre ou à côté de celui-ci. Toutefois, ne pensez pas que ce genre de pratique est obligatoire ; tout acte magique effectué machinalement ou par obligation étouffera l'esprit au lieu de le nourrir. En ce qui me concerne, les repas quotidiens de mes corneilles sont des phases de rituels et de communion ; étant donné que mes rites de Beltaine et de Samain honorent Gaïa et ses créations, les corneilles ne sont pas au centre de ces cérémonials.

CHAPITRE 9

MYTHE : QUAND S'ENRACINE LA MAGIE DES CORVIDÉS

Quelle est la première mention écrite de corneilles ou de corbeaux ?

L'archéologie moderne estime que cet honneur revient à *L'Épopée de Gilgamesh*, le poème épique mésopotamien qui emprunte le nom de son héros à un roi ayant régné sur la ville-État sumérienne d'Uruk, entre 2800 et 2500 avant notre ère.

Gilgamesh est cité dans la liste royale sumérienne, un récit reconstitué suite à la découverte d'une vingtaine de fragments de pierres tout au long du XXe siècle ; le plus ancien date d'environ 2100 avant notre ère. Ces bribes semblent provenir d'une même source inconnue et sont un mélange de récits fantaisistes et factuels. Les écrits détaillant les premiers rois indiquent qu'ils ont tous régné entre 18 600 ans à 43 200 ans !

L'Épopée de Gilgamesh est un peu difficile à dater avec précision, car la version que nous connaissons aujourd'hui, et celles que les anciens ont connues, ont été compilées à partir de diverses sources au fil des siècles. Cinq poèmes de *Gilgamesh*, écrits en sumérien et remontant à environ 2100 avant notre ère, ont ensuite servi de source à une épopée rédigée en langue akkadienne, dont la trace la plus ancienne, mais incomplète, date d'environ 1800 avant notre ère. Une version plus tardive, dite standard, de *Gilgamesh*, a été dressée par Sîn-leqi-unninni, un prêtre babylonien, entre 1300 et 1000 avant notre ère. Une copie de cet ouvrage, remontant à environ 600 avant notre ère, a été découverte en 1853 sur douze tablettes en argile à Ninive, dans le nord de l'actuel Irak.

Cette épopée nous raconte que Gilgamesh est né de la déesse Ninsun et était composé de deux tiers d'un dieu et d'un tiers d'un homme. Gilgamesh construit un temple pour Anu, le dieu de la Terre, et Ishtar, la déesse de l'amour et de la guerre. Gilgamesh et son ami Enkidu tuent Humbaba, le géant à tête de lion, gardien de la forêt des Cèdres. Gilgamesh repousse les avances d'Ishtar, réputée pour avoir maltraité ses anciens amants. Ishtar jure de se venger et demande à son père, Anu, d'envoyer Gugalanna, le Taureau céleste, dévaster la ville d'Uruk. Après de nombreuses destructions, Gilgamesh et Enkidu assassinent le Taureau, mais Enkidu meurt peu après.

Tout à sa peine, et craignant désormais pour sa propre vie, Gilgamesh entreprend de découvrir le secret de l'immortalité auprès d'Utnapishtim et de son épouse, seuls humains à avoir survécu au déluge. Le couple a également sauvé toute vie animale en construisant une arche géante, et fut remercié par les dieux de ses efforts en obtenant la vie éternelle.

C'est Utnapishtim qui raconte comment un corbeau signala que le déluge allait bientôt prendre fin :

> « Lorsque arriva le septième jour, je lâchai une colombe. Elle prit son envol et, comme elle ne trouva où se poser, elle revint au bateau. Je lâchai une hirondelle. Elle prit son envol et, comme elle ne trouva où se poser, elle revint au bateau. Puis je lâchai un corbeau. L'oiseau prit son envol. Il vit que les eaux s'étaient retirées. Il trouva de la nourriture, se posa sur la terre et ne revint plus. »[1]

Cette histoire de déluge vous semble familière ? Les poèmes sumériens de Gilgamesh contiennent une référence au mythe du déluge, tout comme plusieurs autres textes babyloniens contemporains du récit de Gilgamesh. En effet, les légendes à propos d'inondations massives figurent dans les récits de nombreuses cultures à travers le monde, au point d'en faire presque un mythe universel.

NOÉ ET LE CORBEAU

Les spécialistes, cependant, ont remarqué des connexions particulières entre le récit de Gilgamesh et le mythe de Noé et du déluge dans la Bible hébraïque (l'Ancien Testament). Dans la conscience populaire de la plupart des Occidentaux, Noé aurait lâché une colombe afin de trouver trace d'une terre. Mais en réalité, la Bible nous fait savoir que c'est un corbeau qui a été envoyé en premier. Genèse 8 : 6-8 :

> « Au bout de quarante jours, Noé ouvrit la fenêtre qu'il avait faite à l'arche. Il lâcha le corbeau, qui sortit, partant et revenant, jusqu'à ce que les eaux eussent séché sur la terre. Il lâcha aussi la colombe, pour voir si les eaux avaient diminué à la surface de la Terre. »

Un récit encore plus vivant, surnaturel et même érotique du vol du corbeau de l'arche de Noé est présenté dans *Les Légendes des Juifs*, un ouvrage en six volumes publié en 1909 par le rabbin et universitaire d'origine lituanienne Louis Ginzberg.

« J'ai tenté pour la première fois de rassembler à partir des sources originales toutes les légendes juives, dans la mesure où elles se réfèrent à des personnages et à des événements bibliques, et de les reproduire

1. *L'Épopée de Gilgamesh.*

avec le plus d'exhaustivité et d'exactitude possible, écrit Ginzberg, qui a émigré en Amérique en 1899 à l'âge de vingt-six ans. J'utilise l'expression juive, plutôt que rabbinique, car les sources auprès desquelles j'ai puisé des contributions ne se limitent pas à la littérature rabbinique. » Il note que « les œuvres de la littérature talmudique-midrashique sont de première importance. Couvrant la période du IIe au XIVe siècle, elles contiennent la majeure partie des éléments de la légende juive. »[2]

Ainsi, les récits des *Légendes des Juifs* de Ginzberg, bien qu'ils couvrent en partie le même territoire que le Tanakh, ont été rédigés beaucoup plus tard que les textes bibliques, qui datent approximativement de 1200 à 165 avant notre ère.

La réputation des corbeaux n'était pas très bonne au cours de ces années. Comme le relate Ginzberg, une ancienne légende juive affirme que Noé décide d'envoyer le corbeau, au lieu de la colombe, pour déterminer si les eaux du déluge ont baissé. Dans le récit de Ginzberg, l'insolent corbeau se rebiffe et accuse Noé de nourrir de mauvaises intentions : « Tu m'envoies seulement pour que je trouve la mort et tu désires ma mort afin que ma femme soit à ton service. » Alors Noé maudit le corbeau : « Que ta bouche, qui a proféré des méchancetés contre moi, soit maudite, et que tu ne puisses avoir des rapports avec ta femme que par la bouche ».

Cet ancien texte juif est donc à l'origine de la croyance archaïque et erronée que les corbeaux s'accouplent par leur bouche.

Plus loin, Ginzberg raconte une variante du mythe de Noé et du corbeau en quête de la terre ferme, dans laquelle le corvidé accuse le patriarche de convoiter sa partenaire ! Voici ce que dit le corbeau :

> « Seigneur, ton Maître, me hait et tu me hais aussi... Suppose que je périsse, en raison de la chaleur ou du froid, le monde ne serait-il pas appauvri d'une espèce entière ? Ou bien est-il possible que tu aies jeté un œil coupable sur ma compagne et que tu veuilles te débarrasser de moi ? »

Noé réprimande le corbeau, et lorsque l'oiseau est envoyé, il est distrait par un cadavre et « il se met au travail pour le dévorer », abandonnant sa mission.

2. Louis Ginzberg, *Les Légendes des Juifs*.

En raison de la suspicion du corbeau envers Noé, il est assez curieux qu'un certain nombre d'historiens prétendent que les anciens textes hébraïques affirment que Cham, le deuxième fils de Noé, s'est accouplé avec un corbeau. Mais selon l'universitaire David Mark Whitfor, de telles interprétations seraient le résultat d'une mauvaise traduction d'un ancien texte.[3]

Toujours dans le texte de Ginzberg, les Hébreux ridiculisent les corbeaux avec une cruelle mesquinerie, alors qu'étonnamment, ils leur arrivent aussi de les favoriser. Bien que le corbeau ne soit pas considéré comme « un animal attirant », mais méprisés car « de leurs excréments sortent des asticots » et « méchants à l'égard de [leurs] propres petits », ils sont toutefois reconnus pour leur amour réciproque, et le dieu hébreu « prend les petits corbeaux sous sa protection personnelle ».[4]

Les corbeaux ont toujours été plus humiliés. « Le corbeau ne peut en vouloir qu'à lui-même pour sa manière maladroite de sautiller », en raison de ses tentatives pathétiques et infructueuses pour imiter la colombe, ce qui lui valut le dédain des autres animaux. « Son échec suscita la risée. »[5]

LES HABITUDES DE REPRODUCTION « MAGIQUE » DES CORVIDÉS

Des passages de Pline l'Ancien, de la Bible hébraïque et de la tradition rabbinique fournissent des preuves intrigantes sur trois fronts de l'omniprésence croissante des corneilles et des corbeaux dans l'Antiquité, ainsi que de leur réputation grandissante en tant qu'oiseaux dotés de pouvoirs étranges, voire surnaturels, au cours des nombreux millénaires qui ont suivi la création des peintures rupestres de l'homme oiseau de Lascaux.

L'un de ces trois domaines concerne les habitudes de reproduction « magique » des corvidés. Les récits juifs de Noé rappellent ce que Pline l'Ancien écrivait dans sa *Naturalis Historia* (Histoire naturelle) en 77 :

3. David M. Whitford, *The Curse of Ham in the Early Modern Era, The Bible and the Justifications for Slavery*.

4. Louis Ginzberg, *Les Légendes des Juifs*.

5. *Ibid.*

« Les corbeaux ont au plus cinq petits ; le vulgaire pense qu'ils s'accouplent et pondent par le bec. »[6]

Pour mémoire, les corvidés ne copulent pas par leur bouche et ne pondent pas par leur bec. Les corneilles et les corbeaux mâles, à l'instar de nombreux oiseaux, n'ont pas de pénis, mais mâles et femelles ont un orifice appelé cloaque qui sert à l'excrétion et à la reproduction. Ils s'accouplent en touchant leur cloaque respectif. Toutefois, les corneilles se livrent souvent à des contacts bec contre visage et bec contre bec ; j'ai régulièrement vu ces comportements, appelés toilettages mutuels, parmi les corneilles qui fréquentent mon jardin, notamment chez un couple que j'ai nommé Bola et Bella.

Ainsi, étant donné que les corvidés et de nombreuses autres espèces peuvent partager leur nourriture via leur bec, et le font aussi parfois pendant leurs rituels d'accouplement, il n'est pas ridicule de penser que les corvidés et autres volatiles copulent par leur bouche.

Notons ici que les corneilles et les corbeaux ne sont pas les seuls oiseaux, et encore moins les seuls animaux, à être dotés de qualités magiques et surnaturelles par les anciens et les observateurs au fil des siècles. Un rapide coup d'œil sur les nombreux ouvrages, de la *Naturalis Historia* de Pline l'Ancien, jusqu'aux livres du XXe siècle comme *The Folklore of Birds* d'Edward A. Armstrong et *Birds in Legend, Fable, and Folklore* d'Ernest Ingersoll, dissipera l'idée que les corvidés auraient des pouvoirs surnaturels supérieurs à ceux des autres créatures.

Néanmoins, les corneilles et les corbeaux semblent être un cas à part, comme l'attestent des études menées par de nombreux chercheurs universitaires dont les résultats étonnants ont été publiés dans des livres, des revues scientifiques, des magazines sur la nature et des sites Internet destinés au grand public. Étant donné l'omniprésence des corneilles et des corbeaux à travers le monde, et leurs dons mystérieux facilement observables, on peut estimer que les Romains, les Celtes, les Nordiques, les peuples autochtones d'Amérique du Nord et les païens avaient raison d'affirmer que ces oiseaux sont des messagers qui font le lien entre l'humanité et le monde naturel d'une façon unique, voire magique.

6. Pline l'Ancien, *Histoire Naturelle de Pline l'Ancien en Trente-Sept Volumes.*

LES CORVIDÉS PARLENT !

Les récits rabbiniques de Ginzberg sur le corbeau se disputant avec Noé nous amènent vers un deuxième attribut magique des corvidés qui a pris de l'ampleur : ces oiseaux possèdent la parole humaine !

Pline l'Ancien, au Ier siècle de notre ère, est à l'opposé de l'irascible Noé ; il écrit avec admiration au sujet d'un corbeau qui devint « habitué de bonne heure à parler », et qui chaque jour « saluait par leurs noms Tibère, puis Caesar Germanicus et Drusus, ensuite le peuple qui passait par là », et ce, pendant plusieurs années « à l'émerveillement de tous. »[7]

Armstrong mentionne que les esprits convoqués par les chamans de Sibérie ont leur propre langage « à moins qu'il ne s'agisse d'un loup, un renard ou un corbeau, qui ont la parole humaine. »[8]

Une fois de plus, la science a confirmé que certes, les corvidés ne peuvent pas tenir de conversation avec les gens, mais qu'il pourrait y avoir plus qu'un simple mimétisme dans toutes ces anecdotes et ces récits évoquant des corneilles et des corbeaux qui parlent.

L'éthologue autrichien, lauréat du prix Nobel de physiologie ou médecine en 1973, Konrad Lorenz, parle avec tendresse de son corbeau apprivoisé, Roah, comme d'un « ami proche ». Chaque fois que le corvidé sentait que tous les deux se dirigeaient vers un endroit que le volatile considérait comme dangereux, Roah s'approchait de Lorenz, prononçait son nom « avec une intonation humaine », puis s'envolait dans l'espoir de les conduire vers un lieu plus sûr. « Le vieux corbeau devait se douter que "Roah" était mon cri d'appel !, écrit Lorenz. Salomon n'était pas le seul homme à pouvoir parler aux animaux, mais Roah est, d'après ce que je sais, le seul animal à avoir jamais prononcé un mot humain à un homme, même s'il ne s'agissait pas d'un cri d'appel très ordinaire. »[9]

LE MYTHE DU CORVIDÉ PRÉSAGE DE MORT

Les récits rabbiniques de Ginzberg sur Noé et le corbeau mettent en évidence un troisième attribut surnaturel des corvidés que l'on

7. *Ibid.*

8. Edward A. Armstrong, *The Folklore of Birds.*

9. Konrad Lorenz, *King Solomon's Ring: New Light on Animal Ways.*

soupçonnait dans le monde antique : les corneilles et les corbeaux sont étroitement liés à la mort.

Rappelons que dans *Les Légendes des Juifs*, Ginzberg évoque ce passage révélateur où le corbeau quitte l'arche en quête d'une terre, mais le volatile « est distrait par un cadavre » et « se met au travail pour le dévorer ».[10]

La gourmandise du corbeau pour la charogne, et même les corps humains, est si forte que l'animal ne pouvait y résister.

Dans l'Ancien Testament, les Proverbes 30:17 relatent une histoire effrayante, en guise d'avertissement pour les enfants, avec les corbeaux dans le rôle du croque-mitaine :

> « L'œil qui se moque d'un père
> Et qui dédaigne l'obéissance envers une mère,
> Les corbeaux du torrent le perceront,
> Et les petits de l'aigle le mangeront. »

De tels récits sont contredits par la réalité. Très peu d'êtres humains ont eu la chance de voir une meute de loups s'attaquer à un bison, et encore moins à un homme. Pourtant, de nombreux récits historiques rapportent qu'à travers les siècles, les gens ont observé des corneilles et des corbeaux picorer les yeux et se nourrir des corps qui jonchaient les champs de bataille, peu importe les circonstances. Nous ne devrions donc pas être surpris par le fait que les corbeaux se régalant des globes oculaires ont toujours hanté l'humanité, de l'époque des anciens Hébreux au film d'horreur *Les Oiseaux* d'Alfred Hitchcock, sorti en 1963.

Des mentions fugaces aux corbeaux, comme signes ou à l'origine d'une sombre et inquiétante vengeance divine, ou parfois d'une bonté divine, émaillent l'Ancien Testament, tandis qu'il n'existe qu'une seule référence dans le Nouveau Testament.

Le Lévitique 11 comporte une longue liste d'aliments, dont les animaux considérés comme « impurs » et « abominables », qui ne doivent pas être mangés. Parmi les nombreux volatiles, citons l'aigle, le vautour, la chouette, l'engoulevent, le coucou, le cygne, la cigogne, le héron, la chauve-souris, « tout type de corbeau », etc.

10. Louis Ginzberg, *La Légende des Juifs*.

Dans Esaïe 34, les corbeaux figurent dans la vengeance du dieu hébreu, aux côtés des chouettes, des vautours, des licornes et des dragons :

> « Car l'indignation du Seigneur va fondre sur toutes les nations ; sa fureur se répandra sur toutes les armées ; ils mourront d'une mort sanglante. Les victimes seront jetées à terre, les cadavres empestent, les montagnes ruissellent de sang... Et les licornes descendront avec eux, et les bœufs avec les taureaux ; leur terre sera enivrée de sang, et leur poussière sera engraissée de graisse... La chouette et le corbeau y auront leur demeure ; et on étendra sur elle le cordeau de la désolation et de la destruction... et elle sera le repaire des dragons, et le parvis des chouettes. »

L'histoire du prophète Élie laisse perplexe, étant donné qu'il s'était lié d'amitié avec les corbeaux lorsqu'il s'était caché pour échapper à la colère d'Achab. Dans 1 Rois 17 : 4-6, le dieu hébreu dit à Élie : « J'ai ordonné aux corbeaux de te nourrir là... Les corbeaux lui apportaient du pain et de la viande, matin et soir, et le prophète buvait au torrent. »

Ernest Ingersoll souligne la nature curieuse de ce passage, car les corbeaux agissent ici comme des agents bienveillants du dieu hébreu, alors que les Juifs considéraient les oiseaux comme « impurs » car ils mangeaient des charognes. Le récit d'Élie est si incongru et « si peu naturel que les commentateurs ont fait de leur mieux pour l'expliquer. »[11]

Le Coran raconte comment Allah a envoyé un corbeau pour montrer à Caïn comment enterrer Abel.

> « Puis Allah envoya un corbeau qui se mit à gratter la terre pour lui montrer comment ensevelir le cadavre de son frère. Il [Caïn] dit : "Malheur à moi ! Suis-je incapable d'être, comme ce corbeau, à même d'ensevelir le cadavre de mon frère ?" Il devint alors du nombre de ceux que ronge le remords. »[12]

La tradition rabbinique juive comprend une histoire similaire. Ce récit reflète également la relation d'amour-haine ambiguë des anciens Juifs (et le dieu hébreu) avec le corbeau. Adam et Ève sont en deuil et ne savent pas quoi faire du corps d'Abel jusqu'à ce qu'ils « observassent

11. Ernest Ingersoll, *Birds in Legend, Fable, and Folklore.*

12. https://www.internetmosque.net/read/english_translation_of_the_quran_meaning/5/31/index.html

un corbeau qui grattait la terre et la rassemblait en un seul endroit puis il enfouit un oiseau mort de son espèce. Suivant l'exemple du corbeau, Adam enterra le corps d'Abel et le corbeau fut récompensé par Dieu ». Dieu protège ses petits et « accède à leur demande lorsque les corbeaux prient pour la pluie. »[13]

Dans l'unique mention aux corbeaux dans le Nouveau Testament, Jésus dit à Luc 12:24 : « Considérez les corbeaux : ils ne sèment ni ne moissonnent, ils n'ont ni cellier ni grenier ; et Dieu les nourrit. Combien ne valez-vous pas plus que les oiseaux ! »

Ce à quoi répondrait un amateur de corvidés ou un adepte de la magie de la corneille et du corbeau : « Pas du tout. »

13. Louis Ginzberg, *La Légende des Juifs*.

CHAPITRE 10

MYTHE : MARCUS VALERIUS CORVUS ET LA CORNEILLE DE BATAILLE

La réputation surnaturelle des corvidés s'est accentuée considérablement lorsque l'historien romain Titus Livius, aussi connu comme Tite-Live, (59 avant notre ère-12 de notre ère), a écrit *Ab urbe condita libri*, plus connu sous le nom d'*Histoire romaine*. Cet ouvrage regroupe le récit de Romulus et Remus, l'enlèvement des Sabines et d'autres légendes anciennes de Rome ; la fondation de la République romaine vers 500 avant notre ère par Lucius Junius Brutus ; de nombreuses guerres ; et d'autres événements durant le règne d'Auguste, du vivant de Tite-Live.

Dans l'une de ses chroniques de la guerre, Tite-Live relate la vie du commandant militaire et homme d'État Marcus Valerius Corvus Calenus (vers 370-vers 270 avant notre ère), engagé dans la force romaine en guerre contre les Gaulois dans le nord de l'Italie. « Corvus » a été ajouté au nom du soldat et futur consul suite à son étonnante rencontre sur le champ de bataille avec un gigantesque guerrier gaulois qui, avant l'affrontement entre les deux armées, a défié n'importe quel Romain dans un combat d'homme à homme. Et corvidé, diversement identifié comme une corneille ou un corbeau, qui a transformé ce duel en un deux contre un. En effet, *corvus* est le mot latin pour « corvidé ».

Comme l'a écrit Tite-Live :

> « En effet, au moment où le Romain venait de commencer la lutte, un corbeau se percha sur son casque, faisant face à l'ennemi, ce que d'abord le tribun vit avec joie comme un augure envoyé du ciel ; puis il pria, s'il en était ainsi, le dieu ou la déesse qui lui avait envoyé cet heureux message, de vouloir bien lui être propice. Chose merveilleuse ! non seulement l'oiseau demeura au lieu qu'il avait choisi, mais chaque fois que le combat recommençait, se soulevant sur ses ailes, il attaquait du bec et des ongles le visage et les yeux de l'ennemi, jusqu'à ce qu'enfin, effrayé à la vue d'un tel prodige, les yeux et l'esprit troublés tout ensemble, le Gaulois tombe égorgé par Valerius ; et alors le corbeau prend son vol vers l'Orient et disparaît. »[1]

La chronique de Tite-Live poursuit « les soldats étaient fiers de la victoire du tribun, tout joyeux de l'aide et de la protection des dieux », et « les dieux et les hommes contribuèrent à assurer... une victoire complète et reconnue » sur l'ensemble du contingent de Gaulois. Pour ses valeureux efforts, Marcus Valerius fut récompensé de dix bœufs, d'une

1. Tite-Live, *Histoire Romaine*.

couronne en or, et d'un nouveau nom de guerre : « Marcus Valerius Corvus, car il fut surnommé ainsi désormais, âgé de vingt-trois ans. »

Spécialistes et lecteurs profanes s'interrogent évidemment sur la fiabilité des récits de Tite-Live : Quelle est la part de faits historiques et de mythes et légendes ? Qu'il soit réaliste ou fantaisiste, le récit de Marcus Valerius Corvus a survécu jusqu'à nous et fournit un remarquable chapitre de l'histoire de la magie de la corneille et du corbeau.

Plusieurs aspects de la légende méritent d'être soulignés. Tout d'abord, le bataillon romain perçoit rapidement et naturellement, sans conteste, que l'apparition de la corneille est un signe d'une intervention divine. Le corvidé est un émissaire des dieux et des déesses. L'époque à laquelle aurait vécu Valerius se situe entre 370 et 270 avant notre ère, ce qui nous permet de constater qu'à cette période, le lien entre les corvidés et les entités divines était clairement établi, du moins dans le monde méditerranéen.

Pourtant, cette histoire romaine ne ressemble en rien aux récits hébreux. Dans les textes rabbiniques, les corvidés possèdent la parole humaine et une attitude désinvolte, mais n'ont aucun lien particulier avec les divinités. Dans les récits bibliques, le corbeau est un agent du dieu hébreu, du plan directeur divin. Mais quand le corbeau quitte l'arche de Noé pour chercher une terre, ou lorsque les corbeaux nourrissent le prophète exilé Élie, ils agissent de manière superficielle et ne sont que des acteurs secondaires dans le schéma cosmique du monde des anciens Hébreux.

Cependant, dans le récit de Valerius Corvus, cette corneille de combat, agissant sur ordre des dieux et des déesses, change le cours de l'histoire pour les Romains. La magie de la corneille de haut niveau, en somme.

Un deuxième aspect de la légende de Marcus Valerius est plus subtil, mais tout à fait révélateur. Tite-Live écrit que le guerrier romain a d'abord vu la corneille « comme un augure envoyé du ciel » et il vit cette apparition « avec joie ». Mais la prudence l'emporta rapidement, et le soldat « pria, s'il en était ainsi, le dieu ou la déesse qui lui avait envoyé cet heureux message, de vouloir bien lui être propice. »

L'AMBIVALENCE ENVERS LES CORVIDÉS

Il est facile de voir dans ce récit datant de deux mille ans l'ambivalence avec laquelle les humains perçoivent les corvidés, que ce soit à travers le malaise suscité par les augures possiblement terribles et capitaux que les oiseaux laissaient présager pour un État-nation, comme dans cette légende, ou par la rencontre quotidienne parfois interprétée comme une apocalypse personnelle. Comme nous le verrons dans les mythes nordiques et celtiques, les guerriers qui voyaient des corneilles ou des corbeaux sur le champ de bataille avaient des raisons de trembler ; dans ces cas-là, les oiseaux sont généralement un signe de mort imminente. Mais pas toujours, comme l'attestera Marcus Valerius Corvus.

Cette ambivalence a perduré jusqu'à nos jours. Comme je l'ai mentionné, lorsque mes amis ou des connaissances découvrent que j'écris un livre sur les corneilles ou les corbeaux, les réactions sont extrêmes. Certains expriment leur fascination pour les oiseaux et livrent une anecdote au sujet de leur rencontre avec les corvidés. Mais beaucoup d'autres frémissent et manifestent leur dédain de ces volatiles, la voix teintée d'anxiété et de peur.

Poursuivez la magie de la corneille et du corbeau et vous serez confronté à des sentiments discordants de la part des moldus et des magiciens. L'inquiétude exprimée par de nombreuses personnes ne serait-elle pas provoquée par l'inconscient collectif de Jung, par les lointains souvenirs subconscients des guerriers celtiques ou des pilleurs vikings qui soupçonnaient qu'eux ou leurs camarades étaient défaits par une corneille ou un corbeau surnaturellement complice ou malveillant ?

Cette ambivalence, cette crainte qu'ont les humains envers les corvidés, et l'impact sur la pratique de la magie, surtout la divination, seront évoqués dans le chapitre 22, « Mythe : la face obscure des corvidés ».

CHAPITRE 11

GRIMOIRE : TALISMAN ET AMULETTE DE LA CORNEILLE ET DU CORBEAU

Une amulette ou un talisman est un objet chargé de magie ou consacré, souvent fixé à un collier ou à un cordon et porté autour du cou ou accroché à une bague ou à une boucle d'oreille. Toutefois, une amulette ou un talisman n'a pas besoin d'être portable ; il peut être placé sur un autel, ou même sur une étagère ou une table de chevet.

Son but est d'apporter un symbole physique et palpable de son chemin magique dans son espace personnel quotidien, et donc d'établir un canal activement ou passivement reconnu, de magie sympathique entre vous, l'objet et ce qu'il représente (dans le cas présent, la corneille ou le corbeau). Je partagerai avec vous un projet d'amulette ou de talisman. Vous pouvez réaliser l'un de ces projets, voire les deux. Vous pouvez aussi adapter les idées, les méthodes et les techniques pour créer une amulette ou un talisman unique.

AMULETTE VERSUS TALISMAN

Reflétant l'usage courant, un certain nombre de dictionnaires et d'autres sources, en particulier celles en dehors des domaines magiques et occultes, ne font aucune distinction entre les amulettes et les talismans.

Néanmoins, comme le remarquent la célèbre et vénérée sorcière Doreen Valiente, C. Nelson Stewart et d'autres sources, une amulette est traditionnellement un objet chargé en magie ou consacré, parfois porté, transporté ou placé dans une maison, afin de protéger et d'éviter les malheurs. Un talisman est un objet similaire dont l'objectif est d'attirer la chance.[1] Stewart compare une amulette à un bouclier et un talisman à une épée.[2]

En termes encore plus simples, voire exagérés : les amulettes repoussent le mal, les talismans attirent le bien.

Le terme « *Amuletum* » est décrit ainsi par James Yates dans son ouvrage *A Dictionary of Greek and Roman Antiquities*, publié par William Smith en 1859 :

> « Une amulette. Ce mot en arabe (*Hamalet*) signifie ce qui est suspendu. Elle a probablement été apportée par des marchands arabes,

1. Doreen Valiente, *An ABC of Witchcraft, Past and Present.*

2. Nelson C. Stewart, « Talismans », *Man, Myth & Magic: An Encyclopedia of the Supernatural.*

> en même temps que les objets auxquels elle s'appliquait, quand ils étaient importés depuis l'est jusqu'en Europe. Elle apparaît pour la première fois dans *Histoire naturelle* de Pline l'Ancien. Une amulette peut être n'importe quel objet - une pierre, une plante, une production artificielle ou un texte - accroché au cou ou à n'importe quelle partie du corps, dans le but de contrer un poison, soigner ou prévenir une maladie, éloigner le mauvais œil, aider les femmes en couches, ou éviter les calamités et obtenir des avantages de toute nature. La foi dans les vertus des amulettes était presque universelle dans le monde antique. »[3]

Selon Merriam-Webster, le terme talisman remonte à l'ancien grec *telein*, qui signifie « initier aux mystères », qui est ensuite devenu le mot arabe *tilsam*, c'est-à-dire « un charme », qui est à son tour passé dans les langues romaines.[4]

AMULETTE OU TALISMAN ?

Pour créer une amulette ou un talisman, vous devez d'abord fixer votre intention. En fin de compte, vous choisirez votre objet en fonction de votre relation avec les corvidés. Étant donné mon expérience personnelle avec les corneilles, je peux affirmer que la magie de la corneille se prête particulièrement aux pouvoirs protecteurs d'une amulette.

À chaque fois que j'entends le « Kii ! Kii ! » perçant de la buse à épaulettes cachée dans les bois derrière ma maison, je sais que le raffut des corneilles va se faire entendre. Bien que je sois dans l'incapacité de les voir, tapies dans les bois, une multitude de corneilles commencera à criailler contre l'intrus dans l'espoir de protéger leurs nids, leurs œufs et leurs petits du prédateur ailé.

Un jour, pendant Beltaine, je jetais un œil à travers la fenêtre de mon salon et au-delà de l'arbre à suif chinois pour apercevoir une corneille perchée sur la branche horizontale inférieure du *Gordonia lasianthus*. Soudain, la corneille s'élança de son perchoir. Elle s'éleva comme une fusée et s'envola rapidement. Je n'avais jamais vu de corneille bouger aussi vite. Dix minutes plus tard, je levais les yeux de mon ordinateur

3. William Butler Yates, *Amuletum*
4. https://www.merriam-webster.com/dictionary/talisman.

pour voir un alligator de plus de deux mètres renifler littéralement le pied de mon *Gordonia lasianthus*.

Toutes ces observations nous rappellent que les corneilles sont en alerte, prudentes et protectrices quand elles le doivent, agressives quand il le faut et précautionneuses dans le choix de leurs batailles ; ce sont tous ces attributs que votre amulette, ou votre talisman, vous aidera à canaliser.

CE DONT VOUS AUREZ BESOIN

Pour la baguette :

- Une petite branche ou un petit bâton.
- Une pierre ou un cristal choisi pour ses propriétés magiques.
- De la colle époxy.
- Des articles de bricolage tels que des marqueurs noirs permanents, de la peinture acrylique et un moyen de l'appliquer, ou un outil de pyrogravure.
- Un petit couteau ou un outil semblable pour la découpe (canif, râpe à bois...).
- Du vernis et une brosse (facultatif).

Pour le talisman :

- Un morceau d'écorce de pin.
- Un marqueur noir permanent.

Pour d'autres amulettes ou talismans :

Vous pouvez utiliser n'importe quels objets naturels, comme l'écorce de pin, des pierres, etc. et les décorer selon votre intuition et votre goût.

CONTEXTE

Comment trouver une véritable plume de corneille ou de corbeau afin de fabriquer une amulette ou un talisman ?

Les corvidés peuvent vous laisser un présent. Un jour, je photographiais des corneilles dans mon jardin et je fus surpris d'entendre de l'agitation dans un pin ; une nanoseconde plus tard, je vis une longue branche d'environ un mètre vingt s'écraser au sol et se casser en deux. Je me tournai vers le pin et remarquai une corneille parmi les aiguilles.

La corneille était-elle perchée dessus et son poids a-t-il brisé la branche ? Sans doute était-elle en mauvais état. Ou la magie de la corneille m'aurait-elle envoyé la branche en signe de cadeau ?

Déjà à ce moment, je savais comment la magie de la corneille se manifesterait dans les deux parties de la branche : je laisserai le premier morceau intact, soit la meilleure façon de préserver sa splendeur gaïenne, puis je mettrai à profit mes compétences de néophyte en matière de découpe pour retirer l'écorce de l'autre morceau, et je ferai appel à l'artiste de Lascaux pour inscrire et peindre des représentations et des sigils de corneille sur le bois afin de créer une baguette.

LA MAGIE SYMPATHIQUE

En ce qui concerne les mécanismes physiques des amulettes et des talismans, l'explication la plus concise et la plus pertinente est sans nul doute celle de l'anthropologue écossais Sir James George Frazer dans son œuvre maîtresse *Le Rameau d'or*. D'abord publiée en deux volumes en 1890, douze tomes ont ensuite été publiés au début des années 1900, et plusieurs résumés en un volume furent également édités.

Dans le chapitre « Magie sympathique » dans l'édition de 1922, Frazer définit les deux « principes de la magie ». Le premier, la loi de similitude, stipule que « le semblable produit le semblable, ou qu'un effet ressemble à sa cause ». Ainsi, « le magicien conclut qu'il peut produire tout effet désiré par sa simple imitation ». Les charmes fondés sur cette loi sont considérés comme une forme de « magie imitative »[5]

Le second principe, la loi de contact ou de contagion, mentionne que « les choses qui ont été en contact continuent d'agir à distance ». De fait, tout ce que le magicien « peut faire à un objet matériel affectera également la personne avec laquelle cet objet a été une fois en contact, que cet objet ait formé, ou non, partie de son corps ».[6]

5. James George Frazer, *Le Rameau d'Or*.

6. *Ibid.*

QUELQUES MOTS SUR LES BAGUETTES

Vous trouverez ci-dessous des instructions pour fabriquer ce que j'appelle une baguette amulette. Il s'agit d'une amulette ayant la forme d'une baguette, et qui peut donc revêtir certains des attributs nombreux et variés d'une baguette, bien que sa première mission soit de faire office d'amulette.

Les baguettes et leurs variantes, comme les sceptres, remontent à l'Égypte ancienne, à la Grèce antique et à d'autres cultures encore, où elles remplissaient des fonctions pratiques (comme emblèmes de la royauté) ou magiques. Les baguettes sont « un signe de pouvoir et de virilité, surnaturels et physiques... Dans son contexte surnaturel, la baguette est un agent de transformation ; un exemple bien connu étant la baguette de fée, qui est censée tirer son pouvoir du soleil, représenté par une étoile en son sommet ».[7] Les baguettes sont également utilisées pour la divination et la communication avec les esprits, comme test de chasteté, pour la guérison et le changement de forme.[8]

Doreen Valiente écrit que la baguette, qu'elle appelle une « arme magique », « est l'expression de la volonté du magicien et est utilisée pour les invocations ».[9] L'universitaire Sian Lee Reid note que, contrairement aux outils magiques que sont l'athamé (dague) et l'épée, « la baguette n'a pas l'apparence d'une arme, et parce que le bois était autrefois vivant, la baguette est l'outil utilisé pour invoquer d'autres formes d'énergie vitale, selon le principe que "la vie appelle la vie".[10]

C'est dans ce dernier sens que votre baguette amulette fonctionnera, comme une invocation de l'énergie vitale et de l'Esprit de la Corneille et du Corbeau.

PRÉPARATION

Personne ne peut nier la chance de tomber sur une branche au sol ou sur tout autre objet naturel que l'on voit à proximité de la corneille ou

7. Eric Maple, « Wands », *Man, Myth & Magic: An Illustrated Encyclopedia of the Supernatural.*

8. *Ibid.*

9. Doreen Valiente, *Witchcraft for Tomorrow.*

10. Sian Lee Reid, « Tools of the Art », *The Encyclopedia of Modern Witchcraft and Neo-Paganism.*

du corbeau perché sur un arbre ou paradant aux alentours. Dans tous les cas, il s'agit d'une magie puissante et contagieuse que la corneille ou le corbeau a soudainement et inopinément léguée pour que vous l'utilisiez comme talisman ou amulette.

Vous pouvez aussi vous procurer une branche cassée, un morceau d'écorce ou une pierre trouvés sous votre arbre spirituel. Si vous le faites, demandez la permission à votre arbre de prendre l'objet :

> *« Esprit de la Corneille/du Corbeau, Esprit de l'Arbre, je cherche à obtenir un cadeau de votre part. »*

Si vous sentez que la réponse est oui, poursuivez. Sinon, remerciez les esprits et dites-leur que vous reviendrez un autre jour. Ne cassez pas une branche sur un arbre vivant. Dans les bois, les branches tombées s'accumulent, tout comme dans les parcs publics, mais assurez-vous d'avoir l'autorisation de prendre une brindille ou un bout de bois. En plus d'éviter la profanation d'un arbre vivant, la « réutilisation » d'une branche brisée a l'avantage d'apporter une nouvelle vie, notamment magique, à un morceau de Gaïa.

Lorsque vous choisissez une pierre ou un cristal pour sertir le sommet de votre baguette, faites vos devoirs et apprenez les propriétés magiques, spirituelles et curatives des cristaux et des pierres avant d'en sélectionner.

Si vous ne vivez pas à proximité de paysages naturels qui pourraient vous fournir de l'écorce, de petites branches, des pierres ou d'autres éléments de Gaïa qui conviendraient à la fabrication d'un talisman ou d'une amulette, que faire ? Allez dans un magasin.

Ne diminuez pas ou ne dénigrez pas la création de votre propre amulette ou talisman à partir de matériaux provenant d'un magasin. Les cadeaux de Gaïa possèdent une puissante magie contagieuse. Mais comme le savent la majorité des lanceurs de sort, des ritualistes, des magiciens, des chamans ou des artisans magiques, et comme l'apprendra rapidement n'importe quel néophyte, l'intention derrière les opérations magiques est la clé, combinée évidemment à la concentration de chacun et à un certain degré de connaissance. Quelqu'un peut trouver une pierre ou une fleur inhabituelle dans un parc, qui décorera joliment une commode. Une sorcière dénichera une pierre ou une fleur lors d'une randonnée et, connaissant les attributs des cristaux, des pierres, des plantes, des arbres, des éléments forestiers, ainsi que les aptitudes et les comportements des corvidés qui fréquentent la région, elle aura la base d'un sort, d'une amulette ou d'un objet de culte au pouvoir particulier.

Intention, intention, intention !

Ne sous-estimez pas le pouvoir d'un morceau de balsa acheté en magasin, recouvert d'un dessin de corbeau esquissé à la peinture acrylique ou avec un outil de pyrogravure. Ce faisant, vous vous placez dans la lignée directe de l'artiste de Lascaux, dix-neuf millénaires plus tôt.

Ne méprisez pas l'efficacité d'une figurine de corneille ou de corbeau achetée en boutique et de sa consécration ultérieure. Il y a des années, je me suis procuré une figurine de corneille dans un magasin dédié à Halloween, juste avant Samain. Elle était composée de fausses plumes, présentait une curieuse inclinaison de la tête et une étrange lueur dans les yeux. Je n'ai pas consacré cette figurine de façon directe, mais je n'aurais pas dû être surpris lorsque je l'ai placée dans ma bibliothèque et qu'elle a commencé à avoir une aura magique et talismanique. Que je lui jette un coup d'œil ou que je la contemple plus profondément, je ressens un déferlement de pouvoir, celui de l'Esprit de la Corneille.

Ne désespérez pas si les circonstances vous empêchent de repérer et de collectionner des objets talismaniques trouvés dans un champ ou une forêt. Créez ou consacrez avec une intention, même subliminale ; votre amulette ou votre talisman deviendra un élément puissant de votre magie de la corneille et du corbeau.

ACTIONS : LA BAGUETTE

Pour fabriquer une baguette amulette, prenez une branche ou un bout de bois de 30 à 50 centimètres de long et d'une épaisseur de 2,5 à 5 centimètres. Mais ne vous inquiétez pas si votre branche ne respecte pas scrupuleusement ces paramètres.

Si vos compétences en bricolage sont, comme les miennes, rudimentaires, il existe un nombre incalculable de vidéos de démonstration sur Internet.

Si vous utilisez une branche de pin ou de sycomore, l'écorce risque d'être friable et donc plus facile à retirer. Servez-vous de la plus petite lame d'un canif, d'outils de découpe ou, si vous n'avez pas l'habitude d'utiliser des couteaux, prenez un couteau à mastic pour décoller l'écorce. Si votre branche provient d'un arbre à écorce lisse, comme le hêtre, le bouleau ou le tremble, vous pouvez créer votre baguette en gardant l'écorce intacte.

Le vernissage (facultatif) protégera votre bois et lui donnera de l'éclat. Je vernis rarement les talismans, les baguettes et les objets rituels en bois que je fabrique. La baguette à trois branches que j'ai créée il y a trente ans à partir d'un arbre robuste, semblable à un arbuste et que je ne parviens plus à identifier, a parfaitement survécu sur mon autel sans aucun vernissage.

Si vous vernissez votre baguette, appliquez une couche à l'aide d'un pinceau (à l'extérieur) et laissez-la sécher pendant une heure avant d'appliquer une seconde couche, puis faites sécher votre bois pendant vingt-quatre heures.

Ensuite, créez de simples silhouettes de corvidés avec un marqueur noir permanent, de la peinture acrylique ou un outil de pyrogravure. Peu importe que vous ayez des compétences artistiques ou non ; si l'artiste de Lascaux l'a fait, vous pouvez le faire aussi.

À l'aide d'un canif ou d'une petite râpe à bois, faites délicatement une encoche dans le bois afin d'y placer un cristal, si nécessaire. Puis fixez le cristal au sommet de votre baguette avec de la colle. Suivez bien les instructions si vous utilisez de la colle époxy, même si son utilisation est simple. Laissez sécher la résine pendant vingt-quatre heures.

Pour ma baguette, j'ai utilisé un quartz clair afin d'amplifier l'énergie et d'activer le chakra couronne. Le cristal s'insère parfaitement dans une encoche naturelle à l'extrémité de la branche, comme si les deux cadeaux de Gaïa avaient été conçus et destinés à être ensemble.

CONSACREZ VOTRE BAGUETTE

Consacrez votre baguette avec l'énergie du soleil en la mettant dehors, sous les rayons du soleil. Dans la plupart des jeux de tarots, la suite de bâtons est associée au feu ; dans de nombreuses cultures et mythologies, le soleil est perçu comme une source de protection. Un jour, à l'aube, placez votre baguette au pied de votre arbre spirituel ou, si vous le connaissez, de l'arbre d'où provient la branche.

Assurez-vous que votre baguette, et surtout votre cristal, sont bien exposés à la lumière du soleil.

Vous pouvez aussi positionner votre baguette dans une zone boisée ou naturelle, ou dans votre jardin, que les corneilles fréquentent. Il s'agit de l'un des aspects de la consécration : votre amulette ou votre talisman doit être chargé en magie dans un lieu visité par les corneilles ou les corbeaux, même s'ils ne s'y rendent que de façon fugace.

Récitez ou chantez une invocation au début de la consécration. Vous pouvez modifier celle qui suit, selon vos besoins. Rappelez-vous, une invocation est plus puissante si vous la créez.

> *« Mère, Père, Esprit de la Corneille*
> *qui marche et vole entre les mondes,*
> *qui a donné une apparence à la déesse,*
> *qui a chuchoté aux dieux,*
> *qui a vu l'éros de la Divinité,*
> *viens parler de vos doux arcanes*
> *en cette occasion,*
> *en ces lieux.*
> *À cette sainte relique de la Corneille*
> *où l'Esprit de la Corneille*
> *résidera à jamais. »*

Récupérez votre baguette au coucher du soleil.

Lorsque j'ai consacré ma baguette sous le pin d'où provient ma branche, mon cœur fit des bonds quand j'ai vu plusieurs corneilles se poser dans l'arbre et criailler à plusieurs reprises.

ACTION : TALISMAN EN ÉCORCE DE PIN

Pour créer ce talisman, qui attire la chance et l'énergie positive de l'Esprit de la Corneille, fixez votre intention à l'aide d'une visualisation de base. Trouvez un pin dont vous récolterez un morceau d'écorce, de préférence un arbre sur lequel vous avez vu des corvidés. Si votre arbre spirituel est un pin, prélevez-en l'écorce. Cette espèce est répandue et constitue un médium très généreux et indulgent.

Comme je l'ai mentionné dans le chapitre 1, les corneilles et les corbeaux apportent, littéralement, des cadeaux à leurs bienfaiteurs.[11] L'exercice suivant fait appel à ce comportement de corvidé.

La paume de la main posée sur le tronc de l'arbre, suivez cette visualisation :

11. John M. Marzluff et Tony Angell, *Gifts of the Crow*.

Fermez les yeux et visualisez une corneille qui vole vers vous à une certaine distance. Tandis qu'elle se rapproche et que vous entendez ce doux battement d'ailes, vous prenez conscience que le corvidé tient quelque chose dans son bec noir. Vous tendez votre autre bras. La corneille se pose sur votre poignet et dépose un objet dans votre main. Qu'est-ce que c'est ? La corneille guidera votre intuition et vous le fera savoir. Que ce soit un objet ludique et ridicule ou sublime, n'oubliez pas qu'il s'agit d'un cadeau de votre animal totem.

Ouvrez les yeux et demandez à l'arbre la permission d'en récolter une partie. Dites :

« Je viens chercher un cadeau de Gaïa, de l'Esprit de l'Arbre et de celui de la Corneille/du Corbeau ; je cherche vos bénédictions. »

Retirez un morceau d'écorce d'environ 7 centimètres carrés à l'aide de vos doigts ou d'un couteau à mastic pour le décoller du tronc. Il est préférable de vous procurer votre cadeau auprès d'une entité vivante afin que votre talisman soit davantage infusé par sa force vitale. Cela n'est possible que parce que l'arbre n'est pas blessé et qu'il continue de vivre. Veillez toutefois à ne pas creuser trop profondément dans l'écorce.

N'écartez pas non plus la possibilité d'acheter des pièces en bois préformées, des pierres ou cristaux polis en magasin.

Faites comme à Lascaux, en dessinant une corneille sur votre morceau d'écorce ou tout autre objet à l'aide d'un marqueur noir indélébile.

| CONSACREZ VOTRE TALISMAN

Vous pouvez consacrer votre talisman avec l'énergie solaire, comme indiqué à propos des baguettes page 119. Cependant, un talisman, destiné à attirer la chance plutôt qu'à propulser le mal est propice à une consécration au clair de lune, qui canalisera un certain nombre de propriétés magiques, occultes ou surnaturelles associées à la lune : la déesse, l'énergie féminine, le pouvoir des rêves, une affinité avec la sorcellerie, la province des connaissances occultes cachées.[12] « Ceux qui

12. Voir Benjamin Walker, « Moon » dans *Man, Myth & Magic: An Illustrated Encyclopedia of the Supernatural* ; Dana Kramer-Rolls, « Moon » dans *The Encyclopedia of Modern Witchcraft and Neo-Paganism* ; MacRae, « Why You're More Likely to Have Weird and Wonderful Dreams When There's a Full Moon » *dans Daily Mail.*

voulaient faire de la magie, quelle qu'elle soit, observaient la lune ; et en particulier les sorcières, habiles dans les travaux de la lune croissante et décroissante », écrit Doreen Valiente.[13]

Pour faire prendre un bain de lune à votre talisman, déterminez d'abord l'heure précise de la prochaine pleine lune. De nombreuses personnes sont surprises de découvrir que les cartes astronomiques indiquent la minute précise à laquelle la lune est pleine à chacun de ses cycles. Oui, la lune peut être pleine pendant la journée, même si, bien sûr, vous ne pouvez pas la voir à ce moment-là.

Consacrez votre talisman le soir d'une lune croissante, juste avant et jusqu'à ce qu'elle soit pleine. Placez votre talisman au pied de votre arbre spirituel, celui dont vous avez prélevé l'écorce, ou sous un arbre fréquenté par des corvidés au moment où la lune se lève. Récupérez votre talisman à l'instant où la lune devient pleine. Vous pouvez aussi le reprendre à minuit si la lune devient pleine après cette heure-ci, ou à n'importe quel moment avant le coucher du soleil du lendemain.

C'est ainsi qu'un objet fabriqué à partir de matériaux humains peut se métamorphoser en un véritable outil magique.

POUR ALLER PLUS LOIN

Placez votre talisman ou votre baguette amulette sur votre autel ou une étagère, un rebord de fenêtre ou tout autre endroit de votre logement. En effet, vos objets magiques peuvent être disposés ailleurs que sur votre autel car celui-ci irradie naturellement son énergie puissante, et d'autres emplacements de votre résidence pourraient bénéficier d'une infusion de pouvoir magique.

Quoi qu'il en soit, la magie contagieuse de votre amulette ou de votre talisman s'infiltrera dans votre vie de tous les jours et s'intensifiera quand vous les manipulerez ou les utiliserez au cours d'un rituel. Ce sont des dons des corvidés et de l'Esprit de la Corneille ou du Corbeau.

13. Doreen Valiente, *An ABC of Witchcraft.*

CHAPITRE 12

MYTHE : PENSÉE, MÉMOIRE ET NOURRISSEURS DE CORBEAUX

Le lien « entre Odin et le corbeau est ancien et profond, écrit l'universitaire E. O. G. Turville-Petre. Beaucoup se sont interrogés sur les fondements de la relation d'Odin avec le corbeau. Aucune unique explication ne peut être donnée. »[1]

Les exploits d'Odin, de Thor, de Loki et d'autres anciens dieux nordiques, ainsi que les « corbeaux affamés »[2], qui sont rassasiés par le « nourrisseur de corbeaux » (c'est-à-dire un guerrier qui a tué ses ennemis au combat) parviennent jusqu'à nous grâce à deux grands textes scandinaves, ainsi que diverses œuvres de scaldes (poètes de cour norvégien ou islandais).

Tous les écrits qui ont survécu ont été rédigés après l'arrivée du christianisme en Scandinavie, au XIe siècle, bien que les chercheurs remarquent que les preuves historiques indiquent que de nombreuses sources proviennent de l'ère viking préchrétienne, entre 800 et 1100 de notre ère.

L'*Edda poétique* est un recueil de poèmes anonymes écrits en vieux norrois, autour de 1270. Ces textes ont été découverts en 1643 dans un manuscrit médiéval islandais connu comme le Codex Regius. Les universitaires notent qu'il est difficile de déterminer quand ces poèmes ont été composés.[3]

En 1909, l'historienne et mythologue américaine Hélène Adeline Guerber déplore l'influence de la religion chrétienne usurpatrice et ses effets sur la littérature scandinave :

> « [Le christianisme] a apporté avec lui l'influence des races classiques, et qui a fini par supplanter le génie indigène... Les croyances religieuses du Nord ne sont pas reflétées avec exactitude dans l'*Edda poétique*. En effet, seul un travestissement de la foi de nos ancêtres a été préservé dans la littérature nordique... On ne nous dit rien sur les rites sacrificiels et religieux, et on omet tout ce qui ne fournit pas de matière à un traitement artistique. »

La mythologie nordique a été traitée « comme le début d'une poésie nordique, plutôt qu'une représentation des croyances religieuses des

1. E. O. G Turville-Petre, *Myth and Religion of the North, The Religion of Ancient Scandinavia.*

2. Snorri Sturluson, *L'Edda : récits de mythologie nordique.*

3. Jake Jackson, *Norse Myths.*

Scandinaves », mais « il est possible de reconstruire en partie un plan des anciennes croyances nordiques. »[4]

L'*Edda en prose*, connu aussi sous le nom de *Jeune Edda* ou *Edda de Snorri*, a été rédigé (ou compilé) par l'universitaire et historien islandais Snorri Sturluson autour de 1220. Les chercheurs s'interrogent également sur l'influence de la foi chrétienne de Snorri sur ses récits sur les dieux et les héros vikings.

Arthur Gilchrist Brodeur, dans l'introduction de sa traduction de 1916 de l'*Edda en prose*, s'extasie sur l'œuvre de Snorri, proclamant qu'elle contient « des traces d'une véritable noblesse d'esprit » alors qu'il cherche à consacrer son amour pour le passé glorieux de son peuple, pour les mythes des dieux anciens, mi-grotesques mi-sublimes... Infatigable dans ses recherches, avec un regard d'artiste pour le pittoresque, la sensibilité d'un poète pour le dramatique et l'humain, il créa les histoires les plus vives et les plus vitales qui aient jamais été écrites. Plus précis que son époque, doté d'un génie de l'expression, devinant les personnalités humaines, le jeu comique ou tragique des ambitions, des passions et des destins cachés derrière les simples événements relatés, il avait les qualités presque idéales d'un historien.[5]

MAIS D'AUTRES CHERCHEURS SONT D'UN TOUT AUTRE AVIS

L'ouvrage *Norse Myths* note que Snorri cite souvent l'*Edda poétique*, et que ses interprétations sont « teintées » de croyances chrétiennes, échouant à relier les mythes aux opinions théologiques et aux pratiques cultuelles réelles des Vikings.[6] En d'autres termes, Snorri raconte une belle histoire mais ne parvient pas à fournir de contexte qui révèle la *Weltanschauung* des Nordiques.

Quant aux œuvres des poètes de cour, les scaldes, qui ont créé leurs récits entre le IXe et le XIIIe siècle, elles ont aussi été rédigées après l'apparition du christianisme et sont un amalgame de mythes datant de l'apogée de l'ère viking et d'événements contemporains aux poètes eux-mêmes.[7]

4. H. A. Guerber, *Myths of the Norsemen from the Eddas and Sagas.*
5. Snorri Sturluson, *L'Edda : récits de mythologie nordique.*
6. Jake Jackson, *Norse Myths.*
7. *Ibid.*

Indépendamment de la dégradation des anciennes sources scandinaves par les historiens chrétiens, toute étude des *Eddas* et des vers scaldiques révélera la fascination des Vikings pour les corbeaux : l'*Edda en prose* de Brodeur contient trente-neuf références aux corvidés. La traduction de l'*Edda poétique* de Henry Adams Bellows de 1923 évoque à trente et une reprises les corbeaux, sous diverses formes.

L'une des références les plus célèbres, si ce n'est la plus connue, aux corbeaux dans la tradition nordique figure dans le *Grímnismál*. Intitulée « The Words of Odin in Disguise »[8], on la retrouve dans la traduction de l'*Edda poétique* de Jackson Crawford, professeur d'études nordiques et coordinateur du programme nordique à l'université du Colorado à Boulder, en 2015.

Dans le *Grímnismál,* nous apprenons l'existence des corbeaux d'Odin, Hugin et Munin, dont les noms sont traditionnellement traduits en Pensée et Mémoire. Hugin et Munin quittent l'épaule d'Odin à l'aube et volent à travers le monde, puis reviennent vers le dieu chaque soir et rapportent consciencieusement ce qu'ils ont vu. À l'instar d'Apollon chez les Grecs, les corbeaux font office de messagers pour un dieu.

Crawford note que « les pouvoirs mentaux du dieu de la guerre Odin sont littéralement incarnés dans ses corbeaux Pensée et Mémoire », et ajoute que ce fameux passage résonne « comme la réflexion poignante d'un vieil homme inquiet de ce qu'il pourrait oublier en raison de son âge. »

La traduction de Crawford est la suivante :

> Pensée et Mémoire,
> mes corbeaux, volent chaque jour
> dans le monde entier.
> Chaque jour je redoute
> que Pensée ne revienne,
> mais je crains davantage pour Mémoire.[9]

Crawford n'utilise pas les noms Hugin et Munin dans son texte principal, préférant traduire directement le nom des corbeaux en Pensée et Mémoire. Toutefois, les nombreuses traductions de l'*Edda poétique*

8. « Les dits d'Odin déguisé », N.D.T.

9. Jackson Crawford, *The Poetic Edda: Stories of the Norse Gods and Heroes.*

et l'*Edda en prose* de Snorri Sturluson conservent les noms d'origine et ajoutent leur signification en bas de page.

En outre, si de nombreux spécialistes traduisent *Hugin* par « Pensée » et *Munin* par « Mémoire », quelques-uns proposent des interprétations légèrement différentes et plus nuancées de la signification de Hugin. Par exemple, le nom du corbeau est traduit par « Réflexion » par Rasmus B. Anderson.[10]

Dans le chapitre intitulé « La séduction de Gylfi » dans l'*Edda en prose*, Snorri en dit un peu plus sur la relation d'Odin avec ses oiseaux :

> « Les corbeaux sont assis sur ses épaules et lui rapportent à l'oreille toutes les nouvelles qu'ils voient ou entendent ; on les appelle ainsi : Huginn et Muninn[11]. Il les envoie à l'aube voler à travers le monde, et ils reviennent à l'heure du souper ; il est ainsi au courant de ce qui se passe. C'est pourquoi les hommes l'appellent le Dieu-Corbeau :
>
> Huginn et Muninn planent chaque jour
> Sur la terre entière ;
> Je crains que Huginn ne revienne pas,
> Mais je veille davantage sur Muninn. »

KENNINGS

Le « souverain corbeau plein de sagesse » et le « Dieu-Corbeau » ne sont que deux des nombreux kennings pour Odin qui parsèment les anciens récits nordiques. Un kenning est une figure de style métaphorique composée généralement de deux mots séparés d'un trait d'union. Il s'agit d'un procédé linguistique courant dans la poésie en vieux norrois, islandaise et en vieil anglais. Dans le *Grímnismál*, Odin se vante que « de tous les dieux, Odin est le plus grand » avant de citer de nombreux noms qu'il avoue s'être lui-même attribué : Père de la Victoire, Père des Tués, aux Yeux Sournois, aux Formes Multiples, Rapide dans la Tromperie, le Sincère, le Porteur de Casque, aux Yeux Flamboyants, à la Grande Sagesse.[12]

10. Rasmus B. Anderson, *Norse Mythology*.
11. Les noms des corbeaux sont parfois écrits avec un ou deux *n* à la fin.
12. Henry Adams Bellows, *The Poetic Edda*.

Turville-Petre remarque que les kennings n'ont pas été conçus au hasard, car ils sont inspirés par le contenu des mythes et « peuvent présenter à leur tour un mini-mythe ».[13]

Le spécialiste danois Karl Mortensen, en 1898, cite quelques-uns des deux cents noms d'Odin, constatant que la plupart d'entre eux désignent une caractéristique du dieu : Tout-Père, le Fanfaron, le Changeant, l'Orageux, le Vagabond, le Voyageur, le Barbu Grisonnant, le Sourcil Touffu, le Porteur de Casque, le Grand Chapeau, Père des Tués, Père des Armées, Roi de la Victoire, Roi des Lances, le Terrifiant, Dieu des Fardeaux, Fimbultyr (« Dieu Tout-Puissant »), Dieu des Pendus, et Seigneur des Esprits (« Fantômes »). Ces exemples suffisent à montrer que la poésie norvégienne et islandaise représente Odin comme la principale divinité du monde. Mais l'image la plus claire de lui est celle du dieu de la sagesse, de l'art et de la poésie, et, dans les théories sur le Valhalla, du dieu de la guerre.[14]

Les corbeaux, et notamment Hugin lui-même, ont également donné naissance à un certain nombre de kennings disséminés parmi les anciens récits nordiques. Outre la citation de Snorri sur le « Dieu-Corbeau » comme épithète d'Odin, il existe d'autres kennings issus de la relation Odin-corbeau, comme le « tentateur de corbeaux »[15] et le « prêtre de sacrifice de corbeaux »[16].

Le « nourrisseur de corbeaux » précédemment cité, c'est-à-dire un guerrier, ainsi que d'autres kennings de corbeaux, comme ceux d'Odin, concernent des combats et des effusions de sang. Dans une traduction de *La Saga d'Egil* de 1893, un guerrier « n'a pas affamé la gueule des corbeaux ». Le sang versé lors des combats est mentionné comme la « boisson des corbeaux » ou la « mer de Hugin ».

Dans l'introduction de la traduction de l'*Edda poétique*, Crawford relate une conversation sinistre mais sombrement humoristique entre deux corbeaux dans le poème « Helgakvitha Hundingsbana I »[17], dans lequel les oiseaux sont excités par le festin à venir lors d'une prochaine bataille.

13. E. O. G, Turville-Petre, *Myth and Religion of the North.*
14. Karl Mortensen, *A Handbook of Norse Mythology.*
15. E. O. G, Turville-Petre, *Myth and Religion of the North.*
16. Christopher Abram, *Myths of the Pagan North.*
17. « Premier chant de Helgi, meurtrier de Hundingr », N.D.T.

Dans les anciennes sagas, les guerriers suivis par des charognards tels que les corbeaux ou les loups, considéraient la présence des animaux comme un présage de succès dans l'affrontement à venir. Pendant ce temps, les pilleurs vikings qui s'aventuraient dans le monde pour « se nourrir » opportunément des plus faibles, s'identifiaient à ces bêtes, écrit Crawford.[18]

Turville-Petre affirme sans ambages que le corbeau est « l'oiseau de la mort, car il se nourrit de cadavres », et qu'il est également « l'oiseau de la bataille » en raison de sa prédilection à hanter les champs de bataille, avide de festin.[19]

« LE CHANT DU CORBEAU »

Thorbjörn Hornklofi, un scalde norvégien du IXe siècle et l'un des poètes de cour du roi Harald Fairhair, est couramment cité comme le compositeur du remarquable « Hrafnsmál », qui signifie « chant du corbeau » et parfois traduit comme « dits du corbeau ». L'œuvre présente une conversation entre une valkyrie, également appelée Valkyr, et un corbeau. Lee M. Hollander, un spécialiste américain de la littérature et de la mythologie nordique, inclut sa traduction de « Hrafnsmál » dans son livre de 1936, *Old Norse Poems: The Most Important Non-Skaldic Verse Not Included in the Poetic Edda*. Il affirme que « Hrafnsmál » fait partie d'une œuvre plus vaste de Hornklofi, *The Lay of Harald*, en référence au roi de Norvège qui a vécu entre 860 et 993.

Hollander assure que « Le Chant du corbeau » tel qu'il est connu aujourd'hui a été reconstitué à partir de fragments sans titre trouvés dans la Fagrskinna, une œuvre rédigée vers 1220 qui comprend une chronique des rois norvégiens du IXe au XIIe siècle, ainsi qu'un recueil de vers scaldiques.

Les spécialistes décrivent les valkyries, ces guerrières dont le nom en vieux norrois signifie « celle qui choisit les morts », comme ayant une essence surnaturelle ou humaine, voire les deux. Crawford affirme qu'une valkyrie est « une occupation » qu'une femme peut remplir.[20]

18. Jackson Crawford, *The Poetic Edda.*
19. E. O. G, Turville-Petre, *Myth and Religion of the North.*
20. Jackson Crawford, *The Poetic Edda.*

Guerber donne un aperçu du rôle de la valkyrie dans la cosmologie du peuple nordique :

> « Les anciennes nations nordiques, qui considéraient la guerre comme la plus honorable des occupations, et le courage comme la plus grande vertu, vénéraient Odin principalement comme le dieu de la guerre et de la victoire. À l'approche d'un affrontement, ils pensaient que leur dieu leur enverrait ses guerrières, appelées valkyries (celles qui choisissent les morts). »[21]

Après que les guerriers ont « reçu le baiser de la mort des valkyries », « la moitié » des tués seraient emmenés par les valkyries « sur leurs destriers par-delà le pont arc-en-ciel, Bifrost, jusqu'au Valhalla. Accueillis par les fils d'Odin, Hermod et Bragi, les héros sont conduits au pied du trône d'Odin, où ils reçurent les éloges dus à leur bravoure »[22]. De tels combattants étaient jugés « dignes de goûter les joies de Valhalla, et assez courageux pour prêter main-forte aux dieux lors de la grande bataille »[23], un ultime affrontement connu sous le nom de Ragnarök.

Un Viking tué au combat n'était pas automatiquement conduit au Valhalla, et la méthode de sélection des défunts demeure obscure. Divers textes anciens évoquent Odin, la déesse Freya, les Einherjar (des guerriers décédés qui résident déjà à Valhalla), et/ou les valkyries elles-mêmes comme ayant le pouvoir de sélectionner les morts ayant droit à cet honneur.[24]

Le titre de l'ancien poème nordique « Darraðarljóð » qui semble faire référence à son narrateur, que l'on peut traduire par « Daurrud ou Dorroth », mais également traduit par Crawford comme « Le Chant de la lance des valkyries », « Le Chant des valkyries » selon Hollander ou « Le Chant de guerre des valkyries » selon Sigurd Towrie, journaliste et historien résidant dans les îles Orcades. Hollander présente le poème comme « sombrement prophétique » quant à l'issue de la bataille épique de Clontarf en 1014, qui opposa une alliance des Vikings et des Irlandais au roi irlandais Brian Boru près de Dublin.[25]

21. H. A. Guerber, *Myths of the Norsemen from the Eddas and Sagas.*
22. *Ibid.*
23. Hilda Roderick Ellis, *The Road to Hel.*
24. *Ibid.*
25. Lee M. Hollander, *Old Norse Poems.*

Quant à « Hrafnsmál », il relate avec son « humour noir viking »[26] la conversation d'une valkyrie qui interroge un corbeau sur les prouesses guerrières du roi Harald. La Britannique Alison Finlay, membre de la Society for Northern Research, propose une interprétation plus contemporaine dans son ouvrage *Fagrskinna, a Catalogue of the Kings of Norway: A Translation with Introduction and Notes*, paru en 2004.

Composé de seulement deux douzaines de strophes, pour la plupart des quatrains, « Le Chant du corbeau » s'ouvre sur la curieuse valkyrie qui interroge plusieurs corbeaux sur leur bec taché de sang, la chair cadavérique dans leurs serres, et l'odeur de charogne qui se dégage de leur corps. La valkyrie affirme que les corbeaux « savaient » où les corps se trouvaient ; ce n'est donc pas un hasard si les corvidés survolaient un champ de bataille.

Un corbeau répond que lui et ses semblables ont suivi le roi Harald depuis qu'ils sont nés ; il fait ensuite l'éloge du généreux roi, qui récompense ses valeureux guerriers avec de l'or et des concubines. Le corbeau loue également la bravoure des combattants, qui sont « heureux » (selon la traduction de Hollander) et « impatients » (selon Finlay) lorsqu'un affrontement se profile.

La valkyrie constate que les corbeaux se nourrissent de corps, puis interroge le volatile sur les aptitudes des soldats de Harald. L'animal lui rétorque que les guerriers délaissent la protection de la cotte de mailles pour la peau de loup lorsqu'ils s'engagent dans la bataille, où leurs boucliers et les pointes de leurs lances seront couverts du sang de leurs ennemis.[27]

Mais les corbeaux qui se régalaient des corps n'étaient pas qu'un simple fait observable de la vie des Vikings en guerre. Le tribun romain Marcus Valerius Corvus en vint rapidement à croire que la corneille qui s'était posée sur son heaume était un signe du soutien des dieux dans la bataille à venir. Les Nordiques étaient eux aussi de cet avis. Divers spécialistes notent que plusieurs anciens textes affirment qu'il était de bon augure pour un guerrier viking se dirigeant vers la bataille d'être suivi par un corbeau.

26. *Ibid.*

27. *Ibid* ; voir aussi Alison Finlay, *Fagrskinna, a Catalogue of the Kings of Norway: A Translation with Introduction and Notes.*

Il semble que personne n'ait évoqué la possibilité que le corbeau avide de cadavres se fiche de savoir qui de l'ennemi ou du guerrier qu'il suit deviendra son « nourrisseur ».

LE VOL DES BANNIÈRES DU CORBEAU

Les Nordiques ne se contentaient pas de raconter des histoires de corbeaux, de leur donner un rôle secondaire dans la littérature, et de prendre passivement note de leurs présages. Ils pratiquaient également la magie du corbeau, avec un clin d'œil involontaire à l'artiste-chaman de Lascaux et sa représentation de l'homme-oiseau.

Les Vikings se tournaient vers les présages, c'est-à-dire la divination par les signes ou les augures, et plus particulièrement le vol des oiseaux, pour y déceler un quelconque message avant la bataille. Afin d'exploiter la nature surnaturelle des oiseaux et de pratiquer la magie, les Vikings créaient des représentations visuelles des corvidés sur des bannières du corbeau qui flottaient en haut de leurs drakkars et au-dessus des armées qui avançaient sur la terre ferme. Les mouvements physiques des bannières, ou leur absence, présageaient de ce qui arriverait aux Vikings lors de l'affrontement à venir.

Le moine gallois Asser, qui a servi à la cour du roi Alfred le Grand d'Angleterre, a écrit une biographie du monarque en 893. Le texte évoque la façon dont Alfred et son armée se sont emparés d'une bannière du corbeau appartenant aux Danois, au cours d'une bataille en 878.

Joseph Stevenson, un prêtre catholique anglais et traducteur de textes historiques, inclut ce récit dans son ouvrage de 1854, *The Church Historians of England*. Les Danois assiègent la forteresse, « mais cela ne se passa pas comme ils l'avaient prévu ». L'armée chrétienne d'Alfred « se précipita sur les païens soudainement au matin, et dès le début, tua la plus grande partie de leurs ennemis, ainsi que leur roi, ne permettant qu'à un petit nombre d'entre eux de rejoindre leurs navires. Ils obtinrent un butin non négligeable, ainsi qu'un étendard qu'ils nommèrent Reafan ».[28]

28. Joseph Stevenson, *The Church Historians of England*. *Reafan*, ou *Raven* [corbeau en français, N.D.T.] est probablement une traduction du vieux norrois *Hræfn*.

Asser écrit que la bannière a été fabriquée par « les filles de Lodebroch »[29], un roi viking dont les exploits sont narrés dans divers textes médiévaux, bien que les historiens doutent de son existence réelle. En revanche, d'autres affirment que s'il a bel et bien existé, le récit de ses exploits tient davantage de la légende.

Asser poursuit en écrivant que les Danois « disent que dans chaque bataille dans laquelle ce drapeau était hissé, si la victoire devait leur revenir, alors apparaissait au milieu de cet étendard un corbeau vivant en train de voler ; mais s'ils étaient condamnés à la défaite, le drapeau était hissé sans le moindre mouvement ; et les faits ont prouvé la vérité de cette assertion ».[30]

N. Lukman fournit une interprétation plus catégorique, et même intrigante, du pouvoir de la bannière du corbeau de Lodbrok (ou Lodebroch). Il cite la traduction de *Annals of Saint Neots* de William Henry Stevenson, une ancienne histoire de la Grande-Bretagne jusqu'au début du Xe siècle, qui affirme que le présage de la bannière du corbeau « s'est toujours révélé vrai »[31].

Un rapide coup d'œil sur ce texte révèle une contradiction évidente. Si les Vikings croyaient en l'efficacité et en l'exactitude du pouvoir prophétique de la bannière du corbeau, pourquoi iraient-ils au combat quand l'augure – un corbeau aux ailes tombantes – leur présage le pire ? Nous reviendrons un peu plus tard sur cette incohérence.

L'*Encomium Emmae Reginae* a été écrit vers 1042 sans doute par un moine français en l'honneur de la reine Emma de Normandie. L'ouvrage fait le récit de l'invasion de l'Angleterre, au début du XIe siècle, par les armées danoises dirigées par Thorkell le Grand, qui brandissait une étrange bannière du corbeau. L'étendard de Thorkell est décrit en détail dans une traduction de l'*Encomium Emmae Reginae* par le Britannique Alistair Campbell, en 1949.

Le chroniqueur débute en affirmant que le récit est véridique et qu'il va donc l'inclure dans son histoire. La bannière « merveilleusement étrange » de Thorkell est faite de soie blanche et n'arbore aucune image,

29. Lodebroch, également traduit par Lodbrok ou Lothbrok, fait référence à Ragnar Lodebroch.

30. Joseph Stevenson, *The Church Historians of England.*

31. Lukman, « The Raven Banner and the Changing Ravens: A Viking Miracle from Carolingian Court Poetry to Saga and Arthurian Romance. »

hormis en temps de guerre, lorsqu'un corbeau apparaît « comme s'il était brodé dessus ». Si les Danois étaient sur le point de triompher, le corbeau serait survenu avec les ailes battantes et le bec ouvert. En revanche, si la défaite était imminente, le corbeau aurait paru abattu. Thorkell exhorte ses soldats lors de la bataille d'Ashingdon, en Angleterre, leur assurant que le corbeau animé présent sur la bannière prophétise la victoire sur les Anglo-Saxons et leur chef Eadric. Ce présage se vérifie lorsque Eadric incite ses hommes à fuir au plus fort de la bataille et à « arracher nos vies à une mort imminente »[32].

La bannière du corbeau de Thorkell lui a manifestement été plus profitable qu'à Lodebroch. Thorkell qui, à l'instar de Lodebroch, était une figure historique dont les exploits sont sujets à caution, était membre des *Jomsvikings*, une troupe de mercenaires.

Les autres faits d'armes de Thorkell sont rapportés dans divers textes anciens, qui parfois se contredisent, jusqu'à ce qu'il disparaisse de la mémoire historique en 1023. Les dernières années de sa vie demeurent un mystère. Hormis dans l'*Encomium Emmae Reginae*, il n'existe aucune trace de la bannière blanche miraculeuse et de son corbeau prophétique. Les historiens qualifient Thorkell de « rusé ». Nous pouvons nous demander dans quelle mesure il a acquis un tel sens du combat grâce aux augures de sa bannière.

Turville-Petre cite une autre bannière du corbeau, dont l'interprétation exacte du nom, Ravenlandeye, n'est pas claire. Turville-Petre écrit que Ravenlandeye est qualifié de « *corvus terrae terror* », tandis qu'un texte du XIIIe siècle fait allusion à un mystérieux vieil homme qui aurait donné la bannière à Siward de Northumbrie, qui a vécu au XIe siècle, alors qu'il s'apprêtait à affronter un dragon.[33]

Toutefois, la traduction de Ravenlandeye en vieil anglais par « *corvus terrae terror* » (corbeau, terreur de la terre) est contestée. N. Lukman et William Henry Stevenson[34] font remonter cette interprétation du corbeau à un moine anglais médiéval, William, qui résidait dans l'abbaye de Crowland, aussi connue sous le nom d'abbaye de Croyland.[35] Il est

32. Alistair Campbell, *Encomium Emmae Reginae*.
33. E. O. G, Turville-Petre, *Myth and Religion of the North*.
34. Stevenson, William Henry, ed. *Asser's Life of King Alfred*.
35. Lukman, « The Raven Banner and the Changing Ravens ».

cependant difficile de déterminer si Lukman et Stevenson font référence à William of Ramsey (vers 1219) ou à Williams of Crowland, abbé de Ramsey puis de Cluny, mort en 1179. Ni Lukman ni Stevenson ne se prononcent sur l'exactitude de la traduction de « corbeau, terreur de la terre ».

Néanmoins, une publication de 1908-1909 par la Viking Society for Northern Research aborde directement la question : la traduction de Ravenlandeye comme « *corvus terrae terror* » est un malentendu, probablement une confusion avec la bannière du roi norvégien Harald Harthrathe, connue sous le nom de Landeytha, qui signifie « ce qui dévaste la terre ».[36]

Le fait qu'un moine anglais nommé William aurait mal traduit Ravenlandeye par « corvus terrae terror » en dit long. Les récits des maraudeurs vikings et leur connexion étrange avec les corbeaux et leurs pouvoirs surnaturels, comme en témoignent ces bannières du corbeau, avaient manifestement infiltré l'esprit et le cœur du moine, et l'avaient rempli d'effroi.

Une autre célèbre bannière, portée par les soldats de Sigurd des Orcades, était imprégnée d'une sinistre particularité : elle apportait la mort à quiconque la hissait, mais assurait la victoire à ceux qui se trouvaient derrière l'étendard. Ce fut le cas lors de la bataille de Clontarf en 1014 près de Dublin, au cours de laquelle une armée d'environ sept mille guerriers, menée par Brian Boru, grand roi d'Irlande, a battu une alliance des forces irlandaise et viking, estimée à six mille cinq cents à sept mille hommes, dirigée par Sigtryggr (ou Sihtric) Silkbeard, roi de Dublin, Máel Mórda Mac Murchada, roi de Leinster, et les Vikings Sigurd des Orcades et Brodir of Man.

36. Society for Northern Research, *Saga-Book of the Viking Club*.

CHAPITRE 13

LEÇONS : LA *WELTANSCHAUUNG* DES VIKINGS

Les chroniques vikings sont inondées de sang, de batailles, de malheur, de mort et de corbeaux charognards. Les guerriers vont au combat même si la magie du corbeau et leur bannière au volatile tombant ont prophétisé que leur propre sang serait versé. Que se passe-t-il avec ces Vikings avides de sang et leurs corbeaux tout aussi macabres ?

Les spécialistes constatent que les récits des exploits des Vikings ne faisaient que refléter la réalité brutale de l'époque, tout comme les médias du XXIe siècle – les journaux télévisés, la littérature contemporaine, les films et la télévision – illustrent la société moderne. Les anciens bardes ont poétiquement amplifié leurs récits avec des références à la « mer de Hugin » et aux « nourrisseurs de corbeaux ». Eh oui, la vie des Scandinaves ne se résumait pas à la guerre et aux pillages. Mais dans leur description sans complaisance de ces sujets sinistres, les *Eddas*, la poésie scaldique et d'autres écrits ne sont pas si différents de la maxime entendue, pour le meilleur et pour le pire, dans les salles de rédaction de journaux et d'émissions télévisées : « Si ça saigne, tout baigne. » Cette devise, par extension, s'infiltre jusque dans les bureaux des studios hollywoodiens, où les films jonchés de cadavres et criblés de balles et de bombes foisonnent jusqu'à la nausée… et semblent toujours trouver leur public.

Mais une dynamique plus profonde, et à première vue plus troublante, ressort des anciens textes vikings, qui vont au-delà du simple compte-rendu, même poétique, de la vie telle qu'elle était vécue à l'époque.

Dans « Le Chant du corbeau », après que le corvidé a déclaré que le roi Harald récompenserait ses valeureux guerriers par des richesses, de l'or, des épées et la compagnie de femmes, il poursuit avec une proclamation qui peut être assez sidérante pour les lecteurs contemporains, même ceux qui sont familiers de la mythologie viking. Ainsi, dans « Hrafnsmál », le corbeau dit : « Plus heureux sont-ils [les guerriers vikings] quand il y a un espoir de bataille. »[1]

Heureux, évidemment, car recevoir le baiser de la mort de la valkyrie au cours d'un combat peut être un aller direct pour Valhalla, où les guerriers décédés sont ressuscités pour s'amuser et festoyer avec Odin – du moins jusqu'à ce qu'arrive Ragnarök.

1. Lee M. Hollander, *Old Norse Poems: The Most Important Non-Skaldic Verse Not Included in the Poetic Edda.*

Si vous craignez que nous, contemporains, ayons tendance à romancer de tels scénarios, demandez donc à un vétéran de la Seconde Guerre mondiale, s'il était « heureux » d'aller au combat.

Par ailleurs, la mentalité religieuse et cosmologique des Vikings, telle qu'elle est décrite dans les anciens textes, vous semble familière ? Les gros titres de la fin du XXe siècle et du début du XXIe siècle répondent par l'affirmative. Nous vivons dans une époque où les fanatiques religieux n'hésitent pas à faire couler le sang et à commettre des atrocités terroristes parce que leur vision du monde leur dit que cela fera plaisir à leur dieu et leur donnera un ticket pour le paradis.

En quoi la cosmologie des Vikings assoiffés de sang diffère-t-elle ? La réponse, bien sûr, se trouve dans une étude des forces historiques qui résistent aux comparaisons superficielles entre différentes époques.

De 800 à 1100 de notre ère, les Vikings se sont aventurés hors de leur Scandinavie natale pour se livrer à des raids et à des pillages dans toute l'Europe occidentale. Leurs bardes ont immortalisé leurs exploits, leurs dieux et leurs héros mortels, et ces récits ont ensuite été rédigés des siècles plus tard par leurs descendants chrétiens.

Sir George Webbe Dasent décrit la *Weltanschauung* viking, ou conception du monde, dans l'introduction de son ouvrage de 1861 *The Story of Burnt Njal,* traduction d'un récit islandais du XIIIe siècle connu également sous le nom de *Njal's Saga,* qui narre les événements ayant eu lieu entre 960 et 1020 :

> « ... car le credo de la race était d'adorer le Grand Père comme dieu des batailles... tout appel aux armes était considéré comme un appel à Dieu. La victoire était en effet le signe d'une cause légitime... mais celui qui la perdait, s'il tombait courageusement et comme un homme... allait, par la façon dont il mourait, vers un lieu meilleur. Le Père des morts le voulait, et il était accueilli par les valkyries, les chasseurs de cadavres d'Odin, au banquet de Valhalla. À tous points de vue, guerre et bataille étaient une chose sacrée. »[2]

Crawford se penche également sur l'ancienne *Weltanschauung* viking. Compte tenu de la rareté des ressources naturelles et des terres agricoles disponibles, les raids des Vikings, à la recherche de nourriture et de trésors, « n'ont pas dû sembler plus problématiques sur le plan éthique

2. George Webbe Dasent, *The Story of Burnt Njal.*

que le fait de tuer un animal pour sa chair et sa peau. » C'est ainsi que les agressions belliqueuses, qui assuraient leur survie, devinrent une vertu aussi bien chez les Vikings que chez leurs dieux. Mais les Vikings n'étaient pas immoraux. Au contraire, l'honneur prévalait et s'obtenait par la bravoure sur les champs de bataille et une éthique de travail qui assurait la protection et la survie de la famille et du clan, même si cela impliquait violence et agression.[3]

Guerber note que « les traits les plus distinctifs de cette mythologie [nordique] sont un humour sinistre particulier, que l'on ne retrouve dans aucune autre religion, et un fil noir de la tragédie qui traverse toute la trame. »[4]

La croyance selon laquelle certains défunts seraient conduits par une magnifique valkyrie au Valhalla constitue peut-être le seul soutien moral dont disposaient les guerriers vikings pour supporter les brutalités de leur vie quotidienne.

Mais comment et pourquoi les corbeaux sont-ils amenés à jouer un rôle de premier plan dans les vies, les légendes et la mythologie des Nordiques ? Comment sont-ils devenus inexorablement mêlés aux récits de la férocité et des effusions de sang, mais aussi des triomphes et de l'héroïsme de la période viking ? À l'instar d'autres cultures, les Scandinaves ont vite remarqué que les corvidés sont des charognards qui ne font aucune distinction entre les cadavres humains, canins, volatiles ou d'autres créatures.

Mais la symbiose entre les Nordiques et les corbeaux est plus profonde, comme le démontrent les noms très perspicaces donnés aux corbeaux d'Odin : Hugin (Pensée) et Munin (Mémoire). La croyance intuitive des Scandinaves dans le fait que les corbeaux posséderaient une sorte de connexion surnaturelle avec leurs dieux n'est pas le fruit du hasard. Comme nous l'avons vu dans le chapitre « Futés corvidés », il est désormais prouvé que les corneilles et les corbeaux détiennent une forme de pensée et de mémoire plus développée que chez la plupart des animaux. Les Nordiques n'avaient pas besoin d'être particulièrement malins, bien qu'ils l'étaient, pour constater que oui, ces oiseaux réfléchissent. Ils sont pourvus d'une ingéniosité et d'une intelligence et agissent en conséquence. Ils ont aussi de la mémoire, au point de reconnaître les visages

3. Jackson Crawford, *The Poetic Edda*.

4. H. A. Guerber, *Myths of the Norsemen from the Eddas and Sagas*.

humains. Comme l'ont démontré les étonnantes expériences de John Marzluff avec les corneilles, ces volatiles utilisent leur mémoire à des fins pratiques, évaluant même qui est un « bon » ou un « mauvais » humain, et transmettent cette information à leurs congénères qui n'auraient pas eu d'interactions directes avec cette personne.

Pour comprendre à quel point cette prise de conscience a dû être surprenante pour les Scandinaves, rappelez-vous la première fois que vous avez vu un animal sauvage accomplir des exploits incroyables à la télévision. Ou peut-être avez-vous eu la chance de voir de vos propres yeux ces activités époustouflantes dans la nature. Ceci dit, n'oubliez pas que les corvidés, ainsi que les grands singes et les dauphins, ont des capacités qui surpassent celles de la majorité des créatures.

Il convient de le répéter : les corvidés prospèrent sur tous les continents, sauf l'Antarctique. Leur omniprésence atteste de leur intelligence supérieure à celle de la plupart des humains qu'ils rencontreront, que ce soit dans la nature ou en milieu urbain.

Alors que j'écrivais ces lignes assis dans l'arrière-cour de mon nouvel ermitage, le nouveau couple de corneilles, nommées Boga et Baca, était perché patiemment dans un pin au coin de mon jardin, lorgnant sur les crackers que j'avais éparpillés sur la pelouse. Moins d'une semaine après leur première apparition, elles avaient pris l'habitude de revenir presque chaque matin chez moi pour un petit-déjeuner. Pendant ce temps, des troglodytes de Caroline, ainsi que des cardinaux rouges mâles et femelles se promènent dans ma cour, sans se douter que leur instinct les a guidés dans leur quête de nourriture. Toutefois, ils ne se sont pas intéressés aux crackers qui étaient à leur portée. Un nouveau visiteur, un écureuil que j'ai baptisé Acro (en raison de ses sauts acrobatiques dans les bois derrière ma maison) s'aventura audacieusement jusque dans mon jardin et attrapa un biscuit, sous les yeux de Baca et Boga. Comme ses congénères, Acro ne semblait pas se rendre compte que l'homme qui se trouvait près de lui – moi en l'occurrence – pouvait représenter une menace pour sa vie.

Mais le couple de corneilles n'en pensait pas moins. Ils continuèrent d'agir avec prudence tandis que j'étais à proximité. Alors que je m'aventurais dans mon jardin avec mon appareil pour les photographier, ils se retirèrent sur les branches du pin, tout en criaillant avec les corneilles de mon quartier ou des bois environnants. Une fois que je fus rentré dans ma maison, Boga et Baca firent enfin leur apparition, installés sur la pelouse et dégustant un ou deux crackers. « Tu dois gagner notre confiance », semblèrent-ils me dire.

Les corvidés sont malins. Ils font preuve d'habileté. Ils pensent. Ils ont de la mémoire. Les Nordiques, ainsi que d'autres cultures à travers les millénaires, s'en sont rendu compte. Il y a bien longtemps, un Scandinave aperçut quelques corbeaux qui observaient l'homme parmi eux. Cette personne était frappée par les comportements remarquables et extraordinaires de ces oiseaux.

C'est ainsi que cet observateur sentit/eut l'intuition/crut/sut que ces corbeaux devaient être des créatures surnaturellement douées pour posséder de telles capacités qui dépassent de loin celles de la plupart des animaux de ce royaume terrestre, cette demeure de l'humanité que les Nordiques appelaient Midgard. « Regardez comment ces oiseaux bougent ! Regardez comme ils se comportent ! Ils ont de l'*hugin* (pensée) ! Ils ont du *munin* (mémoire) ! Ces oiseaux doivent occuper une place de choix aux côtés d'Odin, notre Père de Toutes Choses. Ils sont Hugin. Ils sont Munin. »

C'est la leçon tirée de la *Weltanschauung* des anciens Nordiques. Depuis la révolution industrielle, si ce n'est avant, la majorité des humains en sont venus à considérer la terre et ses créatures, son climat et ses paysages, comme des adversaires, des forces à assujettir, à apprivoiser, à exploiter et à dominer au nom du « progrès ».

Mais les anciens Scandinaves, même s'ils ont combattu les rudes éléments de leurs terres natales et ont pillé les ressources avoisinantes, ont également compris que dans leur lutte pour leur survie, la terre – Midgard – était peuplée d'alliés non humains. Des alliés qui aideraient les humains suffisamment conscients, dévoués, avisés et respectueux pour s'aligner sur leurs énergies.

Les corbeaux sont des créatures qui ne se sont pas seulement perchées sur les épaules d'Odin, « le Père de Toutes Choses », « le Dieu-Corbeau », ils l'ont aidé. Sortes de Prométhée volant, les corbeaux ont légué leurs dons à l'humanité.

Verdict : Gaïa fournit des alliés !

CHAPITRE 14

GRIMOIRE : VOTRE BANNIÈRE DU CORBEAU

« Pourquoi devrais-je créer une bannière du corbeau ? vous dites-vous. Je ne m'apprête pas à embarquer sur un drakkar viking pour piller une terre étrangère ! »

Même si votre voie païenne n'est pas celle de l'Heathenisme ou de l'Ásatrú[1], si vous créez une bannière du corbeau, vous canaliserez de manière palpable l'esprit de ce lien ancien entre les Nordiques et le corbeau.

Une fois de plus, vous disposerez d'un outil magique qui sera plus puissant si vous l'avez fabriqué vous-même.

N'oubliez pas ceci : les bannières riches en symboles, les étendards héraldiques, les oriflammes et les gonfalons, avec leurs lions rampants et leurs fleurs de lys, ont été utilisés de manière quasi magique pendant des siècles. La Hermetic Order of the Golden Dawn[2], société magique fondée en 1887 à Londres, utilisait des bannières colorées à emblème géométrique. Pourtant, en dépit de cette riche histoire, créer une bannière du corbeau vous procurera un objet magique peu courant chez les magiciens, sorcières et païens modernes.

Employez votre bannière du corbeau comme un étendard héraldique. Exposez-la devant votre porte d'entrée, votre maison, dans votre arrière-cour, votre jardin, ou sur votre arbre spirituel. Le message de votre bannière sera clair : « L'Esprit du Corbeau (ou de la Corneille) réside ici. »

Comme chez les Vikings, elle pourra constituer un outil de divination, ce que j'appelle l'augure fortuit (nous en reparlerons un peu plus tard dans ce chapitre).

CE DONT VOUS AUREZ BESOIN

- Un petit morceau (60 x 60 centimètres) de tissu ocre ou blanc, comme de la toile de canard en coton naturel, de la toile de jute ou de la toile Aïda (traditionnellement utilisée pour la broderie au point de croix). Vous pouvez aussi prendre un tissu moins rigide, qui sera plus sensible au vent et donnera plus de vie à la bannière.
- Deux marqueurs indélébiles noirs à pointe souple (ou des feutres), l'un à pointe large et l'autre à pointe fine, ainsi qu'un crayon à mine tendre.

1. Religions païennes nordiques.
2. L'ordre hermétique de l'aube dorée, N.D.T.

- Une feuille de carton (pour créer un modèle, un patron) et d'une feuille de papier format A4 (pour exercer vos talents de dessinateur – facultatif).
- Une cheville en bois, de 60 à 90 centimètres de long et de 6 millimètres à 1,2 centimètre de diamètre.
- De la ficelle, de la corde en sisal ou toute autre corde, décorative ou non, d'environ 3 à 6 millimètres d'épaisseur.
- Des ciseaux.

CONTEXTE

L'histoire nous apprend que les bannières du corbeau nordiques étaient un instrument de guerre, un outil magique que les guerriers – enfin, que les filles de Ragnar Lothbrok et la mère de Sigurd des Orcades, Audna – ont créé pour prophétiser les succès des Vikings dans les affrontements à venir et les motiver tandis qu'ils dégainaient leurs épées et marchaient vers leurs ennemis. Les bannières n'ont pas été spécifiquement conçues comme des amulettes ; toutefois, à chaque fois que les ailes du corvidé battaient, assurant la victoire, les Vikings se sentaient favorisés par le Wyrd – le destin – et protégés par Odin et d'autres dieux.

Une bannière du corbeau ne doit pas nécessairement être un instrument de guerre ou d'agression. La présence du corbeau n'est pas non plus une obligation. Fabriquez une bannière de la corneille, et vous aurez un outil magique et une autre façon d'invoquer et de canaliser l'Esprit de la Corneille, de voyager vers un passé lointain dans lequel l'artiste de Lascaux sentit la nécessité de peindre la première représentation de la magie de la corneille.

Comme les mots, l'art visuel est magique. Au cours de mes trente années de rédacteur spécialisé dans les arts et le divertissement, j'ai eu le privilège d'interviewer de nombreux créateurs, dont des peintres, des sculpteurs et des artistes multimédias, païens ou non. Cela m'a permis de m'aventurer dans leurs psychés et d'être émerveillé par leurs créations. Et j'ai ressenti une énergie rituelle se manifester chaque fois que je créais une œuvre d'art, qui combine photographie et art numérique.

J'utilise peu la plume, mais je possède toujours le premier dessin de Cernunnos que j'ai créé et sur lequel je continue de m'émerveiller. À l'époque, au début des années 1990, je débutais mon chemin païen tout en travaillant dans un journal à Daytona Beach, en Floride. Installé à mon bureau, je pris un bloc-notes et un crayon rouge, et j'esquissai un bonhomme allumettes représentant Cernunnos, le dieu celte aux bois de cerf. Bien qu'il s'agisse d'un portrait rudimentaire, je reste ébahi par l'esprit et l'énergie cinétique qui s'en dégage, des décennies plus tard. Même si je n'en étais que vaguement conscient à l'époque, à ce moment précis, je canalisais Cernunnos.

| L'ART EST MAGIQUE

Mes nombreux amis artistes, certains païens, d'autres non, ayant un penchant pour la métaphysique ou non, ont tous créé des œuvres qui sont de véritables portails vers une conscience et/ou une divinité supérieure.

Comme le remarque l'artiste et sorcière Laura Tempest Zakroff :

> « J'utilise le terme d'"alchimie visuelle" pour décrire succinctement le point de rencontre entre l'art et la magie. Nous pourrions dépeindre l'alchimie visuelle comme la magie que nous pouvons voir combinée aux pouvoirs de ce que nous pouvons faire. Mais qu'est-ce que la perception ? C'est bien plus que ce que nous voyons avec nos yeux ; c'est ce que notre cerveau choisit de nous communiquer, les signaux d'une multitude de sens partageant les informations, et la capacité d'imagination... L'alchimie est l'étude et l'application des procédés magiques de transformation et de création, imprégnés d'esprit... L'alchimie visuelle est le processus de transformation de la pensée (conscient ou non) en une expérience plus tangible. »[3]

« Le flux créatif est un état transcendant en soi », dit l'artiste et païen Paul B. Rucker qui, avec Helga Hedgewalker, grande prêtresse gardnérienne et sorcière, ont fondé la Third Offering Art Gallery, une exposition d'art présentée en même temps que la Paganicon conference, événement annuel qui se tient dans la région de Minneapolis.[4]

« Créer de l'art peut être une forme de méditation profonde », affirme Rucker, qui se décrit comme un « artiste visionnaire ».

3. Laura Tempest Zakroff, *Visual Alchemy*.
4. Rick de Yampert, « Pagan Artists Present Third Offering at Paganicon ».

Parfois, la transe issue de la création artistique s'apparente à un rêve lucide au réveil. Mircea Eliade, spécialiste des religions, a décrit le voyage du chaman comme « un cycle ». Le chaman va « d'ici », le monde ordinaire, à « là », le monde des esprits ou l'autre monde, afin de recevoir un enseignement, une vision, de vivre une expérience profonde d'une réalité plus élevée. Pour achever le cycle, le chaman doit revenir avec l'aide d'un remède, un enseignement ou quelque chose qui bénéficie à la communauté, et qui nécessite une technique « d'extase », comme il la nomme. Il n'est pas si difficile de se rendre dans l'autre monde – les gens prennent de la drogue ou recourent à d'autres moyens pour obtenir un état de conscience altérée. Il est plus ardu de ramener quelque chose qui peut être partagé avec tous.[5]

Son besoin de créer de l'art, explique Rucker, est sa « méthode pour acquérir "une technique d'extase" afin qu'une partie du feu sacré du plan visionnaire puisse être retenue dans quelque chose dans lequel les autres pourraient s'engager ici, dans ce monde. »[6]

Pour Hedgewalker, qui a fréquenté l'école d'art de l'Institut Pratt à Brooklyn et obtenu une licence en communication visuelle, « l'art que je fais en dehors de mon travail constitue un acte magique pour moi… Habituellement, mon meilleur travail est réalisé dans un état de transe, et quand j'atteins ce flux, je crois que les dieux se font connaître et que je ne suis qu'un canal pour eux ».[7]

L'art visionnaire devient-il un acte magique pour les spectateurs ? « Grands dieux, je l'espère ! répond Hedgewalker, dont les peintures sont parues dans le *Llewellyn Astrological Calendar* de 1997. Chez moi, j'ai plusieurs œuvres dans lesquelles résident des divinités, jure-t-elle. Leurs yeux me suivent quand je marche dans la pièce. L'art devient une passerelle vers leur royaume spirituel si le spectateur est prêt pour cette expérience. »[8]

Rucker mentionne son interprétation de Malek Taus, l'Ange-Paon, « une divinité tutélaire de première importance pour les Yézidis de Syrie, et pour la tradition Feri ». Son image est devenue virale sur

5. *Ibid.*
6. *Ibid.*
7. *Ibid.*
8. *Ibid.*

Internet, et les réactions à son œuvre l'ont amené à croire que les gens la percevaient comme « un portail véritable et authentique vers l'Ange-Paon »[9].

Rucker affirme que « le but essentiel de l'art païen » est de « faire entrer la magie sauvage de l'Autre Monde dans celui-ci », de « préparer correctement le terrain pour qu'un dieu ou une déesse soit réellement présent »[10].

Ainsi, la fabrication d'une bannière du corbeau est une invocation de la « magie sauvage » de l'Esprit de la Corneille ou du Corbeau dans ce monde.

PRÉPARATION

Pour créer une *bannière* du corbeau, déterminez d'abord votre objectif. Que vous souhaitiez que votre bannière soit avant tout un instrument d'augure fortuit ou un drapeau héraldique est une question à la fois pratique et magique-métaphysique, et déterminera le type de matériau à utiliser. Un tissu rigide, comme le coton naturel, la toile de canard ou la toile Aïda, sera visible et stable quand il sera hissé en haut d'un mât en bois, et sera moins sensible au vent ; votre corbeau ou votre corneille n'en paraîtra que plus fort et dominant. Une matière plus légère et douce comme un drap permettra à votre oiseau de battre plus facilement des ailes dans le vent, lui procurant une présence plus vive. Si vous voulez jouer les Vikings et employer votre bannière pour la divination (même si vous n'avez pas prévu de vous lancer dans une bataille !), choisissez un tissu léger (voir p. 153 « Utilisez votre bannière pour l'augure » de ce chapitre).

Cependant, sachez que vous ne faites pas un choix entre une bannière héraldique et un instrument d'augure, car votre bannière assurera les deux fonctions. La sélection de votre matériau vous rappelle que le banal et le magique sont inévitablement liés. Si vous pratiquez la magie de la bougie, le choix de votre bougie affectera le processus. Si vous lisez les cartes de tarot, les illustrations et l'esthétique générale de votre jeu joueront un rôle.

9. *Ibid.*
10. *Ibid.*

Prenez les deux marqueurs noirs indélébiles. Si votre bannière est dehors, veillez à choisir une encre résistante à l'eau.

| LIBÉREZ VOTRE MUSE

Il n'y a qu'une seule astuce pour exploiter la magie de l'art visuel : ne réfléchissez pas, faites-le !

Enfant, vous étiez certainement un artiste, il n'y a donc aucune raison de croire que vous ne possédez pas une âme d'artiste. Les anthropologues sont certains que le dessinateur de Lascaux n'a pas reçu de cours particuliers.

Ignorez votre voix négative intérieure, prenez un crayon ou un pinceau, invoquez la déesse ou le dieu de votre choix, et laissez votre muse - oui, vous en avez une - s'ébattre sur le papier.

N'essayez pas de devenir le prochain Van Gogh, Picasso ou O'Keeffe. Vous cherchez à ouvrir un portail entre les mondes terrestres et les autres royaumes et à voir ce qui se passe. Ne jetez pas vos premières ébauches, même si elles vous semblent grossières ou enfantines, et placez-les dans votre journal magique. Je suis heureux d'avoir conservé mon premier Cernunnos, que j'ai esquissé il y a plusieurs années. Ce n'est que bien plus tard que j'ai compris qu'il était, et demeure, un marqueur important de mon parcours païen, alors naissant. Au fil du temps, son pouvoir magique s'est considérablement accru.

ACTIONS

Avant d'utiliser vos marqueurs, prononcez à haute voix une invocation simple et spontanée à votre muse pour la réveiller, la respecter et solliciter son inspiration. Créez votre propre invocation, qui peut ressembler à ceci :

> *« Esprit de la Corneille/du Corbeau, viens danser avec ma muse un pas de deux de chair, de plumes, de sang, d'esprit et d'os, sur la poitrine de Gaïa. Béni soit-il. »*

NOTE SUR LE PROCESSUS

Vous pouvez créer une image spontanée de votre corneille ou de votre corbeau ou, comme moi, choisir une approche plus réfléchie, ou bien encore trouver un équilibre entre les deux. Gardez à l'esprit que la création impulsive possède sa propre magie, puissante et singulière. Tandis que la partie rationnelle et pragmatique de votre cerveau (la science ne reconnaît plus le fonctionnement cérébral comme une division gauche-droite) est excellente pour passer des tests de mathématiques, elle a en revanche tendance à sur-analyser et à vider les processus créatifs de leur substance vitale. La zone mystique et intuitive de votre cerveau, porte d'entrée vers l'esprit, le rêve, les autres royaumes et les réalités non ordinaires, contournera votre cerveau pragmatique et vous permettra d'invoquer, par exemple, un corbeau violet à deux têtes.

De nombreux artistes de rock ont avoué lors d'interviews qu'après avoir enregistré de nombreuses prises d'une chanson en studio, ils réécoutaient leur première version et comprenaient qu'elle recelait une magie puissante, spéciale. Votre première esquisse de corneille ou de corbeau sera peut-être votre œuvre la plus magique.

FAITES COULER L'ENCRE

Si vous souhaitez vous entraîner, jetez vos idées sur les pages de votre journal magique (revoir le chapitre « Tenez un journal magique »), pimentant ainsi son contenu jusqu'à ce qu'il ressemble à un *Livre des ombres*. Vous pouvez vous inspirer de mes images de corneilles, avec des têtes orientées d'une certaine façon, des ailes battantes, etc., sur le site mistercrowart.com. Ces photos ne sont jamais retouchées.

Après avoir incorporé vos dessins dans votre *Livre des ombres*, ébauchez des images de corbeau ou de corneille sur un brouillon, afin de vous habituer à croquer de plus grandes représentations. Si vous êtes sûr de vous, vous pouvez tracer le contour de votre oiseau sur du papier carton. Cela servira de patron pour votre tissu. Faites donc en sorte que l'image ait la taille que vous souhaitez pour votre corvidé sur la bannière.

Découpez l'image sur le papier carton, puis choisissez une table de travail adaptée où vous commencerez à appliquer l'encre sur votre tissu. Selon la matière utilisée, l'encre peut passer à travers ; veillez à placer un drap ou autre sous votre future bannière. Même si un marqueur vous procure plus de contrôle, l'encre peut toutefois couler sur certains tissus. De fait, votre croquis gracieux et discipliné d'un corbeau peut s'infiltrer dans le tissu et le faire ressembler à une tache de Rorschach.

Pour ma bannière, j'ai pris un morceau de tissu beige sable, connu sous le nom de tissu Aïda, de 38 x 45 centimètres. Il a un aspect rustique, comme s'il avait été découpé dans un sac de pommes de terre, comme le faisaient les Vikings il y a un millénaire.

Coupez le tissu selon la taille de votre choix, déposez votre patron dessus et utilisez un crayon à mine grasse pour tracer un léger contour de votre corvidé. Avec un marqueur indélébile, repassez sur l'image tracée au crayon, puis prenez le marqueur à pointe large pour épaissir les lignes. Dans tous les cas, ne vous sentez pas obligé de dessiner un trait continu.

Après avoir ajouté une petite marque incurvée pour indiquer l'œil sur le profil de ma corneille, j'ai été si séduit par la ressemblance de la nature minimaliste de mon croquis avec ces dessins Zentangle que j'ai décidé qu'il était terminé. Conséquence inattendue : j'ai découvert que l'encre de mon marqueur s'était infiltrée dans le tissu, esquissant une agréable image miroir sur l'autre face de l'étoffe, me procurant ainsi une bannière recto verso.

PRÉPAREZ VOTRE BANNIÈRE

Une fois sec, pliez le haut de votre tissu d'environ 3 ou 4 centimètres, puis utilisez avec précaution la jointure de vos ciseaux ouverts pour faire une fente d'environ 6 millimètres à 2,5 centimètres de chaque côté de votre bannière. Dépliez-la et vous obtiendrez une entaille de 1,5 centimètre près de chaque coin supérieur.

Prenez une cheville plus longue de quelques centimètres que la largeur de votre bannière, coupez un morceau de ficelle ou de corde d'environ 45 centimètres plus long que la cheville. Enfilez une extrémité de la corde dans un coin de votre bannière et attachez la corde à la cheville, puis faites de même avec l'autre extrémité.

Votre bannière du corbeau ou de la corneille est prête à être hissée.

POUR ALLER PLUS LOIN

Placez votre bannière autour de votre maison où l'énergie est manifestement présente et/ou en mouvement, qu'il s'agisse de l'énergie de Gaïa, des éléments, ou même de l'aura des gens.
Vous pouvez afficher votre bannière dans votre jardin ou dans tout autre endroit que les corneilles ou les corbeaux fréquentent. Par conséquent, les énergies de Gaïa – le soleil, la brise, les allées et venues des corvidés, des écureuils et des insectes – seront symétriques à celles de votre bannière. Elles se nourriront et se chargeront mutuellement, ainsi que les espaces environnants. Voilà de bonnes ondes.
Hissez votre bannière sur un crochet de suspension pour plantes ou, mieux encore, sur votre arbre spirituel, ou tout autre arbre.
Si vous arborez votre bannière près d'un lieu où les corvidés ont l'habitude de se rassembler, ils la remarqueront et seront sans doute précautionneux, voire frileux, au moment de s'en approcher. C'est ce qui s'est passé quand j'ai accroché ma bannière sur une branche de mon arbre. Le but était que mes corneilles la « consacrent » en se posant dessus. C'est ce qu'elles ont fait, mais après plusieurs heures de méfiance.
Si vous constatez que vos corvidés semblent effrayés par votre bannière, déplacez-la. Actuellement, la mienne est suspendue sur un arbre d'ornement situé à environ six mètres de mon arbre spirituel.
N'oubliez pas que votre bannière placée dehors, exposée à la pluie, au soleil et aux animaux, s'abîmera. Vous pourrez toujours la restaurer.
Autre lieu optimal : près de votre porte d'entrée ou de votre portail, que vous l'accrochiez sur ou au-dessus de la porte, sur une sorte de poteau à l'intérieur ou à côté de votre entrée. Une bannière magique, un talisman ou une amulette devant votre porte d'entrée présente l'avantage que les vents ou les courants d'air transportent leur mojo dans votre maison chaque fois que la porte est ouverte.
Peut-être voudrez-vous aussi disposer votre bannière partout où l'énergie de Gaïa se manifeste chez vous : près d'une fenêtre où la brise insuffle de l'air frais ou où le soleil fait rayonner sa lumière et sa chaleur dans votre demeure, ou à proximité de plantes en pot sur votre balcon... N'importe quel endroit où quelque chose se développe et pousse, qu'il s'agisse de lumière, de chaleur ou de verdure.

UTILISEZ VOTRE BANNIÈRE POUR L'AUGURE

En tant qu'instrument d'augure et de divination, votre bannière canalisera l'Esprit de la Corneille et du Corbeau tandis que vous interprétez ses mouvements comme le faisaient les Nordiques, à ceci près que vous n'aurez pas besoin de hisser votre bannière alors que vous vous dirigez vers une bataille, du moins pas au sens littéral du terme.

Naturellement, votre bannière devra être arborée dans un environnement en plein air où les corneilles ou les corbeaux sont enclins à s'ébattre. Là où Gaïa et les corvidés peuvent activer et interagir activement ou passivement avec la magie de la corneille ou du corbeau.

UNE SIMPLE MÉTHODE D'AUGURE

Votre bannière peut être utilisée pour une technique d'augure de base. Faites face à votre bannière et posez une question fermée : « Dois-je démarrer un nouveau projet de travail avant d'avoir terminé celui en cours ? » « Dois-je essayer de faire cette randonnée difficile dans les bois ce week-end ? »

Ensuite, pendant un laps de temps que vous aurez choisi, attendez d'interpréter un mouvement, si tant est qu'il y en ait. Comme pour les Vikings en maraude, un corbeau ou une corneille battant vigoureusement des ailes sur votre bannière est un signe favorable. À l'inverse, un oiseau qui tombe annonce qu'il faut agir avec prudence ou examiner de façon plus approfondie les ramifications de la décision ou de la croisée des chemins à laquelle vous êtes confronté.

Gardez à l'esprit que les signes prophétiques, les augures, les présages et les lectures divinatoires sont rarement clairs et précis. Vous avez peu de chances de rencontrer un signe si puissant qu'il ressemble à une grande conjonction cosmique et que les dieux et les déesses vous tapent sur les doigts en criant : « Faites attention ! C'est comme ça que ça va se passer ! » Cependant, une bannière inerte n'est pas nécessairement un mauvais présage, plutôt un message du type : « Ralentissez. Réfléchissez. Cherchez d'autres perspectives. » Le plus souvent, toute divination *tendra* vers un résultat ou un autre. Plus vous pratiquerez les arts divinatoires, plus vos expériences (aussi bien la lecture de signes que vos observations sur la façon dont ils apparaissent dans votre vie) affineront votre art et votre intuition. Oui, la divination est un art, pas une science.

N'entreprenez aucune divination avec désinvolture, même s'il s'agit d'une méthode simple, rapide et peu contraignante, comme vérifier à quel point souffle le vent sur les ailes de votre bannière. Si vous recourez aux arts divinatoires, cela signifie que le sujet qui vous préoccupe est suffisamment important pour vous et qu'il nécessite un examen plus minutieux, même si cela ne changera pas fondamentalement votre vie. Réservez le travail de prophétie pour des affaires d'importance.

La divination par la bannière fonctionne mieux avec ce que j'appelle l'augure fortuit ; un signe ou un présage que l'on rencontre de façon inattendue dans la nature, un parc public ou un jardin. Cela concerne l'aéromancie (l'interprétation de la forme des nuages ou de tout autre phénomène atmosphérique), la dendromancie (discernement des signes dans les plantes, en particulier les chênes et le gui) ou l'interprétation de l'apparence et des comportements des serpents, des grenouilles ou de tout autres animaux dont, bien sûr, les corvidés.

Vous tombez sur une chose anormale dans la nature, par exemple un crâne d'animal sauvage déposé sur la branche d'un chêne, et vous vous demandez : « Est-ce un signe ? » De même, vous regardez votre bannière qui bouge dans tous les sens : « Mon corbeau essaie-t-il de me dire quelque chose ? »

Ainsi, vous décelez un signe, ici une bannière qui claque violemment au vent, et vous remontez le fil de votre pensée afin de relier ce signe à ce qui a récemment occupé votre conscience ou votre subconscient. Vous faites l'inventaire des questions cruciales auxquelles vous avez réfléchi ces dernières heures, mais pas au-delà. L'Esprit de la Corneille et du Corbeau, en surgissant dans le battement soudain et vigoureux de votre bannière, essaie peut-être de vous donner son approbation.

Peut-être n'êtes-vous pas à la croisée des chemins. Aucun sujet d'importance n'a récemment occupé votre esprit. Vos expériences avec la bannière refléteront vos rencontres avec les autres présages (supposés) de Gaïa. Pour en revenir à ce crâne d'animal découvert sur un arbre sacré, il se peut que sa présence fasse vibrer votre esprit et votre cœur, et que vous ressentiez cette délicieuse extase qui vous dit que le voile a été levé et que l'esprit communique et communie avec vous. Ou peut-être hausserez-vous les épaules et penserez : « Que dois-je faire de cela ? » Rappelez-vous : la divination et la lecture de présages sont un art et non une science. Il n'est pas nécessaire de forcer un augure à se manifester.

Ne soyez pas surpris si votre bannière s'anime dans un battement d'ailes brusque et synchronisé au moment même où vous envisagez un tournant dans votre vie.

CHAPITRE 15

MYTHE : CORNEILLES DE BATAILLE ET HEAUMES DE CORBEAUX CELTIQUES

Lors de ma première visite en Irlande en juin 1995, alors que j'étais au début de mon cheminement païen, je me suis rendu à la General Post Office de Dublin pour contempler la statue du défunt Cúchulainn, le mythique guerrier irlandais. Attiré par l'île d'Émeraude en raison de mon amour pour le poète William Butler Yeats, la musique folk irlandaise et le groupe U2, je n'étais pas vraiment conscient que je me connectais à mes racines irlandaises.

Je connaissais peu les légendes de Cúchulainn, comme celle du Chien de Culann, ce chien dont le visage et le corps, sous l'effet de la frénésie qu'il mettait au combat, se déformaient en d'effrayantes contorsions qui terrifiaient ses ennemis presque autant que son épée et sa lance. Le fait que je considère Cúchulainn comme une sorte de version irlandaise du Conan le Barbare révèle mon ignorance de la mythologie irlandaise à cette époque – toutefois, j'ai été quelque peu réconforté de découvrir que l'archéologue et celticiste Miranda Green surnomme Cúchulainn « l'archi-destructeur, une machine de combat semblable à Terminator »[1].

Mais j'ai été tout aussi intrigué par la corneille aux ailes déployées, perchée triomphalement sur l'épaule de Cúchulainn. Ce spectaculaire corvidé, que différentes sources fiables identifient tantôt comme une corneille, tantôt comme un corbeau, constitue le point culminant de la statue. L'allure majestueuse de l'oiseau, considérablement amplifiée par sa pose agressive et de défi, saute aux yeux de n'importe quel spectateur.

J'avais vu beaucoup de corneilles chez moi, aux États-Unis ; les oiseaux faisaient partie de ma vie quotidienne, bien que je vécusse à cette époque au cœur de Daytona Beach, en Floride.

Pas besoin d'être un génie pour comprendre que cette corneille en bronze, au cœur de Dublin, était différente. Sans le savoir, j'avais rencontré la Morrigan, la déesse celtique irlandaise de la guerre. Pour la première fois de ma vie, j'avais eu un contact palpable avec la magie de la corneille et du corbeau.

Les anciens Nordiques possédaient des corbeaux qui parlaient aux valkyries, qui hantaient les champs de bataille, qui ornaient leurs bannières de guerre magiques et éprouvées au combat ; et Hugin et Munin, perchés sur les épaules de leur Dieu-Corbeau, Odin. Les Amérindiens racontent depuis longtemps des histoires au sujet de cet oiseau, un

1. Miranda Green, *Celtic Goddesses: Warriors, Virgins, and Mothers*.

farceur métamorphe capable de voler le soleil et les étoiles, de faire parler ses déjections et d'autres frasques surnaturelles (voir chapitre 20, « Les Facéties du corbeau »). Pourtant, les Amérindiens n'ont jamais considéré le corbeau comme une divinité.

Les mythes des Celtes, qui relatent l'histoire de leurs déesses, dieux et combattants, sont encore plus truffés de corbeaux et de corneilles. Contrairement aux Nordiques et aux Amérindiens, les Celtes ont des déesses qui peuvent se transformer en corvidé ; l'archéologue et spécialiste britannique des Celtes, Anne Ross, les appelle « les déesses corbeaux celtes ». Des divinités qui exercent régulièrement « une influence sinistre et oblique » sur les tribus guerrières celtes.[2]

Ces tribus étaient composées d'Indo-Européens qui, du IIe millénaire jusqu'au Ier siècle avant notre ère, se sont propagés dans une grande partie de l'Europe. Ces groupes se sont finalement établis dans les îles Britanniques (dont l'Irlande) et le nord de l'Espagne, et même jusqu'au bord de la mer Noire. « Sur le plan linguistique, ils sont encore présents chez les Celtes actuels d'Irlande, des Highlands d'Écosse, de l'île de Man, du pays de Galles et de la Bretagne. »[3]

De nombreux celtomanes et d'universitaires notent que ces déesses-corbeaux, Badb, Macha et la Morrigan, peuvent être des aspects d'une triple déesse qui est, le plus souvent, désignée collectivement sous le nom de la Morrigan. Cependant, Anne Ross et la prolifique archéologue et spécialiste des Celtes, Miranda Green, ainsi que d'autres spécialistes remarquent que la mythologie celte dénombre en réalité quatre entités surnaturelles diversement connues sous le nom de déesses de la guerre, déesses de la bataille ou furies de la bataille (Green emploie tous ces termes en l'espace de deux phrases dans son livre *Celtic Goddesses*.)[4] Ce quatuor redoutable inclut Nemain, en plus du trio susmentionné.

La mythologie irlandaise est issue d'une tradition orale, tandis que les sources manuscrites des récits les plus importants datent de la fin du XIe siècle jusqu'au début du XVe siècle. La majorité d'entre elles ont été écrites par des moines chrétiens. Au Xe siècle, la langue du pays a évolué de ce que les linguistes appellent le vieil irlandais vers le moyen irlandais. L'irlandais prémoderne, également appelé irlandais classique, a été

2. Anne Ross, *Pagan Celtic Britain: Studies in Iconography and Tradition.*
3. Éditeurs de l'*Encyclopaedia Britannica*, « Celt ».
4. Miranda Green, *Celtic Goddesses: Warriors, Virgins, and Mothers.*

parlé et écrit entre le XIIIe et le XVIIIe siècle, époque à laquelle la langue s'est transformée en irlandais moderne.

Ainsi, les noms des déesses, dieux, rois, reines, guerriers, lieux, êtres surnaturels, tels que le peuple des fées (*aos sidhe*) et des concepts comme l'autre monde (*Tír na nÓg*, « la terre de l'éternelle jeunesse ») varient quand ils sont retranscrits par les spécialistes, du vieil et classique irlandais vers l'anglais. Toutefois, les lecteurs actuels peuvent comprendre que la Morrigan, Morrigu, et même la version moderne de Mr-Roghain, font toutes référence à la même déesse de la guerre, qui entretient une relation amour-haine avec le guerrier Cúchulainn. Pour chaque être, lieu, concept ou récit, je n'utiliserai qu'une seule orthographe, celle qui semble être la plus répandue dans les sources consultées. Seule exception : je retiendrai l'orthographe employée par un auteur lorsque je le citerai.

Concernant les corneilles et les corbeaux, les anciens récits irlandais oscillent entre les deux corvidés lorsqu'ils font référence à la même histoire ou au même incident. Tout dépend du texte source et du traducteur. C'est ainsi que Green, lorsqu'elle évoque « la mort de Cúchulainn »[5], cite les deux corvidés : « La Morrigan [...] ou la Badb perchée sur son épaule en forme de corneille ou de corbeau. »[6] Ross nomme au moins une fois la Morrigan « la déesse corneille-corbeau »[7]. Les deux volatiles apparaissent dans les anciens mythes irlandais-celtiques préchrétiens, dont les variantes Tuatha Dé Danann, « le peuple de la déesse Anu ou Danu, une déesse mère et mère des dieux »[8].

Je m'en remettrai à l'espèce évoquée par l'auteur nommé. On ne saura donc pas si c'est une corneille ou un corbeau qui a mis en évidence le cadavre de Cúchulainn.

LES DÉESSES DE LA BATAILLE

À propos de Badb, Macha, Nemain et la Morrigan, Ross constate que « Morrigan » semble être un terme amorphe qui peut désigner n'importe

5. Cette orthographe est une variante courante.
6. Miranda Green, *Celtic Goddesses: Warriors, Virgins, and Mothers*.
7. Anne Ross, *Pagan Celtic Britain: Studies in Iconography and Tradition*.
8. Daragh Smyth, *A Guide to Irish Mythology*.

laquelle de ces entités.[9] Les spécialistes affirment que « Badb » signifie en irlandais « corneille » ; dans le *Tochmarc Emire* (« *La Courtise d'Emer* »), l'une des histoires du cycle d'Ulster, la Morrigan est décrite comme un *Badb-Catha*, c'est-à-dire « la corneille de bataille ». Le *Sanas Cormaic*, qui signifie « *Le Récit de Cormac* » ou « *Le Glossaire de Cormac* », est un dictionnaire encyclopédique du Xᵉ siècle de plus de mille quatre cents mots irlandais, dont *Macha*, qui signifie « corneille ». Cormac mentionne également que Macha possède un mât composé de têtes abattues, provenant de guerriers tués au combat.

Nemain est généralement traduit par « frénésie », faisant référence au chaos et à la terreur de la guerre, tandis que *Morrigan* est traduit par « grande reine », « reine fantôme » ou même, selon Ross, « reine des démons »[10].

Cependant, l'Irlandais W. M. Hennessy voit *Badb*, et non *Morrigu*, comme le terme collectif pour les entités qui règnent sur les batailles. Il interprète Nemain, Macha et Morrigu comme des divinités distinctes, et les désigne comme les « soi-disant sœurs de Badb. » Il compare Nemain à Éros, car elle « confondait ses victimes avec la folie ». Macha « se délectait » du carnage des batailles. Morrigu « incitait » les guerriers « à des actes de bravoure, ou à planifier des luttes et des batailles »[11].

Dans une combinaison d'étymologie, de biologie et de mythologie rare chez les spécialistes des Celtes du XIXᵉ siècle, et plus particulièrement dans la partie biologique de l'équation, Hennessy évoque les furies de la bataille dans « The Ancient Irish Goddess of War », une conférence donnée à la Royal Irish Academy en janvier 1869. Il s'agit d'une autre version de son essai *On the Goddess of War of the Ancient Irish*.

Hennessy dit :

> « *Bodb* ou *badb* [est un terme] signifiant à l'origine rage, furie ou violence et impliquant une sorcière, une fée ou une déesse, représentée par l'oiseau connu sous divers noms désignant une corneille, et non un corbeau comme Mr Pictet semble le penser... Les anciens

9. Anne Ross, *Pagan Celtic Britain*.

10. *Ibid*.

11. https://www.sacred-texts.com/neu/celt/aigw/aigw01.html

> traités, romances et batailles préservés dans nos manuscrits irlandais fourmillent de détails concernant cette Badb-Catha et ses soi-disant sœurs, Nemain, Macha et Morrigan ou Morrigu (le nom est écrit sous une double forme), qui sont généralement dépeintes comme des furies, des sorcières, capables de confondre des armées entières, même sous la forme d'un oiseau. »

Au début des années 1900, l'anthropologue américain W. Y. Evans-Wentz mena des recherches ethnographiques pour en apprendre plus sur le folklore féerique en Irlande, en Écosse, au pays de Galles, dans les Cornouailles, en Bretagne et sur l'île de Man. Ce travail de terrain et ses études de la mythologie donnèrent naissance à l'ouvrage *The Fairy-Faith in Celtic Countries*, paru en 1911, qui fait état des pouvoirs sinistres et particuliers des déesses de la guerre celtiques, et de la manière dont leurs identités sont mêlées, dans le chapitre « The Sidhe as War-Goddesses or the Badb. » Sidhe est le nom des êtres surnaturels d'Irlande qui descendent des Tuatha Dé Danann, lorsque la race des dieux et des déesses a été conduite sous terre par les envahisseurs humains connus comme les Milésiens (qui sont, comme l'affirme le mythe, les ancêtres des Irlandais actuels). Le mot *sidhe* signifie en irlandais « colline » ou « monticule », et désigne les lieux où vivent les aos sidhe, les « habitants des monticules ». Le terme *aos sidhe* a été dénaturé en *sidhe* pour qualifier les êtres surnaturels.

En plus de citer l'épopée irlandaise *Táin Bó Cúailnge*, dans laquelle Cúchulainn subit l'influence et les machinations des déesses de la guerre, Evans-Wentz cite aussi l'un de « nos témoins », en l'occurrence l'un des citoyens irlandais qu'il a interrogé :

> « C'est sous la forme d'oiseaux que certains des Tuatha Dé Danann apparaissent comme déesses et cheffes de guerre, et nous apprenons de l'un de nos témoins que la *gentry* (la noblesse anglaise non titrée, N.D.T.) ou les sidhe modernes prennent désormais parti lors de grandes guerres, comme celle entre le Japon et la Russie. »[12]

Mais c'est la Morrigan, écrit Green, qui est la déesse de la bataille irlandaise la plus importante, à la fois dans le cycle d'Ulster et dans le cycle mythologique, qui constituent deux des quatre principaux cycles de la mythologie irlandaise, qui inclut également le cycle

12. Evans-Wentz, *The Fairy-Faith in Celtic Countries*.

Fenian et le cycle historique. Elle traduit le nom de Morrigan en « reine fantôme »[13].

LA PHILOSOPHIE DES ANCIENS CELTES

Tandis que les corvidés jouent un rôle plus important et plus varié dans les mythes celtiques, les oiseaux ont également exercé une influence considérablement différente sur les anciennes cultures celtiques que sur les Nordiques ou les Amérindiens.

Le code moral des Nordiques était basé sur l'honneur, qui se gagnait principalement par une forte éthique de travail et la bravoure sur le champ de bataille. Rappelons les réflexions de Sir George Webbe Dasent sur la *Weltanschauung* nordique :

> « À tous points de vue... la guerre et les batailles étaient une chose sacrée... Il était bon de vivre, si on s'était battu vaillamment, mais il était bon aussi de mourir, si on était tombé bravement. Vivre et mourir avec courage, en se fiant au dieu des batailles, tel était le credo des guerriers. »[14]

Notons également l'avis de l'historien britannique et spécialiste de la mythologie allemande H. A. Guerber :

> « Les traits les plus distinctifs de cette mythologie [nordique] sont un humour sombre particulier, que l'on ne retrouve dans aucune autre religion, et un fil sombre de la tragédie qui parcourt toute la trame. »[15]

Comme nous l'avons vu, les guerriers vikings dépeints dans les anciennes sagas nordiques se vantaient de nourrir les corbeaux. Ils n'étaient ni intimidés ni découragés, même si leurs bannières du corbeau annonçaient un mauvais présage. La mort d'un Viking pouvait être un ticket d'entrée pour Valhalla, dans les bras d'une valkyrie, assis aux côtés d'Odin, avec hydromel à volonté.

Dans les mythes amérindiens, le corbeau est un *trickster*, parfois cruel, maladroit, espiègle ou provocateur, aussi bien envers les humains qu'envers ses congénères. Mais le corbeau est toujours trop égoïste et en

13. Miranda Green, *Celtic Goddesses: Warriors, Virgins, and Mothers.*
14. Dasent, The Story of *Burnt Njal.*
15. H. A. Guerber, *Myths of the Norsemen from the Eddas and Sagas.*

proie à des manies très humaines pour être véritablement qualifié de malveillant. De plus, sa gourmandise profite tout autant à l'humanité qu'à satisfaire ses propres désirs.

Mais les corvidés du mythe celtique sont différents, même si « l'humour sinistre » de Guerber refait parfois surface, tandis que les actes de bravoure sur les champs de bataille rivalisent avec les récits nordiques.

Le spécialiste des études culturelles irlandaises Daragh Smyth note, à propos de cet humour sardonique, que Cúchulainn repousse les avances de la Morrigan en lui rappelant qu'il « mène une bataille et n'a pas le temps pour "les derrières des femmes" ».[16] Hélas, Smyth ne fournit pas de source pour la traduction des « derrières des femmes ». Voici la réponse du guerrier selon l'universitaire Eleanor Hull :

> « La saison n'est pas opportune pour que tu viennes à nous ; ma floraison est gâchée par les épreuves et, tant que je serais engagé dans cette lutte, il ne me sera pas facile d'avoir des rapports avec une femme. »[17]

En ce qui concerne la valeur de Cúchulainn au combat, le guerrier ulster démontre autant de courage que n'importe quel Viking, tout en sachant qu'il est virtuellement invincible tant qu'il adhère au *geas* (un terme en vieil irlandais qui signifie un tabou), qui lui impose de ne jamais goûter à la chair canine. Une interdiction apparue lorsque enfant, il a tué un chien de Culann, le forgeron, pour se défendre, et qu'il a par la suite juré de devenir Cúchulainn, ou le « chien de Culann ».

Cependant, alors que les corbeaux de la tradition nordique sont vénérés, ou du moins respectés, même à contrecœur, par les Scandinaves, les corvidés des Celtes peuvent se montrer hostiles, voire malveillants, à l'égard des humains et de leurs affaires. Cela est vrai même si Smyth remarque que « contrairement aux valkyries, la Morrigan (dont il dit qu'il s'agit d'un terme générique pour la Morrigan, Badb et Macha) n'est pas la cause directe de la mort du héros »[18].

Mais l'effet malveillant des déesses de la bataille sur les factions irlandaises en guerre n'est pas toujours indirect. Cúchulainn, avec sa remarque désinvolte sur les « derrières des femmes », fait de la Morrigan son

16. Daragh Smyth, *A Guide to Irish Mythology*.
17. Eleanore Hull, *The Cuchullin Saga in Irish Literature*.
18. Daragh Smyth, *A Guide to Irish Mythology*.

ennemie. Celle-ci tente, sans succès, de le contrecarrer et de provoquer sa mort en l'attaquant sous la forme d'une vache aux oreilles rouges, d'une anguille, et d'une chienne-louve gris-rouge.[19]

Ross évoque aussi les affrontements antagonistes de Cúchulainn avec « les corbeaux malfaisants de l'autre monde », dont la décapitation rituelle de l'un d'eux, fut suivie du lavage de ses mains dans le sang des corvidés.[20] Cúchulainn n'entame aucune bataille avec l'espoir de mourir glorieusement et d'être transporté dans un au-delà de boissons et de ripaille aux côtés du père de l'autre monde, le dieu Lugh. Dans le *Tāin* et la plupart des anciens textes irlandais, Cúchulainn n'évoque pas la vie après la mort ; il semble savoir que son corps sera, pour ainsi dire, de la nourriture pour corbeaux et corneilles, et d'autres encore.

Les nombreuses intrusions d'une Badb-Catha, la « corneille de bataille », dans les guerres des anciens Irlandais, l'étrange relation amour-haine entre la Morrigan et Cúchulainn, et la confluence des légendes irlandaises et nordiques des corvidés lors de la bataille de Clontarf de 1014, sont très documentées, d'un point de vue aussi bien mythologique qu'historique. Outre les explorations de cet ouvrage sur les Celtes et les corneilles, vous trouverez dans la bibliographie davantage de récits de conteurs et d'universitaires.

QUAND LES BATAILLES DE CORNEILLES SÉVISSENT

L'histoire nous dit que Fergal Mac Máele Dúin, haut roi d'Irlande de 710 à 722, a littéralement perdu la tête à la bataille d'Allen, dans l'actuel comté de Kildare, contre une armée du Leinster.

Une chronique du Xe siècle relatant cette bataille fournit un compte-rendu effroyable de ce qui est arrivé ce jour-là, résumé par Dáithi Ó hÓgáin, un professeur du folklore irlandais à la University College de Dublin : « [...] la déesse de la guerre [...] appelée "la Badhbh à la bouche rouge et au visage anguleux" aurait poussé un cri d'exultation sur la tête décapitée de Fergal. »[21]

19. Joseph Dunn, *The Ancient Irish Epic Tale Tin B Calnge.*

20. Anne Ross, *Pagan Celtic Britain: Studies in Iconography and Tradition.*

21. Daithi Ó hÓgáin, *Myth, Legend & Romance: An Encyclopedia of the Irish Folk Tradition.*

Les déesses irlandaises de la bataille régnaient sur les champs de guerre de l'ancienne île d'Émeraude, à tel point que dans n'importe quel mythe ou chronique de guerre irlandais, on trouve une déesse corvidé dévastatrice, assoiffée de sang, perfide, liée au destin des hommes ; rôdant, harcelant, passant de la forme humaine à celle d'un corvidé et/ou d'un autre animal, attendant de se repaître de la charogne de la folie humaine.

Green écrit que ces déesses de la guerre « ont combiné destruction, sexualité et prophétie ».[22]

En effet, la Morrigan était la compagne (Ó hÓgáin dit « l'épouse ») du Dagda, que les universitaires désignent comme la principale divinité représentant la figure paternelle dans le panthéon irlandais. Un récit bien connu raconte comment la Morrigan se tient à cheval sur une rivière du comté de Sligo, remplissant son rôle de présage de mort en apparaissant sous la forme de la laveuse du gué (voir chapitre 16, « La laveuse du gué »), lorsque Dagda tombe sur elle et s'accouple avec elle. Comme nous l'avons vu auparavant, une autre célèbre histoire évoque comment la Morrigan tente de séduire le guerrier Cúchulainn.

Par ailleurs, des exemples de prophéties inspirées par les corvidés essaiment dans tout le texte, particulièrement dans les sections consacrées aux augures et à la mort.

En ce qui concerne la partie destruction de la triade de Green, les corvidés qui peuplaient le monde des anciens Celtes n'avaient certainement pas le monopole de la violence guerrière, comme le prouvent les exploits des Vikings dans les anciennes sagas scandinaves. Les déesses de la bataille de la mythologie irlandaise semblent toutefois plus actives, voire prédatrices, comparées aux entités surnaturelles, affiliées ou non aux corvidés, dans d'autres cultures.

Eleanor Hull écrit que les trois déesses de la guerre – la Morrigan, Badb et Macha – « apparaissent fréquemment avant ou pendant une bataille » et « montrent leur partialité ou leur aversion pour les guerriers se battant pour ou contre elles ». Les sagas irlandaises citent la bataille de Moira, historiquement documentée, comme « le giron de Badb », tandis qu'à la bataille de Mag Lena, « Badb à la bouche bleue et au fort croassement se réjouissait de l'ampleur du banquet fourni

22. Miranda Green, *Celtic Goddesses: Warriors, Virgins, and Mothers.*

par les hommes morts ». (Rappelons la description précédente de Badb « à la bouche rouge », une apparence plus probable en raison du carnage sanglant de la bataille.) Hull observe également que « ces trois féroces et terrifiantes déesses étaient capables de se changer en merles ou en corneilles. Il est possible qu'elles soient apparentées aux valkyries ».[23]

Les déesses de la guerre irlandaises ne s'engageaient généralement pas physiquement au combat. Leur modus operandi était psychologique et magique. Elles étaient les instigatrices de la guerre. Leur allégeance à l'un ou l'autre camp était capricieuse et imprévisible, à l'image de la guerre elle-même. Leur présence pouvait avantager une armée ou annoncer le pire. Leur simple apparition ou leurs cris stridents pouvaient faire trembler les guerriers, voire les faire mourir de peur. Chacune des furies terrorisait les combattants en se transformant en corneille ou en corbeau ; ces corvidés sont qualifiés par Green de « sinistres charognards noirs de la mort ».[24]

Mais Ó hÓgáin cite des récits dans lesquels les déesses de la guerre se sont activement jointes au combat. Pendant la mythique première bataille de Moytura, également orthographiée Moytura ou Mag Tuired, les Tuatha Dé Danann affrontent leurs ennemis, les Fir Bolg. Les Tuatha sont aidés du trio des furies – Badb, Macha et la Morrigan – qui « se tiennent sur la colline de Tara et lancent des pluies magiques et des masses de feu et de sang » sur l'armée des Fir Bolg.[25]

Au cours de la seconde bataille de Moytura, autre confrontation mythique narrée par les anciens textes irlandais, les Tuatha Dé Danann combattent les Fomoires (ou Fomhoire), décrits comme une race surnaturelle malveillante, « monstrueuse » ou « démoniaque », hostile envers les dieux et les humains. La Morrigan épaule le dieu irlandais Dagda « en privant le chef des Fomoires du “sang de son cœur et des reins de son courage” », selon Proinsias Mac Cana.[26] La Morrigan fait également convoquer les poètes d'Irlande par Dagda et leur ordonne de « chanter des sortilèges » contre leur ennemi.

23. Eleanor Hull, « Observations of Classical Writers on the Habits of the Celtic Nations, as Illustrated from Irish Records », *The Celtic Review 3*.

24. Miranda Green, *Celtic Goddesses*. Voir aussi Mac Cana, *Celtic Mythology*.

25. Daithi Ó hÓgáin, *Myth, Legend & Romance*.

26. Proinsias Mac Cana. *Celtic Mythology*.

De tels récits démontrent que la Morrigan est une déesse complexe de la fertilité, de la sexualité, de la mort, de la destruction, de la guerre et de la souveraineté, et est une protectrice du peuple.[27]

Green, dont les ouvrages démontrent qu'elle est au fait des pratiques païennes anciennes et modernes, note que la Morrigan a annoncé la fin du monde après la seconde bataille de Moytura, qui a eu lieu lors de Samain, la fête du feu et des récoltes, dans la nuit du 31 octobre au 1er novembre, « une occasion dangereuse où le temps et l'espace étaient suspendus, où les barrières entre les mondes surnaturels et terrestres étaient temporairement dissoutes, de sorte que les esprits pouvaient interférer dans les affaires humaines, et que les mortels pouvaient pénétrer dans les royaumes des morts ».[28]

Comme le montre la traduction de 1891 de *The Second Battle of Moytura* de Whitley Stokes, la prophétie de la Morrigan, également attribuée à Badb, est si terrible et inquiétante qu'en comparaison, les visions de Nostradamus paraissent bien dérisoires.

Toutefois, les spécialistes soulignent que le rôle le plus important de la Morrigan n'est pas celui de déesse de la fertilité ou de la souveraineté, mais de la guerre. Un guerrier qui, un jour, croisa le chemin de la laveuse du gué, assista au présage de sa propre mort. Comme l'expliquent les textes anciens, dans le vacarme de la bataille, les combattants pouvaient entendre son rire, qui les faisait trembler d'effroi.

Ó hÓgáin soutient que c'est la Badb, et non la Morrigan, qui apparaît dans la plupart des anciens textes irlandais comme déesse de la guerre. Il poursuit en notant que son nom désigne une corneille et reflète l'occurrence réelle de ces « affreux charognards hantant les champs de bataille ». La Badb, ajoute-t-il, se délecte du « massacre pour son propre plaisir ».[29]

La Badb hante le roi Conaire dans *The Destruction of Dá Derga's Hostel*, un mythe du cycle d'Ulster retrouvé dans divers anciens manuscrits. Les plus anciens d'entre eux datent de 1100, bien que les universitaires affirment que le texte originel remonte à plusieurs siècles plus tôt.

27. Daithi Ó hÓgáin, *Myth, Legend & Romance*. Also Green, *Celtic Goddesses*.
28. Miranda Green, *Celtic Goddesses*.
29. Daithi Ó hÓgáin, *Myth, Legend & Romance*.

Dans la traduction de 1901 de Whitley Stokes, la Badb, « ses lèvres... sur un côté de sa tête » et « jetant le mauvais œil sur le roi et les jeunes qui l'entourent dans l'auberge », affronte et déconcerte Conaire. La sorcière énumère alors trente et un noms, dont ceux des trois déesses de la bataille irlandaises, Badb, Némai (Nemain) et Mache (Macha). Elle incite également Conaire à violer son interdiction selon laquelle il ne doit pas « recevoir la compagnie d'une femme après le crépuscule », provoquant sa perte. « Après cela, ils éprouvèrent une grande répugnance et un mauvais pressentiment ; mais ils n'en connurent pas la cause. »[30]

Nemain, dont le nom signifie « frénésie », est la déesse la moins citée dans les mythes irlandais et les récits historiques. Fidèle à son nom, son modus operandi magique consistait à susciter la peur et la panique chez les guerriers, les poussant à commettre des massacres irréfléchis et gratuits.

Cúchulainn reçoit une aide surnaturelle considérable de la part de Nemain alors qu'il est sur le point de batailler contre les guerriers des quatre autres provinces d'Irlande, comme relaté dans la traduction de Hennessy du *Táin*, dans le *Book of Leinster* :

> « La Nemain, c'est-à-dire la Badb, sema la confusion dans l'armée ; et les quatre provinces d'Eriu se précipitèrent sur les pointes de leurs propres lances et armes, si bien qu'une centaine de combattants moururent de peur au milieu du fort et du campement cette nuit-là. »[31]

Cúchulainn n'est pas le seul guerrier dans le *Táin* à être tourmenté par les déesses de la bataille. MacRoth, le messager principal de la reine Maeve de Connaught, et Fergus, un roi irlandais exilé à Connacht qui s'est allié à Maeve et à ses armées, assistent à un spectacle terrifiant : « Trois démons de bataille à la bouche rouge et en forme de corneille tournaient autour d'eux aussi vite que des lièvres, encerclant les trois tours à roues. »[32]

Peu de temps après, l'inconstante Morrigan délivre une prophétie funeste, destinée à semer la crainte chez les deux opposants.

C'est cette nuit-là que la Morrigan, une fille d'Ernmas, vint et s'employa à fomenter des querelles et des dissensions entre les deux camps, et elle prononça ces mots à la tombée de la nuit entre les deux campements :

30. Whitley Stokes, « The Destruction of Dá Derga's Hostel ».
31. W. M Hennessy, « The Ancient Irish Goddess of War »
32. Joseph Dunn, *The Ancient Irish Epic Tale Táin Bó Cúalnge.*

« Les corbeaux piqueront
Le cou des hommes !
Le sang coulera
Dans les combats sauvages !
Les peaux seront déchiquetées ;
Craquelées par le butin !
Le flanc des hommes sera percé
Au cours des braves batailles. »[33]

Dans les années 1800, l'expression « le brouillard de la guerre » a été inventée pour exprimer l'angoisse, l'incertitude, la confusion et la terreur vécues par les armées au cours des batailles. Pour les anciens Irlandais, le brouillard de la guerre survenait sous l'apparence d'une corneille ou d'un corbeau.

LE CASQUE AU CORBEAU DE CIUMEŞTI

Les ennemis d'une armée celtique, vers 200 avant notre ère, ont été confrontés à une vue étrange et terrifiante. Ils ne faisaient pas seulement face à la pointe de la lance du chef des Celtes, mais aussi au bec pointu du corbeau de leurs adversaires, perché sur la tête du chef !

Les comptes-rendus historiques ne permettent pas de savoir ce que pensaient les rivaux des Celtes de ce corbeau de bataille. L'ont-ils perçu comme un corbeau de chair et d'os ou comme une sorte de créature surnaturelle ? Ou, dans la chaleur et le brouillard de ce qui est aujourd'hui la Roumanie, étaient-ils capables de voir la réalité de la chose : que ce corbeau, même avec ses ailes battantes, était façonné dans du bronze et d'aûtres parties du heaume des guerriers celtiques.

L'histoire nous a fourni le véritable artefact, découvert en 1961 à Ciumeşti, en Roumanie, que Paul MacKendrick appelle une « nécropole celtique ». Le site d'inhumation comporte également une cotte de mailles, des grèves en bronze, et une pointe de lance en fer, mais pas d'os ni aucune trace de crémation. Les universitaires ont conclu que ce lieu était probablement le cénotaphe d'un « prince » tué au combat.[34]

33. *Ibid.*

34. Paul MacKendrick, *The Dacian Stones Speak.*

L'oiseau métallique, long de 33 centimètres et d'une envergure de 22 cm, peut être un corbeau, un aigle ou un faucon, mais « est à l'évidence un totem ». MacKendrick constate qu'un guerrier avec un casque au corbeau apparaît sur le chaudron de Gundestrup, un artefact celtique/thracien du Ier siècle avant notre ère.[35]

Cependant, Green certifie que le heaume de Ciumești est surmonté d'une représentation d'un corbeau, et qu'il a été conçu avec des ailes articulées qui battaient « d'une façon réaliste et troublante » lorsqu'il était porté au cours d'une bataille.[36]

Si l'on oublie un instant l'assertion de Green affirmant que « ces oiseaux sont cruels », l'hypothèse selon laquelle l'oiseau de Ciumești est un corvidé est bien fondée, « le corbeau ou la corneille était l'oiseau de bataille par excellence ».[37] Comme mentionné précédemment, la psyché collective des anciens Celtes, à l'instar de celle des Nordiques, était imprégnée de l'idée que les corbeaux et les corneilles étaient des oiseaux de guerre et de mort, résultant non pas d'une imagination débordante mais de la vue de corvidés hantant les champs de bataille et se repaissant des corps humains.

Tandis que la fascination des Irlandais celtes pour les corneilles et les corbeaux est très présente dans leur mythologie, le casque de Ciumești rappelle une autre anecdote sur les corneilles mentionnée dans les archives : le récit de l'aide apportée par une corneille déchaînée au commandant romain Marcus Valerius Corvus alors qu'il affrontait un guerrier gaulois dans un combat au corps à corps. (voir chapitre 10, « Marcus Valerius Corvus et la corneille de bataille »).

Nous ignorons si l'époque et le lieu de résidence de Valerius Corvus, qui vécut entre environ 370 et 270 avant notre ère, correspondent à ceux du détenteur du casque de Ciumești. Néanmoins, ces deux anecdotes, en supposant que l'on accorde du crédit à l'historien romain Tite-Live, sont si semblables que l'on peut se demander si le chef de guerre de Ciumești est inspiré par le Romain et sa corneille de combat...

35. *Ibid.*

36. Miranda Green, *Animals in Celtic Life and Myth.*

37. *Ibid.*

CHAPITRE 16

LEÇONS : LA LAVEUSE DU GUÉ

Trois jours après Samain, je me réveille au cours d'une journée douce et calme de novembre, dans ma maison du centre-est de la Floride. Alors que l'ivresse du sommeil de mon état hypnopompique s'écoule lentement de mon logiciel cérébral, je comprends qu'il y a quelque chose « d'anormal ». Mon rêve, qui m'avait semblé quelconque une nanoseconde plus tôt, persiste et continue de changer de forme, bien que mon cerveau rationnel pragmatique s'efforce de lui donner du sens.

Mon esprit rejoue le film de la nuit dernière, mais ne subsistent que quelques bribes. Soudain, je comprends...

La laveuse du gué ! Un présage de mort... très présent dans mes racines irlandaises.

La femme de mon songe est vêtue d'une robe et d'une capuche gris-noir. Elle est enveloppée d'une brume gris anthracite, comme si un nuage de pluie l'engloutissait. Je ne vois pas son visage. Elle se tient au bord d'un ruisseau, mais les eaux, la rive rocheuse et même tout ce qui l'entoure sont gris.

Elle est occupée par quelque chose dans le ruisseau, mais contrairement au mythe de la laveuse, elle ne nettoie pas des vêtements ensanglantés dans les eaux sombres. Pourtant, je sais qu'il s'agit de la laveuse du gué. Elle incline sa tête dans ma direction. Son visage demeure dans l'ombre, mais je sais qu'elle me regarde.

Je connais les légendes de la lavandière, sorte de créature banshee, que certains récits comparent à la Morrigan. Quoi qu'il en soit, c'est une messagère de la mort. Alors que je me replonge dans mes connaissances de la laveuse et essaie d'en apprendre plus sur mon rêve, un passage du spécialiste des études celtiques et irlandaises James MacKillop me revient en tête :

> « La laveuse du gué est le nom anglais d'une figure familière de la tradition orale irlandaise, gaélique écossaise, galloise et peut-être bretonne, qui apparaît parfois sous différents noms. Présage de mort, elle est parfois belle et en larmes, ou laide et grimaçante. Elle lave des habits ensanglantés au gué de la rivière et se tourne vers celui ou celle qui l'observe pour lui dire qu'il lui appartient. La personnalité de la laveuse dérive peut-être de la Morrigan, bien que Badb puisse jouer ce rôle. Dans la tradition orale irlandaise, la lavandière est presque équivalente à la banshee ; dans la tradition gaélique écossaise, il

s'agit de la bean nighe, Modron chez les Gallois et tunnerez noz chez les Bretons. »[1]

Bien que je ne sois pas un adepte de la Morrigan, je me rends compte que je l'ai rencontrée dans mon rêve, ce qui ne m'était jamais arrivé au cours de mes deux voyages ou après. Jusqu'à maintenant. Et bien que je n'aie vu aucun vêtement ensanglanté, mon cerveau mystique intuitif me dit que c'est dans le rôle de la laveuse que la Morrigan est venue me rendre visite.

Je ne suis pas ébranlé par mon rêve. J'ignore si j'ai déjà craint la mort, mais ma peur subconsciente a certainement été bannie de ma vie après le décès de mon épouse, Cheryl, dans mes bras, chez nous, vaincue par le démon du cancer du sein. Si les Vulcains de Star Trek avaient leur motto, « Longue vie et prospérité », la mort de Cheryl m'a transformé en Klingon : « Puissiez-vous bien mourir ». Je crois que nous espérons tous « bien mourir ».

« Je serai serein quand mon heure viendra », me dis-je.

Ma curiosité m'amène à plonger dans les profondeurs d'Internet, et je suis estomaqué par une image saisissante : la laveuse du gué entourée de corneilles qui tournoient ! L'image accompagne un rituel de Samain-Morrigan de Candice Ruck, même si j'ignore si cette œuvre est la sienne.

Cette image de la laveuse ressemble à mon rêve. En partie. La scène est en noir et en plusieurs nuances de gris. La lavandière se tient au bord d'un lac ou d'un océan, son visage dans l'ombre, ses bras levés et lâchant une nuée de corneilles ou de corbeaux qui volent vers le ciel gris et nuageux.

« Époustouflant », me dis-je.

Ce mélange inattendu entre mon songe et les corneilles me fascine, mais ne m'effraie pas, même si je sais que mythes et folklores, qu'ils évoquent les légendes de la Morrigan et de la lavandière ou non, considèrent les corneilles et les corbeaux comme des présages de mort.

Une semaine plus tard, je vais à Deltona, en Floride, à une cinquantaine de kilomètres de là, pour officier lors d'un mariage entre deux amis. Avant la cérémonie, qui se tient dans la résidence d'un troisième ami, je

1. James MacKillop, « Washer at the Ford ».

me promène le long d'un sentier boisé jusqu'au Sidney Lake, où je vois la plus grande volée de corneilles que j'aie jamais vue !

Une centaine d'oiseaux, voire plus, tournoient, virevoltent et tourbillonnent dans le ciel couvert. Je n'ai jamais vu autant de corneilles en même temps ; tout au plus quinze ou dix-huit volatiles à la fois.

Je suis émerveillé. Je regarde les corneilles pirouetter, danser et s'ébattre dans le ciel au-dessus du lac. Le temps passe. Mon cœur fait des bonds. Je danse avec ces corneilles dans le ciel, et avec Lord Vaillant, Mme Skitta, M. Piggy, Boga et Baca, et chaque corneille que j'ai connue.

La magie de la corneille !

Ma joie n'est pas tempérée par ma prise de conscience soudaine : ceci, le cercle des corneilles, est tristement similaire à l'image de la laveuse du gué vue sur Internet ! Non, la lavandière n'est pas là... pourtant elle est là. Deux visites de la laveuse en une semaine... une messagère de la mort... et dans le sillage de Samain, la grande fête celtique païenne de la mort.

Mon rêve, fait une semaine plus tôt, m'avait fait réfléchir. Mais cette vision, générée par la magie de la corneille, m'a instantanément plongé dans des réflexions plus profondes et plus intenses sur ma propre mortalité.

Mon temps est-il vraiment presque écoulé ?

Je suis troublé mais pas inquiet. Compte tenu de mon amitié et de ma fascination pour les corneilles, j'accueille cette laveuse. Je suis à la fois attiré, subjugué, charmé et étrangement réconforté, bien plus que lorsque je regardais les corneilles dans notre arrière-cour quand Cheryl combattait le démon du cancer du sein. Puis j'ai eu le sentiment qu'au lieu d'être des signes avant-coureurs de la frayeur et de la mort, les oiseaux étaient en réalité des compagnons psychopompes venus nous accompagner, ma bien-aimée et moi, pour nous escorter et nous guider, tandis qu'elle basculait vers l'autre monde.

Si vous êtes un messager de la mort, ainsi soit-il, me dis-je pendant que les corneilles continuent leur douce danse extatique au-dessus de moi. Je suis surpris par la sérénité qui me submerge.

ANNONCIATEURS DE LA MORT

Les universitaires observent l'entrelacement des mythes et des légendes de la Morrigan, de la laveuse du gué et de la bean si, un ancien terme irlandais pour désigner une messagère de la mort surnaturelle ensuite transformé en « banshee » ou « banshie ».

Anne Ross écrit que la Morrigan est une « déesse corneille-corbeau... qui apparaît comme la lavandière du gué prophétique, rôle dans lequel elle a survécu dans la tradition populaire moderne »[2].

Ward Rutherford affirme que la banshee, bien que belle, à la peau pâle et aux longs cheveux, « était un présage de désastre dont le chant » pouvait être entendu à travers l'Irlande et l'Écosse. Elle était « certainement un aspect de la triple Macha (la déesse de la bataille irlandaise) et il est significatif qu'en Irlande, elle était souvent appelée la Badb (autre nom de la déesse de la guerre), et que l'on croyait qu'elle pouvait apparaître sous les traits d'un trio de corneilles encapuchonnés annonçant la mort »[3].

Rutherford poursuit en soulignant que le trio de corneilles de bataille a été vu « se délectant du massacre » à la bataille de Clontarf. Macha serait, elle, apparut à Cúchulainn sous l'apparence de la laveuse du gué. De même, le personnage historique de Strongbow, dont les exploits ont permis d'imposer la présence anglo-normande en Irlande au cours du XIIe siècle, a été prévenu qu'il perdrait l'affrontement à venir lorsqu'il a croisé une sorcière lavant au gué « jusqu'à ce que le sang se répande sur ses mains »[4].

En 1919, Gertrude Schoepperle, une spécialiste de la littérature médiévale celte, française et allemande, cite un texte irlandais. *The Destruction of Da Chocha's Hostel*, rédigé dans sa forme originelle avant le Xe siècle, raconte l'histoire de « l'infortuné Cormac Cond Longas ». Son armée et lui-même sont sur le point de traverser le gué d'Athlone pour se rendre à une bataille lorsqu'ils rencontrent la Badb, surgie sous les traits de la laveuse en train de rincer le sang d'un char. Elle explique à Cormac qu'elle s'occupe de son char. « Mauvais sont tes présages, répond Cormac. Ton chant est sinistre. »[5]

2. Anne Ross, *Pagan Celtic Britain*.

3. Ward Rutherford, *Celtic Lore: The History of the Druids and Their Timeless Traditions*.

4. *Ibid*.

5. Gertrude Schoepperle, « The Washer of the Ford », *The Journal of English and Germanic Philology 18*.

Schoepperle écrit également que Cúchulainn reçoit, si l'on met de côté ses rencontres avec la Morrigan dans le *Táin*, un présage avant une bataille dans le récit *The Great Defeat on the Plain of Muirthemne*. Le druide Cathbad explique au jeune Cúchulainn qu'il a vu « la fille de Badb » lavant l'équipement du guerrier « avec malheur et deuil », présage de mort. Mais Cúchulainn demeure impassible et réplique avec défiance : « Qu'importe que la fée lave mes affaires ? » Sa « consolation » est que la fille de Badb lavera aussi celles de ses ennemis.[6]

L'amalgame des mythes de la laveuse, la Morrigan/Badb et les banshees, et par extension les corneilles, est étudié par la folkloriste Patricia Lysaght. Si les récits décrivent parfois des banshees en train de laver, de telles activités sont attribuées à la Badb ou à la Morrigan dans les anciens textes irlandais, comme le constate Lysaght. Toutefois, dans ce qu'elle nomme « la tradition populaire », le thème des banshees laveuses « est apparemment mentionné pour la première fois dans les *Legends of Connaught* (1839) de Matthew Archdeacon », d'autres références apparaissant dans des « manuscrits folkloriques » des années 1930 jusqu'au début des années 1970. Lysaght en conclut que l'irruption d'une lavandière était probablement plus importante et plus répandue dans les temps anciens que dans les périodes plus contemporaines.[7]

Lysaght continue en notant une distinction essentielle mise en évidence par ses recherches de terrain, menées sous la forme d'un « Questionnaire sur les banshees » remis aux habitants de l'Irlande, et d'une enquête sur les traditions irlandaises du XIXe et du XXe siècle, telles qu'elles apparaissent dans les archives. Ces sources démontrent que les mythes des années 1800 et 1900 ne contiennent aucune preuve solide que les banshees ou les messagers de la mort ne soient « jamais apparus sous la forme d'une corneille ou de tout autre oiseau s'y apparentant. » La croyance selon laquelle les annonciateurs du trépas surgissent parfois sous l'apparence de corneilles « n'a pas existé de mémoire d'homme et s'est probablement éteinte bien avant », tranche Lysaght.[8]

6. *Ibid.*
7. Patricia Lysaght, *The Banshee: The Irish Death Messenger.*
8. *Ibid.*

LA SIGNIFICATION DE LA LAVEUSE DU GUÉ

Je me demande ce que Patricia Lysaght penserait de ma triple rencontre avec le messager de la mort : mon rêve de la laveuse du gué, l'ensorcelante image de la lavandière-Morrigan-corneille découverte en ligne, et l'impressionnante vue de la centaine d'oiseaux volant dans le ciel.

Je n'ai pas l'impression d'avoir reçu la visite d'une banshee. Je pense plutôt qu'il s'agissait de la Morrigan, représentée en laveuse. Pourtant, des années plus tard, je suis toujours en vie, capable de vous raconter cette histoire. Je rappelle que certains adeptes de la Morrigan croient que son apparition augure d'une mort symbolique, non physique.

Si vous croisez la laveuse du gué, la Morrigan ou la Badb sous l'apparence d'une corneille, sachez que sa venue ne signifie pas nécessairement l'imminence d'un malheur. Les lecteurs de tarot connaissent les dilemmes posés par certaines cartes : le Neuf d'épée (cruauté dans le jeu de tarot de Crowley), le dix d'épée (ruine), la Tour, le Pendu, la Mort (bien que la carte de la Faucheuse soit désormais universellement perçue, et à raison, comme une transformation). Chaque fois que ces cartes se manifestent dans un tirage, nous avons tendance à sursauter puis à écarter tout danger. C'est dans notre nature humaine de rechercher la lumière lorsque nous sommes dans les ténèbres ; en courant ainsi vers la lumière, nous éviterons les leçons qui nous attendent dans l'ombre.

La magie de la corneille et du corbeau présente des dilemmes similaires. Comme nous l'avons vu, les sagas des anciens Nordiques et Irlandais sont inondées de corvidés. Les mythes et les contes populaires des autres cultures associent parfois ces oiseaux à la mort et à l'infortune, ou à la facétie. La sombre réputation de ces volatiles demeure encore aujourd'hui. Parlez des corneilles et des corbeaux à quelqu'un, et vous obtiendrez en retour un sourire… ou un frémissement.

Il nous reste une leçon à tirer de la laveuse du gué, ou plus précisément, tirée des actions de Cúchulainn et de Cormac : au lieu de fuir la lavandière/Badb/fille de Badb, les mythiques guerriers affrontent courageusement le triste destin qui leur est révélé.

Pour les pratiquants modernes de la magie de la corneille et du corbeau, qui ne portent sûrement pas d'épée ou de lance, quel est l'enseignement à apprendre d'une rencontre avec la Badb, cachée sous les traits de la laveuse ?

Comme pour toutes les divinations et tous les présages potentiels, qu'ils soient recherchés ou imposés, essayez de percevoir les connexions et les synchronicités avec ce qui se passe dans votre vie. Ne forcez surtout pas ces connexions. S'il n'y en a pas, dites-vous que cette rencontre, bien qu'intrigante, doit demeurer un mystère jusqu'à ce que davantage de simultanéités vous soient révélées, si elles le sont un jour.

Parfois, le voile entre ce monde et l'autre monde ne s'ouvre que partiellement, dévoilant un aperçu attrayant mais non concluant. Il arrive que les émissions de ce que le psychonaute et spécialiste des dauphins John Lilly appelle un « centre de contrôle des coïncidences cosmiques » soient sens dessus dessous dans notre cerveau, après avoir été filtrées par nos sens faillibles, limitées et facilement trompées. Pourquoi devrions-nous nous étonner que les communications surnaturelles nous perturbent alors que les échanges humains quotidiens sont parfois mal compris et amènent à des malentendus ?

Oui, un contact avec la Morrigan-Badb-laveuse peut être surprenant, voire déconcertant. Que vous ayez la conviction que cette vision est un présage de mort symbolique ou de mort réelle, souvenez-vous de ceci : il s'agit certainement d'un signe pour contempler la « vue d'ensemble » de votre position actuelle, afin d'évaluer les objectifs et les rêves que vous espérez toujours atteindre, et la « mort » des aspirations que vous avez abandonnées, et les raisons pour lesquelles vous l'avez fait.

C'est le signe, comme l'a écrit le poète anglais Andrew Marvell au milieu du XVIIe siècle dans son poème[9], qu'il faut reconnaître que dans notre dos, nous « entendons sans cesse le char ailé du Temps qui presse ; devant nous gît, inexploré, l'ample désert d'Éternité »[10]. Il est temps de comprendre que la roue de l'année wicca ne s'applique pas seulement à trois cent soixante-cinq jours, mais à l'arc de notre vie. Embrassons nos ombres jungiennes et rejoignons Shiva Nataraja dans sa danse éternelle et cosmique de la naissance, de la mort, et de la renaissance.

Leçon : tenez compte du « char ailé du Temps. »

9. À sa timide maîtresse (N.D.T.)

10. Andrew Marvell, « To His Coy Mistress » *Poetry Foundation*.

CHAPITRE 17

MYTHE : LES AUGURES DES CORVIDÉS

Les anciens, qu'ils soient Celtes, habitants de l'île de la Tortue, (que certains peuples autochtones du nord-est de l'Amérique désignent comme la planète Terre), Nordiques, Grecs, Romains ou issus d'autres cultures, ont pris note de l'étendue du vocabulaire des corvidés. Étant donné que les anciens ont également constaté l'intelligence extraordinaire, et de toute évidence surnaturelle, des corneilles et des corbeaux, qui utilisaient des outils, suivaient les loups et les humains en guerre pour se nourrir de leurs prises et faisaient preuve de « pensée » et de « mémoire », il n'est pas surprenant que nos ancêtres aient perçu ces oiseaux comme des oracles. En d'autres termes, compte tenu du fait que ces mystérieux volatiles étaient de ce monde mais que leurs comportements transcendaient ce monde terrestre, les anciens avaient l'intuition que les sons et les actions des corvidés étaient peut-être emplis de la sagesse et de la volonté des déesses et des dieux. Si seulement nous, humains, pouvions les interpréter...

Les anciens Grecs pratiquaient l'ornithomancie, c'est-à-dire la divination par l'observation des oiseaux. Dans la Rome antique, l'interprétation des présages à partir des sons, vols, et autres attitudes des oiseaux était connue sous le nom d'augure. L'interprète, appelé augure ou auspex (celui qui regarde les oiseaux), étudiait également le tonnerre et les éclairs, la conduite des autres animaux et les événements divers pour y déceler des signes des dieux. Ainsi, le mot « augure » est en fait devenu synonyme d'interprétation des présages, quelle qu'en soit la source.

Cet ancien augure des corvidés est préservé, parfois avec des détails précis, dans les archives historiques.

L'édition de 1875 de *A Dictionary of Greek and Roman Antiquities*, édité par William Smith, souligne que :

> « Chez les Romains, seuls quelques oiseaux pouvaient donner des augures. Ils étaient divisés en deux classes : les Oscines, qui fournissaient leurs présages en chantant, et les Alites, qui exposaient leurs augures par le vol. À la première classe appartenaient le corbeau (*corvus*) et la corneille (*cornix*), la première espèce donnant un présage favorable (*auspiciium ratum*) quand elle apparaissait à droite, la seconde, à l'inverse, quand elle surgissait à gauche. »[1]

1. William Smith, « Augur Augurium », *A Dictionary of Greek and Roman Antiquities.*

Dans l'ancien Tibet, un voyageur qui avait vu une corneille criailler et tirer des cheveux humains avec son bec devait frémir, car il s'agissait d'un présage que l'on allait mourir à ce moment-là.

C'est ce qu'affirme un système de divination par les corvidés élaboré, détaillé dans un texte du IXe siècle découvert dans la grotte des Mille Bouddhas dans l'actuelle Chine. L'anthropologue Berthold Laufer explore l'augure des corvidés et remonte jusqu'à ses origines, en Inde, dans l'article « Bird Divination among the Tibetans » paru dans le journal *T'oung Pao*en en 1914.

Le texte tibétain et le commentaire de Laufer n'expliquent pas si ce présage de mort fait référence à une corneille tirant sur un cheveu humain égaré ou sur une mèche encore attachée à une personne.

Le spécialiste des oiseaux, Ernest Ingersoll, livre un aperçu du travail de Laufer, qui inclut la catégorisation des vocalisations de corneilles telles que « le son *ka-ka*... le son *da-da*... le son *gha-gha* », etc. Laufer a également détaillé la construction d'un complexe « tableau mystique » composé de « quatre-vingt-dix carrés, chacun renfermant une interprétation de l'un ou de l'autre son de la voix d'un corbeau ou d'une corneille », ainsi que de mentions de l'heure du jour, la direction de l'appel d'un corvidé, etc.[2]

Il s'agit de prophéties telles que :

> « Vous obtiendrez des fleurs et des noix d'arec... Il y aura une nombreuse progéniture... Un roi sera remplacé par un autre... Vous obtiendrez l'accomplissement de vos vœux... Une tempête se lèvera dans sept jours... La misère s'abattra sur vous... Un état de félicité sera atteint. »[3]

Les sombres présages des corvidés pouvaient être ignorés, comme le pensaient les Tibétains, surtout si l'on disposait de viande de grenouille :

> « Quand un présage suscitant de la peur est observé, une oblation doit être offerte à la corneille. Comme la chair d'une grenouille plaît à la corneille, aucun accident ne se produira si vous en donnez à l'oiseau. »[4]

2. Ernest Ingersoll, *Birds in Legend, Fable, and Folklore*.
3. Berthold Laufer, « Bird Divination among the Tibetans ».
4. *Ibid.*

Le spécialiste celtique W. M. Hennessy note, en 1860 :

> « Le croassement de la Badb (une corneille réelle ou la déesse de la guerre irlandaise transformée) était considéré comme particulièrement malchanceux, bien plus que celui d'un corbeau. En fait, il n'y a pas si longtemps, des hommes robustes qui ont entendu le cri d'une corneille un matin ont abandonné d'importants projets prévus de longue date pour le même jour. »[5]

L'Irlandais R. I. Best a traduit ce qu'il appelle « deux bribes du folklore irlandais primitif… écrit par un scribe dans les espaces vierges laissés dans le fameux codex H.3.17 »[6].

L'une de ces « bribes » du manuscrit du XVIe siècle est *Fiachairecht,* traduit par « Mythe du corbeau ». Quant au scribe qui a consigné la liste des présages vocaux des corbeaux, nous devons nous émerveiller de sa capacité, comme celle du chroniqueur tibétain avec son « ka-ka », « gha-gha » et autres, à comprendre et à transcrire les sons de corbeau en intonations humaines. Sans parler de son aptitude à saisir et à interpréter les significations prophétiques des différents appels.

En tant qu'auditeur des corneilles depuis des décennies, je confirme que ces vocalisations sont faciles à distinguer quand on les entend, mais plus difficile à décrire, que ce soit à l'écrit ou à l'oral, notamment si un humain souhaite transmettre sa liste de sons à quelqu'un d'autre. Un cri qui sonne comme « gha-gha » pour vous peut sonner comme « grua-grua » pour moi (voir p. 42 « Parole et langage » dans le chapitre 3, « Observer les observateurs. ») Traduire la langue des corneilles est une science inexacte.

Alors que les archives demeurent mystérieuses à ce sujet, nous nous demandons : le « gha-gha » entendu par le scribe tibétain est-il le « grob-grob » perçu par le scribe irlandais ? Et lorsque nous entendons une corneille ou un corbeau, ce son spécifique peut-il être retrouvé parmi les anciens oracles ?

En ce qui concerne *Fiachairecht,* Best avertit que « dans un traité aussi inconséquent, il est difficile, sans l'appui d'un second manuscrit, d'être sûr de son interprétation, et certaines de ces prophéties sont

5. https://www.sacred-texts.com/neu/celt/aigw/aigw01.htm

6. jstor.org/stable/30005405

véritablement ambiguës »[7]. Best parle visiblement sans ironie quand il remarque que ces prophéties sont « ambiguës » ; on peut supposer qu'il n'avait probablement jamais lu les prophéties de Nostradamus ou entendu la pythie de Delphes murmurer ses douces paroles cryptiques et visionnaires.

Quoi qu'il en soit, parmi les révélations de *Fiachairecht*, il y a le fait que les corbeaux crient « gracc-gracc » si « des invités guerriers ou satiristes » arrivent, tandis qu'un cri au-dessus de la porte signifie « satiristes ou invités de la suite d'un roi qui arrivent ». Un son provenant de l'extrémité nord-est de la maison est un signe que des brigands sont sur le point de voler des chevaux. Un corbeau appelant depuis un oreiller indique que la femme de la résidence va mourir prochainement. Si un corbeau émet des « err-err », alors la maladie s'abattra sur la demeure ou sur le bétail. Dans le cas d'un « carna-carna, grob-grob, coin-coin », des loups vont s'attaquer à des moutons.[8]

Nous, modernes, estimons volontiers les anciennes épopées, de Gilgamesh à Cúchulainn, comme des exemples du voyage d'un héros campbellien. Et plus les exploits surhumains et surnaturels foisonnent, mieux c'est. Cependant, des textes comme les oracles corvidés tibétains et l'irlandais *Fiachairecht*, qui reflètent « des bribes... de folklore » comme le remarque Best, sont facilement appréhendés comme de simples superstitions par les esprits actuels. C'est particulièrement vrai quand nous comprenons qu'un récit de Cúchulainn, par exemple, était un divertissement raconté par les *seanchaís* (conteurs) autour des feux de camp, même s'il faisait aussi office de mise en garde sur les horreurs de la guerre ou la perfidie imprévisible mais inexorable du destin. À l'inverse, nous pouvons supposer que les croyances révélées dans le « tableau mystique » tibétain et le texte du « Mythe du corbeau » des Celtes étaient partagées par les gens du peuple et affectaient probablement dans une certaine mesure la façon dont les habitants vivaient ou abordaient leur vie quotidienne.

Si un corbeau criaille depuis l'extrémité nord-est d'une résidence, vérifiez dès maintenant que votre écurie n'a pas été dévalisée ! Si un corbeau appelle « depuis un oreiller », la femme de la maison va mourir. Un nid de corneilles au milieu des arbres signifie « un grand effroi ». Les corvidés peuvent même annoncer l'arrivée d'un roi !

7. *Ibid.*

8. *Ibid.*

Ces catalogues de présages expliquent rarement pourquoi un « gracc-gracc » indique la venue de guerriers ou de satiristes.

Nous ne pouvons que spéculer sur l'histoire de ces signes, et comment les anciens jugeaient leur efficacité et leur précision. Autrefois, un corbeau a-t-il croassé juste avant qu'un fermier malchanceux ne découvre que ses chevaux avaient été dérobés ? Ou bien trois, quatre, voire une multitude de fermiers ont-ils rapporté un fait similaire pendant un certain laps de temps, au point que cet augure ait intégré le folklore ?

Les scribes qui ont répertorié les oracles corvidés étaient-ils considérés comme divinement inspirés par les dieux ou les oiseaux eux-mêmes ? Le scribe de *Fiachairecht* a-t-il été hanté par la Morrigan ou par Badb ? Ou ces anciens chroniqueurs étaient-ils simplement les Stephen King, Rod Serling et Amazing Criswell (l'extravagant voyant) de leur époque, c'est-à-dire de fabuleux fabulistes ?[9]

Que pensaient les anciens de la sagesse de leurs augures selon laquelle les divers présages, dont le tonnerre ou les cris des corneilles et des corbeaux, étaient favorables s'ils étaient perçus sur la gauche, et malheureux s'ils avaient lieu sur la droite ?

C'est ce que disaient les oracles de la Rome antique. Néanmoins, comme l'observe de façon sarcastique le philosophe romain Marcus Tullius Cicero, ou Cicéron, en 44 avant notre ère, le paradigme gauche-bon, droit-mauvais était inversé de l'autre côté de la mer Ionienne, chez les anciens Grecs.[10]

Perspicace, fonctionnel et efficace, le cerveau rationnel pragmatique voudra savoir, comme Cicéron, le pourquoi et le comment qui se cachent derrière l'acceptation d'un présage comme exact.

Mais même le cerveau mystique intuitif d'une personne a besoin de s'accrocher à quelque chose, de tangible ou non, comme un document dans lequel quelqu'un mentionne : « À sept reprises, le mois dernier, j'ai vu quatre corneilles dans un laurier de mon jardin ; dans les trois jours qui suivirent, j'ai reçu la visite d'un inconnu ! »

À Cicéron s'oppose, seize siècles plus tard, Hamlet, le Danois mélancolique de Shakespeare. Une vieille rengaine que les sceptiques considèrent

9. Criswell, *Criswell's Forbidden Predictions; Based on Nostradamus and the Tarot.*

10. Cicéron, *On Old Age. On Friendship. On Divination.*

comme une réponse facile des adeptes du New Age, des travailleurs de lumière, des païens, des physiciens quantiques ou de quiconque s'appuyant sur le mantra de Hamlet pour répondre aux critiques sur les arts divinatoires : « Il y a plus de choses sur la terre et dans le ciel, Horatio, que n'en rêve votre philosophie. »

Il convient également d'ajouter, comme l'écrivit Virginia Woolf, « vers décembre 1910, le caractère humain changea »[11]. Ou peut-être est-ce arrivé lorsque débuta la révolution industrielle à la fin des années 1700 ou à un autre moment de l'histoire, quand les humains se réveillèrent un matin et ne comprirent pas que notre lente et inexorable aliénation de Gaïa avait commencé, quand nous avons délibérément et inconsciemment pris nos distances avec la grande Terre Mère, ses créatures, ses topographies tantôt nourricières, tantôt rudes, et ses magnifiques mystères.

Ce n'est pas un secret : nous n'avons jamais été aussi éloignés de Gaïa et de la nature. Nous oublions que les graines, la terre, l'eau et le soleil ont créé la nourriture que l'on achète au supermarché. Chaque jour, les vents fouettent les cumulus et les cirrus pour former une nouvelle tapisserie dans le ciel azur, mais seules quelques personnes prennent plus de cinq secondes pour les admirer. Une corneille subtilise une frite tombée sur le parking d'un fast-food, et seuls quelques observateurs comprennent que les ancêtres de cette créature magique et sensible fascinaient nos aïeux humains il y a dix-neuf mille ans, immortalisés sur un mur de la grotte de Lascaux.

Peut-être, dans un passé lointain, Gaïa a-t-elle chuchoté quelques-uns de ses doux mystères, comme elle l'a toujours fait et le fera encore, et un fermier tibétain ainsi qu'un résident irlandais l'ont entendue dire : « Quand une corneille criaille depuis le sud... »

11. Virginia Woolf, *Mr. Bennett and Mrs. Brown.*

CHAPITRE 18

GRIMOIRE : UNE MÉTHODE D'AUGURE DE LA CORNEILLE

Depuis l'origine du tarot, il y a presque six cents ans, les cartes ont évolué, passant d'un jeu à un outil de divination qui a englobé divers systèmes occultes et ésotériques, de nombreuses dispositions de cartes, et une liste croissante d'images symboliques, allant de la vie médiévale européenne aux traditions celtiques des sorcières et des dieux grecs aux chats, dragons, base-ball et corneilles et corbeaux.

Comme le montre ce livre, les corvidés ont joué un rôle dans les pratiques divinatoires des anciens Grecs et Romains, des Celtes, des Nordiques et des autres cultures, jusqu'aux sorcières et aux païens actuels. Le tirage du tarot de la corneille détaillé dans les sections suivantes par la suite est une méthode pour explorer et fusionner les héritages divinatoires des cartes et des corvidés.

CE DONT VOUS AUREZ BESOIN

- Votre jeu de cartes de tarot favori (qui n'a pas besoin d'être basé sur le thème des corneilles).
- Un niveau intermédiaire de connaissances et d'expérience avec le tarot.
- Une bonne compréhension des différents jeux, des méthodes de lecture et des tirages vous aidera à prendre conscience et à apprécier les divers mécanismes de la lecture de tarot, ce qu'ils peuvent faire et leur fonctionnement ; il n'y a pas qu'une « bonne façon » de procéder.

CONTEXTE

L'origine des cartes de tarot remonte aux années 1430, en Italie, lorsque le traditionnel jeu aux quatre couleurs a été complété par vingt-deux cartes comportant des dessins allégoriques. Ces nouvelles cartes étaient connues sous le nom de triomphes, ou atouts, reflétant la manière dont elles étaient utilisées. Ces cartes, comme le Fou (ou le Mât), le Bateleur, l'Empereur, les Amoureux, la Roue de la fortune, le Pendu et le Diable existaient déjà en 1500.[1]

Vers 1870, en France, les cartes, portées par la riche symbolique des atouts, commencèrent à effectuer des associations occultes et à être de plus en plus utilisées pour la cartomancie.

1. Cynthia Giles, *The Tarot: History, Mystery, and Lore.*

Alors qu'un certain nombre d'occultistes, d'organisations occultes ou ésotériques et de facteurs sociaux ont contribué au développement des cartes comme outil de divination, cet aspect a été considérablement amplifié par l'essor de la Hermetic Order of the Golden Dawn, à Londres dans les années 1890. Après la dislocation de la Golden Dawn vers 1903, la divination par le tarot s'est consolidée lorsque des anciens membres de la Golden Dawn, A. E. Waite et l'artiste Pamela Colman Smith, ont créé le jeu Rider-Waite (appelé plus tard jeu Rider-Waite-Smith), publié par la Rider Company en 1909.

Les cartes de tarot continuent de proliférer aujourd'hui, avec des douzaines de nouveaux jeux mis en vente chaque année, présentant soit des images et des concepts traditionnels reconfigurés, soit de nouvelles idées.

Les corvidés forment une symbiose naturelle avec le tarot pour une raison évidente : depuis l'Antiquité, les corneilles et les corbeaux sont considérés comme des messagers capables de voyager entre le monde terrestre et les autres royaumes. Les corbeaux d'Odin, Hugin et Munin, en sont de parfaits exemples. Dans la mythologie tibétaine, un corbeau « est un messager de l'Être Suprême »[2]. Les corbeaux et les corneilles étaient sacrés pour Apollon ; quand le corbeau informa le dieu grec que sa bien-aimée Coronis l'avait trompé avec un mortel, l'enragé Apollon brûla les plumes de l'oiseau, qui passèrent du blanc au noir. Ce récit, et d'autres encore, est relaté dans les *Métamorphoses* du poète romain Ovide.

| LES MÉCANIQUES DU TAROT COMME DIVINATION OU EXPLORATION DU SOI INTÉRIEUR

Bien que ces anciens scribes de la prophétie des corvidés aient pu être embrassés par Gaïa et avoir accès à ses connaissances semi-secrètes, j'ai toujours fui les systèmes d'oracle qui s'appuient sur un catalogue de correspondances, à l'instar de ces vieux dictionnaires de rêve : « Si vous voyez/entendez/rêvez ceci, alors ça signifie cela. » Un songe à propos de lapins évoque la sexualité ou, à l'inverse, la timidité. Vous rêvez de table ? Sans doute avez-vous des problèmes que votre subconscient aspire à « mettre sur la table » et à révéler. Et ainsi de suite.

2. Edward Allworthy Armstrong, *The Folklore of Birds*.

De tels systèmes sont, à mon sens, trop inflexibles et limités. Comme nous l'avons vu dans le chapitre « Les augures des corvidés », l'oracle tibétain affirme qu'à chaque fois qu'une corneille criaille d'une certaine façon, « si le son vient du nord, un roi fera son apparition ». Dans le *Fiachairecht* irlandais, à chaque fois qu'un corbeau croasse « au-dessus de la porte, des satiristes ou les invités d'une suite royale feront leur arrivée ».

Désormais, ces textes sont facilement et rapidement disponibles pour les chercheurs du XXIe siècle, qui peuvent les consulter ou les utiliser à leur guise, que ce soit pour la divination, pour le divertissement ou simplement pour compléter l'histoire des corvidés, des présages et des oracles.

J'avoue n'avoir employé aucun de ces systèmes comme oracle, mais j'ai parcouru leurs textes afin de savoir si les « ka-ka » ou « da-da » des corneilles des Tibétains, ou les « bacach » ou « grob-grob » des corbeaux d'Irlande sont analogues aux sons émis par Lord Vaillant, Mme Skitta, M. Piggy, Baca, Boga, Bella, Bola et les autres membres de mon clan de corneilles. Dans le cas de *Fiachairecht*, c'est très probable, comme le montrent les travaux celtiques cités dans ce livre.

Voici la réponse désinvolte qui pourrait être faite à mon rejet apparent de ces anciens oracles : « Donc, à chaque fois que j'entends une corneille criailler depuis le nord, le roi va me rendre visite prochainement ? » Vous comprenez le dilemme, même si on remplace roi par président, ministre ou préfet.

Peu importe leur efficacité, les oracles tibétain et irlandais conservent une fonction inestimable et précieuse pour quiconque pratique la magie de la corneille et du corbeau. Leur existence même est un autre rappel de la connexion profonde et mystique entre les corvidés et l'humanité à travers les siècles.

Désireux d'explorer cette connexion et les aptitudes spirituelles et pratiques des corvidés, j'ai eu l'idée de créer une lecture de tarot de la corneille. En résumé, les corneilles battent les cartes.

Cette méthode suppose de connaître les bases du tarot, le pourquoi et le comment de chacune des soixante-huit cartes de sagesse chargées de mythes, d'images archétypales et de correspondances magiques, astrologiques et kabbalistiques. Si vous êtes un néophyte, de nombreuses ressources sont disponibles dans des livres ou sur Internet.

Ce procédé exploite fortement les multiples relations qui existent entre les sept cartes d'un même tirage, nécessitant une grande attention et une intuition qui va au-delà de la simple disposition passé-présent-futur.

Voici un simple (et peut-être trop réducteur) test pour évaluer vos aptitudes à la lecture de tarot : comment réagissez-vous au Diable, à la Mort ou au Dix d'épée quand ils apparaissent dans un tirage ? Si ces cartes vous perturbent et que vous les considérez comme sombres, terribles, voire catastrophiques, ou à l'inverse, si vous ne vous attardez pas dessus et échouez à voir leur côté ténébreux, acquérez d'abord un peu plus d'expérience dans la lecture de tarot avant de revenir vers cette méthode.

Toutefois, je précise qu'à l'instar de toutes mes approches du tarot et des oracles, la technique du tarot de la corneille est autant un moyen d'explorer son être intérieur qu'une méthode de divination.

Considérez cette technique comme une manière de stimuler de nouvelles façons de sonder les circonstances de votre vie, vos réponses à ces circonstances, vos émotions, vos processus de prise de décision, vos relations, vos comportements, votre honnêteté dans l'évaluation de vous-même. En clair, tout sujet sur lequel vous passez du temps à réfléchir.

Le tarot est un outil incroyable pour faire face et jauger ce chaudron débordant qu'est votre conscience, mais aussi les royaumes plus vastes de votre subconscient. C'est là que résident les pensées et les souvenirs qui vous sont familiers, mais aussi ceux qui vous semblent totalement étrangers, comme si une créature de Star Trek s'était glissée dans votre oreille et s'enfonçait dans votre esprit et votre âme pour insinuer de curieuses visions. Rappelez-vous que tout ce que vous avez vécu, rencontré, pensé, lu, vu, goûté, senti, entendu, touché, craint, aimé et détesté se trouve quelque part, dans votre matière grise.

Prenons également en compte que les traditions ésotériques et les *Weltanschauungs* de certains maîtres de sagesse affirment que notre subconscient contient des connaissances cachées, occultes, acquises par des voies indirectes : l'inconscient collectif de Jung, par exemple, ou les annales akashiques de la théosophie, l'anthroposophie de Rudolf Steiner ou la faculté X de Colin Wilson.

Et voici le secret pas si secret : les cartes peuvent jouer un rôle divinatoire, en suggérant des possibilités qui nous attendent. Sondez les domaines plus profonds de votre conscience et ceux plus ténébreux de votre subconscient ; vos découvertes affecteront ouvertement et subtilement votre esprit, votre cœur et votre âme. Peut-être commencerez-vous à « prophétiser » des événements de votre vie.

Vous deviendrez votre propre oracle.

PRÉPARATION

Avant de poser vos mains sur vos cartes et de procéder à votre première lecture, lisez attentivement le reste de ce chapitre. Ensuite seulement, vous pourrez revenir à la « Préparation ».

| CHOISISSEZ VOTRE TAROT

Quel tarot faut-il utiliser ? Le tarot du corbeau de M. J. Cullinane est un jeu de cartes enchanteur qui capture l'esprit du corbeau ou de la corneille, même s'il recourt à la symbolique et à la structure du jeu de Rider-Waite-Smith. J'ai souri la première fois que j'ai vu le Pendu, me remémorant ce moment incroyable où j'ai vu une vraie corneille qui se pendait à un arbre de mon arrière-cour, semblable à l'image de cette carte.

Le tarot du cri des corbeaux, du dessinateur de BD italien Corrado Roi, est magnifique et sombre, physiquement et métaphysiquement. La version standard est en noir, blanc et gris, tandis que l'édition de luxe contient de subtiles touches écarlates dans les scènes médiévales, amplifiant l'aura macabre et gothique du jeu.

Toutefois, je n'utilise pas ces jeux de cartes uniquement pour mes tirages de tarot de la corneille. Vous pouvez et devriez prendre n'importe quel jeu de cartes avec lequel vous ressentez un lien. Pour moi, cela inclut le tarot Morgan-Greer (je l'emploie chaque fois que je ressens le besoin d'utiliser l'imagerie médiévale classique des îles britanniques) ; le magistral et très ésotérique tarot de Thoth d'Aleister Crowley, peint par Lady Freida Harris ; le Liber T, tarot des étoiles éternelles, inspiré du tarot de Crowley ; et le riche, pan culturel et médiéval, tarot Illuminati, parmi d'autres.

ACTIONS

L'augure du corbeau et de la corneille a vu le jour car les anciens ont remarqué les comportements mystérieux des corvidés ; les humains ont alors commencé à reconnaître et/ou à sentir des correspondances entre ces attitudes et les événements dans le monde réel.

Vous ferez la même chose pour une lecture de tarot de la corneille. Vous vous appuierez sur les observations quotidiennes des corvidés, mais vous les regarderez et les écouterez plus attentivement.

Les nombres sont ici d'une importance capitale, mais vous ne tiendrez pas compte des récits populaires, des comptines ou leurs innombrables variantes qui affirment que voir un nombre précis de corneilles à une heure spécifique présage tel événement. Le grand nombre de variantes – six corneilles sont-elles un signe de richesse ou d'enfer ? – réfute l'efficacité de ce soi-disant augure et souligne les origines ludiques, et parfois sinistres, de ce jeu d'enfant.[3]

Vous devrez d'abord déterminer votre « nombre de corneilles », que vous utiliserez pour cette lecture. Pour cela, notez le nombre de corneilles que vous voyez ou le nombre de criaillements que vous entendez à un moment précis.

Pendant combien de temps comptez-vous et utilisez-vous les observations ou les sons des corneilles ? C'est vous et votre intuition qui décidez. Si je souhaite consulter les cartes aujourd'hui, je me cache derrière ma fenêtre à midi pour comptabiliser les corneilles de mon jardin. Il en va de même si vous dénombrez les criaillements. Vous pouvez rester à votre fenêtre pendant une heure, ou de l'aube jusqu'au crépuscule.

L'avantage de ce comptage est qu'il vous rendra plus conscient de leur présence quotidienne dans votre vie, ou leur absence. Vous pouvez choisir une méthode plus spontanée pour trouver votre chiffre en allant à leur rencontre. Si un groupe d'entre elles arrive soudainement dans votre jardin, comptez-les. Quand j'ai observé six corneilles dans un arbre de mon arrière-cour récemment, ce qui est rare, j'ai su que je devais faire un tirage en me basant sur le chiffre six.

De même, si une seule corneille se manifeste, je note le nombre de criaillements qu'elle émet, généralement entre deux et cinq. Cependant, comme je l'ai écrit, j'ai déjà entendu une série de sept criaillements provenant d'une corneille cachée dans les bois. Une rareté !

3. https://www.birdspot.co.uk/culture/one-for-sorrow-magpie-nursery-rhyme. ; https://birdfact.com/articles/one-for-sorrow-nursery-rhyme-about-magpies#alternativeVersionsOfOneForSorrow.

Quel que soit le nombre final, deux, cinq ou vingt-cinq, il deviendra votre « nombre de corneilles » pour cette lecture. Si par hasard vous n'avez croisé aucune corneille durant le laps de temps que vous avez choisi pour inventorier les oiseaux, interprétez cela comme un signe de renoncement à votre tirage pour ce jour-là.

| FORMULEZ VOTRE QUESTION

Vous avez décidé de faire une lecture car vous souhaitez explorer et contempler un aspect de votre vie. Vous êtes dorénavant un psychonaute, un explorateur de votre espace intérieur et de l'autre monde mystique ; le tarot sera votre outil pour creuser ces royaumes en lien avec le sujet qui vous préoccupe.

Formulez votre question ou votre demande. Gardez à l'esprit qu'une vague interrogation ou un sujet précis du type « Comment sera ma vie dans les trois prochains mois ? » ou « Que va-t-il m'arriver dans un avenir proche ? » suscitera des réponses ambiguës de la part des cartes. Préférez « Quels sont les facteurs dont je dois tenir compte dans ma recherche d'emploi ? » ou « Mon conjoint semble distant, que se passe-t-il ? ».

J'ai eu beaucoup de succès en formulant mes demandes sous la forme de questions ouvertes tout en n'attendant pas – cela a son importance – que les cartes me répondent par oui ou non. Elles révèlent seulement des tendances vers un côté ou l'autre. Nous ne sommes pas dans une dynamique noir ou blanc, mais plutôt dans celle, taoïste, du yin et du yang. Cette approche permet de concentrer son intention sur une lecture. Je vais vous faire un aveu : j'utilise cette méthode quand je commence à fréquenter quelqu'un ; à un moment donné, je consulte les cartes et demande : « Mme X et moi sommes-nous faits pour être ensemble ? »

| MÉDITATION DE PRÉLECTURE

Quel que soit le lieu que vous avez choisi pour votre tirage, mettez les cartes de côté, fermez les yeux et méditez sur votre question et sur les observations et/ou les criaillements des corneilles qui ont précédé cette session. Vous pouvez aussi invoquer Hugin et Munin, la Morrigan ou le corbeau de l'île de la Tortue, si vous avez l'habitude de travailler avec ces divinités, ses entités, ou si vous ressentez la nécessité de le faire à ce moment-là. L'objectif est double : tout d'abord, concentrer vos pensées. Ensuite, commencer à canaliser l'Esprit de la Corneille, ouvrir son troisième œil, son œil intérieur, son intuition, pour se mettre au diapason des aptitudes et de la nature de ces créatures qui sont venues vous voir, dont l'histoire, l'anthropologie culturelle et la mythologie nous disent qu'elles prospèrent sur la poitrine de Gaïa, tout en transcendant facilement ce monde.

DISPOSEZ LES CARTES

Battez et coupez les cartes puis préparez-vous à les placer pour votre tirage. Suivez le modèle détaillé dans ce chapitre.

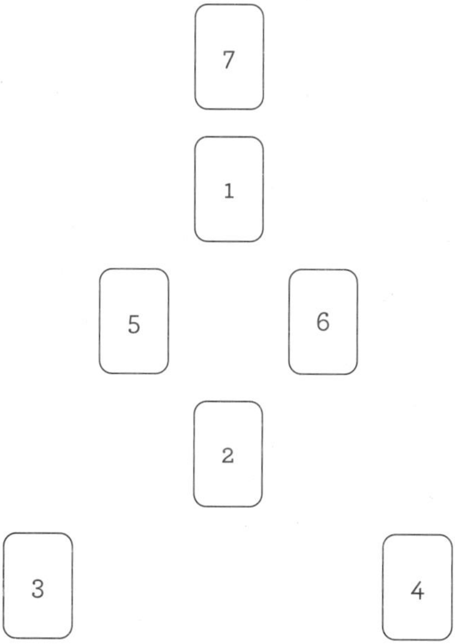

Si votre nombre est le sept, distribuez les six premières cartes, face cachée, dans une défausse. Retournez la septième carte, qui sera au-dessus de votre jeu, et placez-la en première position selon la disposition ci-dessus.

Répétez ce processus : distribuez les six cartes suivantes, face cachée, sur le dessus de votre défausse, puis retournez la septième carte, qui sera de nouveau au-dessus de votre jeu, et placez-la en deuxième position, comme l'indique le modèle, et ainsi de suite.

Si votre nombre est élevé et que vous avez épuisé les soixante-dix-huit cartes avant de finir votre tirage, piochez dans la défausse.

Vous permettez ainsi aux corneilles, celles que vous avez rencontrées, de mélanger les cartes. L'intention est double :

Tout d'abord, vous communiquez avec Gaïa/Terre Mère/la déesse à travers ces créatures. Quoi qu'il arrive durant le reste de la lecture, vous avez ouvert votre royaume intérieur et vous vous êtes placé dans une relation spéciale avec la nature. En tant qu'adepte (ou pas) d'une religion basée sur la terre, vous êtes déjà sorti de la réalité terrestre. Même si, à ce stade de la lecture, ce processus (votre comptage de corneilles) n'a rien d'extraordinaire, entrer dans cette relation avec intention et ouverture est quelque chose que même les plus fervents païens oublient parfois, ou tiennent pour acquis.

Ensuite, en permettant aux corneilles de battre vos cartes, vous vous êtes ouvert, ainsi que votre rituel de lecture (car oui, il s'agit d'un rituel !) à l'énergie et à la synchronicité de l'univers : votre univers, ici et maintenant. En même temps, vous suivez une fois de plus les traces de ces anciennes traditions, celles de l'artiste de Lascaux, la marche des Vikings derrière leur bannière du corbeau, le récit des aventures de Cúchulainn par les *seanchaís*, l'augure de la corneille par les Tibétains, la prophétesse irlandaise méditant sur *Fiachairecht*. Vous canalisez la même énergie spirituelle de l'autre monde perçue chez ces créatures séduisantes qui, me semble-t-il, doivent être des prophètes des royaumes invisibles, des messagers des dieux, les déesses elles-mêmes.

| INTERPRÉTATION DU TIRAGE DE LA CORNEILLE

Voici un aperçu détaillé de mon tirage de la corneille ; oui, la disposition des cartes est une imitation d'une corneille ou d'un corbeau en vol. Cet arrangement permet un usage multiple des diverses relations entre les cartes adjacentes ; certaines d'entre elles auront une double ou une triple fonction selon le sous-ensemble de cartes que vous prenez en compte. Cela signifie qu'une seule carte peut jouer et jouera plus d'un rôle dans cette lecture ; un concept qui irrite certains pratiquants du tarot traditionnel. Mais les gens, les créatures, les lieux et les choses de la vie – et même les dieux et les déesses – ne jouent-ils pas plusieurs rôles chaque jour dans ce monde ?

L'idée maîtresse de cette disposition, la nature première des cartes individuelles et leurs relations, sont abordées juste après. Les significations des sous-ensembles de cartes adjacentes, c'est-à-dire les colonnes et les rangées, sont également évoquées ci-dessous.

Position de la première carte

Cette carte vous représente ou un reflet de votre personne dans votre état actuel, l'essence au cœur de votre question, votre situation, ou l'affaire en cours. Il peut s'agir d'un reflet évident, qui vous fait dire : « Mais oui, bien sûr ! » Si cette carte semble éloignée du sujet qui vous préoccupe, ne vous sentez pas obligé d'intégrer sa signification à votre situation. Cependant, c'est là que le tarot brille, car il éclaire votre moi intérieur. Aussi décalée ou paradoxale que semble être cette carte, n'hésitez pas à explorer ses acceptions et sa possible relation avec votre requête. Toute lecture de tarot ou d'oracle implique bien plus de choses que vous ne le pensez.

Position de la deuxième carte

Cette carte représente un fondement de votre moi actuel ; il s'agit d'un reflet d'une partie de vous-même, une partie de votre psyché, que vous considérez comme un aspect de votre « véritable » personnalité. Plus subtilement, elle peut incarner un aspect dominant de votre état émotionnel ou psychologique, en particulier avant que votre requête n'entre en jeu. En d'autres termes, le « vous avant que les choses ne changent ». Mais ce n'est pas « le » fondement de votre être. N'oubliez pas que nous, humains, sommes des personnes complexes ; peu importe qu'il s'agisse d'une carte de lumière ou non, elle ne représente qu'une partie de votre être… Comme la plupart des choses fondamentales, nous avons tendance à ne pas les voir, nous ne nous y attardons pas, et nous les prenons pour acquises… jusqu'à ce que quelque chose ou quelqu'un ébranle ces fondements.

Position de la troisième et de la quatrième carte

Ces cartes correspondent au passé, qu'il s'agisse de situations, d'événements ou de personnes qui ont affecté le sujet en cours. Comme l'a écrit William Faulkner : « Le passé n'est jamais mort. Ce n'est même pas le passé. »[4]

Position de la cinquième et de la sixième carte

Ces cartes incarnent le présent, qu'il s'agisse de situations, d'événements ou de personnes susceptibles de jouer un rôle dans votre requête.

4. William Faulkner, *Requiem pour une nonne*.

Position de la septième carte

Cette carte est le point culminant ou la résolution de votre demande, la « carte prophétique », la réponse à la question du consultant. C'est la carte qui inciterait le comédien George Carlin à dire : « Soit ça "flambe", soit ça ne "flambe" pas. » (Une référence à son sketch dans lequel il se demande pourquoi il existe trois mots, *flammable*, *non flammable* et *inflammable*, pour exprimer un concept dualiste.)[5]

Le destin ne réside pas dans une seule carte

Toutefois, j'hésite toujours à utiliser le tarot dans une finalité purement divinatoire/prophétique. Je verrai des possibilités ou des tendances révélées dans les cartes, et j'examinerai comment elles peuvent intervenir dans ma situation. C'est en effet la fonction des cartes : le tarot nous mène vers de nouvelles perspectives surprenantes que nous pouvons prendre en considération pour aller de l'avant.

En ce qui concerne la « carte prophétique », en septième position, sachez qu'une carte ne résume pas à elle seule tout un tirage, aussi puissante, déroutante ou stupéfiante soit-elle, même placée au bout du bec du corvidé. Bien qu'un tirage quotidien d'une seule carte de tarot ou d'oracle puisse convenir, il y a une raison au fait que le tarot soit lu dans plusieurs cartes. Le destin ne peut être contenu dans une seule carte. Les possibilités qu'offre la vie sont trop riches et vastes pour être confinées dans une interprétation rigide d'une seule carte, ou même d'un ensemble de cartes. La majorité d'entre nous comprend que l'interprétation rétrospective d'événements, qu'ils aient eu lieu il y a deux ans ou deux jours, peut être trop complexe pour en tirer un quelconque sens.

C'est pourquoi j'ai créé le tirage de la corneille, afin de dévoiler, ou plutôt de prophétiser, deux possibles chemins vers le point culminant du sujet qui vous préoccupe (voir la page suivante sur les piliers verticaux 3-5-7 et 4-6-7). Gardez toutefois à l'esprit que ces voies sont de simples tendances qui peuvent, en retour, inciter le questionneur à prendre des mesures menant à un troisième, voire à un quatrième, cinquième ou dix-septième chemin. L'avenir est muable. Le tarot est davantage un art qu'une science.

5. George Carlin, *On Location at USC*.

INTERPRÉTATIONS PLUS PROFONDES

Voici un aperçu de l'interprétation de cinq sous-ensembles de cartes du tirage de la corneille. Vous arrivez sur un terrain plus familier de la lecture de tarot : considérez ces tirages de trois cartes dans un ensemble plus large de sept cartes. Lorsque vous lisez chaque sous-ensemble comme un groupe, les relations entre les cartes adjacentes, qu'elles soient « amicales » ou « hostiles » l'une envers l'autre, entreront en jeu.

CARTES 2, 3 ET 4

La carte 2 représente un fondement de votre être actuel, le « vous » avant que votre situation actuelle ne commence à affecter et à façonner votre vie. Les cartes 3 et 4 sont des aspects supplémentaires de votre psyché centrale dans le passé immédiat ou peut-être plus lointain. Il s'agit de questions/conditions/comportements/*Weltanschauungs* qui, en ce qui concerne la façon dont ils ont configuré la personne que vous êtes aujourd'hui, sont immuables et ne peuvent être changés. Néanmoins, le passé est évidemment le prologue de l'avenir, et une personne consciente d'elle-même peut prendre cette connaissance et modeler son présent et son futur.

Cartes 1, 5 et 6

La carte 1 vous représente dans votre état actuel, l'essence au cœur de votre requête, de votre situation, ou du sujet qui vous préoccupe. Les cartes 5 et 6 sont des aspects additionnels de votre psyché centrale à l'instant présent, les reflets de vos pensées et de vos émotions, qui peuvent vous être facilement reconnaissables ou, à l'inverse, que vous avez occultée. L'essence de cet ensemble de trois cartes pourrait être résumée dans ce mantra de Socrate : « Connais-toi toi-même. »[6]

Cartes 2, 1 et 7

Considéré comme un pilier, cet ensemble de trois symbolise l'*axis mundi* ou l'arbre du monde, un motif commun à de nombreuses religions, voies spirituelles, mythologies et cultures. Dans la symbologie de l'arbre du monde, ce végétal, à l'instar de tous les arbres vivants et feuillus de ce monde, relie le monde souterrain, le plan terrestre et le monde supérieur. Les racines de l'arbre du monde s'ancrent profondément dans la terre et imprègnent les royaumes chthoniens, la demeure

6. Ernest Barker, *The Political Thought of Plato and Aristotle.*

des défunts et des ancêtres. Le tronc est le pilier du monde connaissable et visible avec sa population, sa faune et sa flore. Les branches supérieures de l'arbre s'étendent vers le cosmos, les cieux, le royaume symbolique des dieux et des déesses, de la sagesse divine, de la conscience cosmique.

Quand on contemple l'aspect de l'arbre du monde du tirage de la corneille, la carte 2 incarne un aspect du savoir ancestral, la sagesse des ancêtres qui s'adressent à vous.

La carte 1 représente une partie de la sagesse du monde ou du bon sens, réimaginé sous le nom de « *life hacks* », ou littéralement « astuces de vie ». Il s'agit du sens commun que nous avons acquis et qui nous aide à naviguer non seulement dans les tâches banales et nécessaires de la vie, mais aussi dans les interactions professionnelles, les complexités des relations personnelles, les mystères de l'amour. Autrement dit, c'est le savoir requis pour gérer toutes les affaires qui occupent notre vie quotidienne. Cette carte rappelle un aspect de votre « connaissance de la vie », une indication pour utiliser une partie de votre intuition de tous les jours, par opposition aux préoccupations élevées de votre troisième œil, cette porte vers les royaumes supérieurs.

La carte 7, cette connaissance du troisième œil, reflète la sagesse de l'âme entraperçue, voire obtenue, à travers la communion avec le divin, la conscience cosmique, ou quelle que soit la définition que l'on donne à ces choses. Quand on regarde le pilier de l'arbre du monde, les attributs de cette carte peuvent être insaisissables ou ambitieux ; c'est un rappel de la façon dont les forces supérieures sont à l'œuvre et jouent un rôle dans notre vie, et que nous ne sommes peut-être pas en mesure de saisir pleinement leur importance. Mais elles sont là. Une fois encore, ce que le scientifique, spécialiste des dauphins et psychonaute John Lilly a espièglement appelé « le centre de contrôle des coïncidences cosmiques » est à l'œuvre.

Les piliers verticaux 3-5-7 et 4-6-7

Chacun de ces piliers, lu de bas en haut comme le passé (la carte d'en bas), le présent (la carte du milieu) et le futur (la carte d'en haut), représente un possible chemin vers l'avenir, un point culminant ou une résolution de la requête du lecteur. Ces deux colonnes peuvent être lues comme des conseils ou des prophéties ; là encore, le consultant est invité à contempler chaque carte dans sa position relative, qui oriente vers certains facteurs qui peuvent éventuellement entrer en jeu, plutôt que comme un jeu rigide et déjà écrit. De tels paramètres peuvent bien sûr modifier n'importe quel scénario qui n'a pas encore été écrit.

L'objectif est d'utiliser la symbologie du tarot pour ouvrir la porte à la conscience supérieure occultée qui réside dans votre espace intérieur et dans la déesse/le dieu, « l'esprit cosmique », « l'âme cosmique », dans ce que le poète William Butler Yeats appelle le « *Spiritus Mundi* ».[7]

Notez que chaque pilier de prophétie culmine dans la même carte future, située au sommet du bec du corvidé. Cela ne signifie pas que chaque chemin mènera vers la même résolution. N'oubliez pas que les bâtons sont hostiles aux coupes, et que les épées sont antagonistes aux pentacles. Ainsi, cette carte 7 peut être influencée, pour le meilleur ou pour le pire, par les cartes 5 et/ou 6.

Il convient également de remarquer que votre parcours influe sur ce que l'on trouve au bout du voyage. Autrement dit, la même destination finale peut être perçue différemment par deux voyageurs qui ont emprunté des chemins distincts.

Lequel des deux piliers doit être pris en compte ? La réponse désinvolte mais honnête est la suivante : qui sait ? Cependant, il est très probable que l'un ou l'autre résonnera davantage avec la situation du requérant, ou que l'intuition conduira un lecteur à suivre une voie plutôt qu'une autre. Un devin avisé peut même considérer que ces deux chemins sont valables, comme le chat de Schrödinger en stase quasi éternelle[8], même si, ou peut-être surtout si, les deux futures voies sont contradictoires. Nul doute que les cartes de chaque chemin dévoileront des aspects cachés de la psyché d'une personne qui la mèneront à un peu d'illumination personnelle.

Le lecteur peut également suivre les traces de l'ancien augure tibétain ou du scribe irlandais à l'origine des prophéties du corbeau de *Fiachairecht*. Si, après avoir terminé la disposition de vos cartes, vous voyez ou entendez une corneille ou un corbeau à votre gauche, tenez compte du pilier gauche. Si un corvidé apparaît ou appelle à votre droite, prêtez davantage attention au chemin situé à droite.

7. https://www.blackletter-press.com/product-page/w-b-yeats-spiritus-mundi

8. Expérience fictive qui consiste à souligner le paradoxe de la superposition quantique.

POUR ALLER PLUS LOIN

Tous les adeptes du tarot tireront profit de l'usage de plusieurs jeux et de diverses dispositions, avec leur intuition comme guide dans leurs choix à chaque fois que se présente l'occasion de lire les cartes.

Cette méthode est certes complexe, et ne doit être employée que lorsqu'une situation nécessite un examen plus approfondi. En d'autres termes, n'y recourez pas si vous hésitez entre des tacos ou un plat chinois pour le dîner.

Toutefois, le comptage des corneilles, qui consiste à utiliser le comportement des corvidés pour vous guider dans le mélange du jeu et la disposition de vos cartes, peut être facilement adapté à n'importe quel tirage de tarot, qu'il s'agisse d'une lecture de trois cartes passé-présent-futur ou d'un tirage de la croix celtique.

CHAPITRE 19

MYTHE : LES MÂTS NON TOTÉMIQUES DES AMÉRINDIENS

Dans notre société moderne, le terme « totem » a acquis un sens plus large, à la fois commun et magique. L'origine de ce mot remonte au milieu du XVIIIe siècle, présent dans la langue ojibwé (appelée aussi ojibwa ou odjibwé) parlée par le peuple amérindien Ojibwé (ou Chippewa) de l'actuel Canada et des États-Unis. Leur *doodem* est un mot qui signifie « clan », mais qui est également associé à certains préfixes pour former des termes tels que *indoodem*, qui signifie « mon clan » selon le Ojibwe People's Dictionary, une ressource en ligne créée par des professeurs et des étudiants du Département des études amérindiennes de l'université du Minnesota.[1]

Par ailleurs, l'universitaire Larry J. Zimmerman écrit que « totem » est « un mot que les anthropologues associent au terme ojibwé *odem*, qui peut être traduit par "village" ».[2]

L'encyclopédie Britannica affirme que le terme « totem » provient du mot ojibwé *ototeman*, qui signifie « frère-sœur de quelqu'un » et « une relation de sang ». L'encyclopédie précise également :

> « En anglais, le mot "totem" a été introduit en 1791 par un marchand et traducteur britannique qui lui a donné un sens erroné en croyant qu'il désignait l'esprit tutélaire d'un individu qui apparaissait sous la forme d'un animal, une idée que les clans ojibwé illustraient en portant des peaux d'animaux. »[3]

Oui, cet incident peut être considéré par de nombreux Amérindiens, et par des peuples non autochtones, comme un exemple précoce d'appropriation culturelle, ou de détournement culturel. Toutefois, la fallacieuse origine du mot anglais « *totem* » ne l'a pas empêché de s'infiltrer dans la langue et de prendre un sens très proche de celui assigné par le marchand britannique. Dans le langage courant, un totem est un animal ou, plus rarement, une plante ou un objet naturel dont la nature ou les attributs ont une résonance spirituelle, surnaturelle avec un individu, un groupe, un clan, une tribu ou une culture, au point que l'animal, la plante ou l'objet est considéré comme l'incarnation d'un esprit tutélaire (gardien). « Totem » peut désigner à la fois cette entité spirituelle, l'animal, la plante ou l'objet lui-même, ou la représentation physique, symbolique de l'animal, de la plante ou de l'objet.

1. https://ojibwe.lib.umn.edu/main-entry/indoodem-nad.
2. Larry Zimmerman, *The Sacred Wisdom of the Native Americans*.
3. https://www.britannica.com/topic/totemism-religion

L'anthropologue social et ethnologue écossais John Ferguson McLennan « The Worship of Animals and Plants », étude publiée dans le magazine *Fortnightly Review* entre 1869 et 1870 soutient que toute l'humanité s'engagea dans le totémisme à un moment ou à un autre de son histoire.[4] Néanmoins, la théorie de McLennan avait ses détracteurs, comme l'ethnologue français Claude Lévi-Strauss qui alla jusqu'à nier avec véhémence que le totémisme avait un quelconque lien avec la pratique religieuse, le reléguant à une sorte de système tribal de taxonomie.[5]

Rappelons qu'en dépit de la signification fallacieuse du mot totem, les croyances et les pratiques regroupées par les ethnologues et les anthropologues sous le terme de totémisme existent indépendamment du nom, erroné ou non, qu'on peut leur donner. Les pratiques totémiques ont essaimé dans de nombreuses cultures à travers le monde bien avant l'apparition du terme totem. Des pratiques qui ont persisté, et persistent encore de nos jours, malgré sa définition trompeuse.

Il convient aussi de noter que les peuples autochtones d'Amérique du Nord, en particulier les Tlingits, les Haïdas, les Chinooks et autres tribus amérindiennes du nord ouest pacifique du Canada et des États-Unis, ont tissé des relations avec les corneilles et les corbeaux comme animaux totems, et ces corvidés ont directement figuré dans leurs légendes, l'art et l'iconographie totémique. En outre, de nombreuses cultures autochtones à travers le monde, comme les Warlpiri, un peuple aborigène d'Australie, et les Birhors du Jharkhand, en Inde, ont un ensemble de croyances et de pratiques similaires qui relèvent du totémisme, au sens large du terme.

Zimmerman remarque que les animaux jouent un rôle majeur dans la mythologie amérindienne, et que selon ces mythes, dans les temps antiques, « les hommes et les animaux étaient indiscernables et pouvaient changer d'apparence comme bon leur semblait. Les *tricksters* apparaissent fréquemment sous la forme d'animaux afin de donner de précieuses leçons de morale à leurs voisins humains » tandis que nombre de mythes mettent en scène des mariages entre humains et bêtes. Il poursuit en constatant que, alors que « quelques clans se considèrent comme les descendants directs d'un esprit animal ou d'un

4. https://www.newworldencyclopedia.org/entry/John_Ferguson_McLennan

5. Claude Lévi-Strauss, *Le totémisme aujourd'hui.*

totem… la plupart des tribus croient que les animaux et les hommes sont étroitement liés ».[6] Par exemple, un animal totem peut avoir aidé les ancêtres d'une personne à chasser ou à guider un humain perdu vers sa demeure.

Les individus qui n'appartenaient pas à une société ou à un clan construit autour d'un totem pouvaient développer leur propre relation avec un animal totem, qui devenait leur guide spirituel personnel. On pensait souvent que les clans et les individus adoptaient les caractéristiques de leur totem spirituel.[7]

MÂTS TOTÉMIQUES VERSUS MÂTS NON TOTÉMIQUES

L'anthropologue Edward Malin évoque l'époque où il était membre de l'US Navy, pendant la Seconde Guerre mondiale, et où il tomba sur la photo d'un village de mâts totémiques dans un coin reculé de l'île de Vancouver, au Canada. Étudiant à l'université du Colorado après la guerre, Malin s'est mis en quête du village.

Après une traversée pénible sur des cargos et des chalutiers, il est arrivé au village, situé près d'Alert Bay, juste avant le lever du jour. Il y découvrit des mâts totémiques qui, pour une raison inconnue, ont été déplacés de la rue du village, comme le montre la photo, vers le cimetière. Il entendit le cri d'un aigle et « les cris rauques de corbeaux animés » tandis que les visages des mâts émergèrent lentement dans la lumière grise de l'aube : des oiseaux au grand bec et aux ailes immenses, des mammifères, des monstres marins, des humains, chacun d'entre eux demeurant un mystère pour lui. Un sort lui avait été jeté. Une « obsession » était née.[8]

En Amérique du Nord, les mâts totémiques authentiques ont historiquement été trouvés chez certains peuples amérindiens du nord-ouest pacifique, qui résidaient dans ce qui est aujourd'hui l'enclave sud de l'Alaska, les terres côtières et les îles de Colombie-Britannique et de l'État de Washington.

6. Larry Zimmerman, *The Sacred Wisdom of the Native Americans.*
7. *Ibid.*
8. Edward Malin, *Totem Poles of the Pacific Northwest Coast.*

Les principaux créateurs des mâts totémiques étaient les Haïdas, les Tlingits et les Tsimshians, mais Malin affirme que les identifier comme des « tribus » distinctes est problématique, voire inexact. Les Haïdas, dont les îles de la Reine-Charlotte, situées au large de la Colombie-Britannique, étaient la terre natale, se composaient de trois groupes distincts plus ou moins déterminés par leur situation géographique au sein de cette petite région. Tlingits est un nom collectif attribué à un groupe de quatorze tribus liées par une langue davantage que par une culture, tandis que Tsimshians est une appellation octroyée à vingt-six tribus.

Étant donné que les mâts totémiques étaient confinés à une petite zone géographique, la majorité des Américains sont familiers de ces œuvres étonnantes d'art fonctionnel par le biais de documentaires, d'articles de presse, ou de livres.

L'avilissement des traditions autochtones par la pop culture, qui est malheureusement courant et qui ne se limite pas à une seule culture, est particulièrement frappant compte tenu de la réussite des Amérindiens du nord-ouest. Malin relève que des mâts en bois sculptés ont été créés dans de nombreuses cultures à travers le monde pendant des siècles, avant d'ajouter que « les tribus indiennes du nord-ouest étaient les maîtres et utilisateurs suprêmes des mâts sculptés ». La taille, la hauteur et la circonférence des mâts, la subtilité de leur art et la complexité de leur symbolisme « ont atteint une signification artistique sans équivalent dans l'expérience humaine. Les mâts totémiques constituaient l'un des plus grands accomplissements de cette culture ». Malin fait notamment l'éloge des talents de sculpteur des Haïdas.[9]

Pour toute personne étrangère aux cultures autochtones du nord-ouest pacifique, l'image emblématique du mât totémique qui vient à l'esprit, à savoir un oiseau aux ailes majestueusement déployées, n'est probablement pas celle d'un corbeau. Il est généralement représenté debout sur le mât, les ailes le long du corps. Autre élément révélateur, son bec droit se termine en pointe. Ces oiseaux totémiques iconiques aux ailes déployées sont souvent un aigle, dont le bec est recourbé vers le bas, ou un oiseau tonnerre.

Si les mâts totémiques authentiques ont été confinés sur une petite zone géographique, la connaissance de leur véritable nature est également limitée : les mâts totémiques ne sont en réalité pas des… mâts

9. *Ibid.*

totémiques. Comme mentionné précédemment, le totémisme peut être défini comme un système de croyances religieuses/surnaturelles dans lesquelles les humains établissent une relation mystique avec une entité spirituelle sous la forme d'un animal, d'une plante ou d'un objet naturel.

Malin explique que s'il avait écrit un ouvrage intitulé *Carved Columns of the Pacific Northwest Coast, Colonnes sculptées de la côte nord-ouest du Pacifique*, en français, il aurait suscité « peu d'intérêt ». Mais, ajoute-t-il, « les mâts totémiques, c'est une autre histoire ».

Malin se souvient d'une conversation avec Viola Garfield, une anthropologue qui s'est intéressée au peuple Tsimshian situé sur la côte de la Colombie-Britannique et au sud de l'Alaska, et qui a été adoptée par le Eagle Clan : Garfield soulignait que, « anthropologiquement parlant », les mâts créés par les tribus de la côte nord-ouest « n'étaient pas du tout des totems ». (Pour en savoir plus sur les totems, voir chapitre 11, « Talisman et amulette de la corneille et du corbeau ».)

Zimmerman observe que les mâts totémiques sont « des emblèmes héraldiques, représentant le statut, la richesse ou la propriété », mais qui servent aussi de mâts commémoratifs, mortuaires (érigés à côté des tombes des chefs) et de « mât-portail » qui incarnent une passerelle symbolique vers le monde surnaturel.[10] Il constate également que les peuples autochtones de la côte nord-ouest « ont honoré les animaux totems de leurs clans en les incorporant comme armoiries familiales dans presque toutes leurs sculptures, tissages et peintures ». Néanmoins, les clans ne vénéraient pas les créatures qu'ils mettaient en avant et ne croyaient pas que leurs créations artistiques étaient imprégnées d'un pouvoir surnaturel ; elles dépeignaient plutôt « les pouvoirs et l'histoire d'une famille » et établissaient un lien avec leur passé.[11]

Outre les corbeaux, les mâts représentent aussi le loup, le castor, la grenouille, le grizzly, le requin, l'otarie, la chèvre et de nombreuses autres créatures, même les libellules et les moustiques ! Des images du soleil et de la lune étaient anthropomorphisées avec des visages humains. Les hommes étaient également sculptés dans les mâts, parfois avec des caractéristiques animales ou aviaires, c'est-à-dire des thérianthropes. À l'inverse, les animaux et les oiseaux ont quelquefois été dépeints avec

10. Larry Zimmerman, *The Sacred Wisdom of the Native Americans.*

11. *Ibid.*

des attributs humains comme les visages, les bras, les jambes, les doigts ou les orteils.

De telles créatures reflètent les mythes amérindiens selon lesquels animaux et hommes partagent une parenté et possèdent des aptitudes surnaturelles pour se transformer.

Pour mettre davantage l'accent sur la nature héraldique des mâts sculptés, Zimmerman note qu'une grande partie du rituel et de l'art amérindiens sont des représentations de leurs animaux totems ; elles sont alors un moyen d'exploiter les capacités et les caractéristiques de l'esprit d'un animal. Par exemple, un chasseur peut orner sa lance d'images d'un loup afin de canaliser ses prouesses de prédateur, ou un guerrier peut parer ses flèches d'images de crotales pour mieux tirer parti de la magie sympathique de la rapidité du serpent.[12]

Un corbeau sculpté dans un totem est censé évoquer (rappeler) ou invoquer (appeler) certains aspects des aptitudes ou du pouvoir de l'animal, peut-être son intelligence ou son ingéniosité, et le totem peut alors être employé au cours d'un rituel, d'une activité banale, ou même comme « simple » incitation à la contemplation ou à la méditation, un « rappel » que les aptitudes de l'animal totem sont accessibles aux membres d'un clan.

Un corbeau placé sur un mât totémique n'est ni destiné ni censé remplir de telles fonctions, même si, comme le remarque Malin, une créature représentée sur un mât sculpté (une créature qui a manifestement joué un rôle dans l'histoire du clan) peut avoir une certaine signification totémique.

Comme cela a été évoqué, l'intention combinée à l'attention et à la connaissance constituent les clés de toute activité magique, passive ou active, qu'elle fasse appel à une image d'animal, à des plantes médicinales, un chant, des tambours, la magie de la lune ou toute autre modalité.

Alors, que devons-nous faire de ces mâts totémiques qui n'en sont pas ? De ces représentations de corbeau ?

Bien que les spécialistes soulignent à plusieurs reprises que les mâts totémiques n'étaient pas des objets de culte et n'étaient pas utilisés pendant des rituels, la frontière entre une simple représentation artistique

12. *Ibid.*

et un art mythique qui évoque ou invoque quelque chose peut devenir plus floue.

Malin note que la représentation d'un corbeau sur un mât totémique rappelle non seulement l'histoire et la lignée d'un clan, mais aussi « le héros culturel de la mythologie ancienne ».[13] Ainsi, pour quiconque connaît les contes impliquant un corbeau, les mâts remettent en avant le rôle de ce volatile dans l'apport de la lumière dans le monde, et dans l'apport au monde du peuple Haïda lui-même. Les mâts peuvent rappeler l'histoire comique de l'ours et du loup qui, lassés des bêtises du corbeau, lui ont volé son bec, ou de la fois où l'oiseau a animé ses excréments de façon surnaturelle. Ils peuvent évoquer aussi les ignobles, voire cruelles intrigues du corbeau, comme le détaille Paul Radin : un jour, le volatile invite des ours à un festin, puis amadoue un troglodyte pour qu'il retire les entrailles de l'un d'entre eux par l'anus – et non, cet ours ne revit pas comme par magie.[14]

Une fois encore, nous revenons au pouvoir de l'image, comme l'homme-corneille peint sur une paroi de la grotte de Lascaux, il y a dix-neuf mille ans. Une image qui, si elle n'a pas été la première œuvre d'art magique et totémique à émerger dans notre monde, figurait parmi les premières et les plus durables. Rappelez-vous qu'à côté de ce chaman à tête d'oiseau prostré se trouve un mât avec un volatile perché en son sommet... un mât totémique ?

APPRÉCIATION TRANSCULTURELLE OU APPROPRIATION CULTURELLE ?

En contemplant les photos et les dessins des magnifiques mâts totémiques des peuples du nord-ouest pacifique, je tourne invariablement mon regard vers les diverses statues, fétiches, masques et œuvres d'art qui se trouvent chez moi.

Qu'ils soient sur votre autel ou dans votre résidence, vous savez que ces artefacts possèdent un degré de pouvoir plus ou moins important. Pouvoir qui rayonne non seulement à travers leur présence physique et leur symbologie visuelle, mais aussi à travers leurs effets subliminaux

13. Edward Malin, *Totem Poles of the Pacific Northwest Coast.*

14. Paul Radin, *The Trickster.*

sur les vibrations et le feng shui d'une pièce et les mythes qu'ils incarnent, des légendes qui tourbillonnent dans notre subconscient à la moindre apparition d'une icône, d'un fétiche ou même d'une image sacrée dans un livre ou sur un écran d'ordinateur.

Ces artefacts et ces images sont après tout l'incarnation des déesses, des dieux et des émissaires surnaturels des royaumes invisibles dont nous parlons. Si Odin, Oshun ou Cernunnos ne peuvent pas remplir une pièce, qui le peut ?

Les images ont du pouvoir.

Peut-être parce que j'ai grandi dans le nord du Nouveau-Mexique, au milieu de la présence très palpable des Navajos, des Hopis et des Taos, je suis particulièrement sensible à l'appropriation culturelle de la culture amérindienne. Le génocide physique et culturel perpétré par des Européens occidentaux, mais aussi l'extermination provoquée par les maladies apportées par les Européens et/ou par l'expansion de la divinité manifeste, me font réfléchir – et devraient faire réfléchir tout le monde.

Dans le même temps, l'art mythique et spirituel a transcendé le temps, les frontières et les cultures pour toucher les gens à travers la planète. C'est ainsi le cas des sculptures en pierre érotiques du temple du soleil à Konârak, en Inde, des anciens bouddhas de Bâmiyân, en Afghanistan, détruits tragiquement et impitoyablement par les talibans, et les incroyables peintures rupestres paléolithiques de Lascaux.

Dans cette quête d'appréciation, peut-être peut-on espérer s'émerveiller des sculptures totémiques des tribus du nord-ouest et se connecter respectueusement au pouvoir totémique-talismanique des créatures qui y sont représentées. Peut-être leurs créateurs les considèrent-ils comme leur cadeau à l'humanité. Corbeau, aigle, oiseau-tonnerre et autres animaux présents sur les mâts dégagent une énergie puissante chaque fois que je les vois sur des photos ou dans des documentaires. J'imagine difficilement la puissance qu'ils diffuseraient lors d'une rencontre réelle.

CHAPITRE 20

LEÇONS : LES FACÉTIES DU CORBEAU

Il est de notoriété publique que les Amérindiens ont établi (et continuent de le faire) une relation spirituelle étroite avec le monde naturel. Ses créatures, la terre et le ciel, ainsi que les forces et les phénomènes qui se déroulent sur terre et dans le cosmos (les changements de saison, les mouvements du soleil et de la lune, la chasse et la récolte) sont imprégnés d'êtres et/ou de pouvoirs surnaturels.

Selon l'ouvrage *Keepers of the Totem*, qui étudie les tribus du nord-ouest pacifique, auparavant « les chemins des esprits et des humains se croisaient souvent » ; c'est ainsi que les peuples autochtones ont acquis des aptitudes comme la chasse ou la pêche. De même, les frontières entre le monde naturel et le monde des esprits étaient poreuses, et « les gens atterrissaient parfois dans un village des esprits sans s'en rendre compte », se retrouvant au milieu d'êtres qui apparaissaient et parlaient comme des humains, mais qui étaient en réalité « les esprits d'un loup et d'un ours ». Alors que les entités spirituelles pouvaient passer d'une forme animalière à une forme humaine, les hommes pouvaient se transformer en animaux « s'ils s'attardaient trop longtemps parmi les êtres surnaturels ».[1] (Voir chapitre 25, « Devenez la corneille ».)

En effet, prenez n'importe quel ouvrage sur les cultures amérindiennes, et vous constaterez que les animaux y figurent en bonne place. *The Sacred Wisdom of the Native Americans* de Larry J. Zimmerman et *The Aquarian Guide to Native American Mythology* de Page Bryant en sont de bons exemples. Hamilton A. Tyler consacre deux livres à l'étude des croyances et des pratiques des peuples du sud-ouest américain, *Pueblo Animals and Myths* et *Pueblo Birds and Myths*.

Comme l'écrit Zimmerman, dans de nombreux mythes d'origine amérindienne, humains et animaux ont été créés sur un pied d'égalité, voire comme des compagnons qui communiquent les uns avec les autres.[2]

Les traditions des Haïdas du nord-ouest pacifique incluent la croyance « que tous les animaux possèdent une âme humaine et peuvent endosser une forme humaine comme bon leur semble »[3].

Les anciens Nordiques ont leur Hugin et Munin, accrochés aux épaules d'Odin, le Dieu-Corbeau, puis quittant leur perchoir chaque jour pour

1. Éditeurs de Time-Life Books, *Keepers of the Totem.*
2. Larry J. Zimmerman, *The Sacred Wisdom of the Native Americans.*
3. Éditeurs de Time-Life Books, *Keepers of the Totem.*

voler à travers le monde et espionner pour le compte de leur maître. Mais dans les mondes des Vikings et des Celtes, les corbeaux et les corneilles n'étaient jamais loin du désordre, des batailles, des carnages et de l'effroi.

Toutefois, les Amérindiens, notamment les tribus de l'ouest du Mississippi et de la côte nord-ouest, ont remarqué que les corbeaux font de la planche à voile, se pendent aux branches, taquinent les autres animaux et les hommes, et adoptent d'autres comportements espiègles : « Le corbeau est joueur ! Le corbeau est intelligent ! Le corbeau est un farceur ! »

Et voici comment naît un conte... Enfin, beaucoup de contes !

LES CONTES DU CORBEAU

Les exploits du corbeau et de la corneille apparaissent dans de nombreux contes amérindiens qui servent d'enseignements de sagesse ou d'histoires expliquant comment est né le monde naturel. Le corbeau occupe une place de choix dans les cultures et les mythes des Amérindiens situés dans les côtes actuelles de Colombie-Britannique, État de Washington et sud-est de l'Alaska.

À l'instar du coyote, présent dans nombre de contes des cultures amérindiennes de l'ouest et du sud-ouest, le corbeau est presque toujours un *trickster* : un être surnaturel (mais pas un dieu) malveillant, perfide, parfois maladroit, parfois cruel, parfois bienveillant, souvent égoïste, qui possède une conscience et la parole, et qui cherche presque constamment à assouvir sa soif de pouvoir, de contrôle, de nourriture et de plaisir.

Quelquefois, le corbeau est bienfaisant, comme dans le conte des Haïdas de la côte nord-ouest, dans lequel l'oiseau persuade les premiers hommes de sortir d'une coquille de coque et d'entrer dans le monde, ce qui fait du corbeau une sorte de dieu-créateur.

Mais le plus souvent, le corbeau ne se soucie que de lui-même. Heureusement pour nous, humains, ses intrigues sournoises et/ou ses ruses se retournent contre lui. Ses manières espiègles peuvent, par exemple, apporter la lumière et le feu dans notre monde, ce qui profite – par inadvertance – à l'humanité.

Un conte évoque la façon dont le corbeau a capturé le feu et l'a donné aux gens. Le corbeau est dépeint comme un bienfaiteur peu apprécié.

Après tout, la fumée d'une branche enflammée qu'il s'est procurée au cours de sa quête a transformé ses plumes blanches en noir et sa voix en un croassement désagréablement rauque. De fait, les humains n'ont pas reconnu la véritable identité de leur donateur, et l'ont fui.

Cette histoire, comme presque tous les contes de corbeau, et même plus généralement les contes populaires de nombreuses cultures, est issue d'une tradition orale et perdure à travers des versions écrites. Il n'est donc pas surprenant que dans l'article « Comment le corbeau a apporté le feu aux Indiens », le volatile se livre à des tromperies espiègles, égoïstes, qui satisfont son avidité : après s'être procuré le feu et la lumière et les avoir apportés sur terre, il fait des réserves et refuse de les partager avec les hommes. Après avoir appris comment faire du feu, il comprend qu'il peut s'en servir comme monnaie d'échange avec les humains. Sa motivation ? Troquer le feu afin d'obtenir « de nombreuses femmes ». Ce qu'il fait.[4]

Voici deux contes qui nous permettent de tirer des leçons de ces astucieux corvidés.

| LE CORBEAU APPORTE LA LUMIÈRE AU MONDE

Les contes des tribus Haïda et Tlingit du nord-ouest pacifique narrent eux aussi comment le corbeau a apporté la lumière dans notre monde.

« Il y a des dizaines d'histoires de corbeau », explique Miranda Belarde-Lewis, assistante professeure à l'Information School de l'université de Washington et spécialiste des cultures autochtones nord-américaines.[5]

« Le corbeau est un *trickster* qui est régulièrement en difficulté ou qui constate que les raccourcis utilisés à son avantage se retournent presque toujours contre lui, observe Belarde-Lewis. À de nombreuses reprises, les conséquences de ses actes ont influencé le monde tel que nous le connaissons aujourd'hui. »

L'histoire du *Corbeau et le Secret de la lumière*, qui est déclinée en plusieurs versions, « a captivé l'imagination des Tlingits pendant des millénaires, tout comme elle a captivé l'imagination des anthropologues

4. https://www.worldoftales.com/Native_American_folktales/Native_American_Folktale_59.html

5. https://www.seattletimes.com/pacific-nw-magazine/there-are-many-versions-of-the-tlingit-raven-story-but-its-truth-and-hopeful-message-are-universal/

non Tlingits depuis la fin du XVIIIe siècle », affirme-t-elle. « Son attrait est multiple : il est dramatique, il aide à expliquer le monde, et il revêt de nombreuses similarités avec d'autres récits emblématiques d'autres cultures et religions qui sont facilement comparables. »

Voici un résumé d'une version Haïda du conte du corbeau amenant la lumière au monde :

> « Le monde entier était plongé dans le noir à cause d'un vieil homme qui avait caché toute la lumière de l'univers dans des boîtes, placées à l'intérieur d'autres boîtes. Il avait peur que sa fille ne soit laide et ne supportait pas de poser son regard sur elle. Le corbeau était fatigué de se heurter à des choses dans la pénombre et voulait la lumière pour lui seul.
> Il se transforma alors en aiguille de pin flottant dans un panier d'eau, et fut avalé par la jeune fille. Elle donna par la suite naissance à un être mi-corbeau, mi-enfant qui, en dépit de sa singularité, fut accepté par le vieil homme. Le corbeau commença alors à harceler le vieil homme pour qu'il ouvre les boîtes, l'une après l'autre.
> Lorsque le vieil homme céda et ouvrit finalement la dernière boîte, celle contenant la lumière, le corbeau s'en empara et s'envola. L'aigle, qui avait vu le corbeau, tenta de la voler à son tour ; une partie de la boîte tomba et devint la lune et les étoiles. Pendant que l'aigle continuait sa poursuite, le corbeau, fatigué, laissa tomber un ultime fragment de lumière, qui devint le soleil. C'est ainsi que la lumière se répandit sur la terre et sur toutes ses créatures, et que le vieil homme vit que sa fille était en réalité magnifique. »

Voilà comment, par inadvertance, le corbeau libéra les lumières des cieux ; une bénédiction extraordinaire pour l'humanité.

Si ce récit amérindien et d'autres encore expliquent comment le monde naturel devint ce qu'il est, ils abordent également le caprice de la vie et du monde naturel, son imprévisibilité et son indifférence.

Mais ce sont aussi des contes qui élèvent l'esprit et procurent un curieux sentiment d'espoir. Nous savons tous que de mauvaises choses arrivent à de bonnes personnes. Mais ce conte du corbeau nous apprend que de bonnes choses arrivent aussi à de bonnes personnes, même si l'univers, les dieux et/ou les forces surnaturelles ne semblent pas se préoccuper de nous.

Le corbeau vole la lumière non pas pour aider l'humanité, mais pour lui-même. Mais il loupe son braquage, et voilà comment soudainement, les humains se retrouvent avec le soleil, la lune et les étoiles. Il ne s'agit pas d'un conte à la Pollyanna, où tout se termine pour le mieux. Malgré ses éléments fantastiques, ce récit illustre de façon réaliste le fonctionnement du monde naturel, le flux et le reflux des forces et des fortunes en jeu. Comme le dit l'antihéros Meursault vers la fin du roman d'Albert Camus : « J'ai ouvert mon cœur à l'indifférence bienveillante de l'univers. »[6] Le mot-clé est ici « bienveillante. » Les rudes et éprouvants défis de la nature nous font oublier que la chair, le souffle et les larmes de Gaïa, c'est-à-dire la terre, le ciel et les vents, les océans, les rivières et la pluie, sont indifférents à notre égard. Certains des exploits du corbeau nous le rappellent. Ces nuages sombres à l'horizon apporteront peut-être une tornade ou un ouragan, mais amènent la plupart du temps les pluies qui nourrissent nos récoltes.

Tout païen, sorcière, wiccan ou polythéiste cherchant à pratiquer la magie de la corneille et du corbeau, ou tout naturaliste occasionnel en quête d'un lien plus profond avec les corvidés, les autres créatures et la terre, ferait bien de retenir cette leçon. Bien qu'il soit tentant d'emprunter cette phrase de la culture pop, « C'est le monde de Gaïa, nous vivons simplement dedans », nous pouvons nous harmoniser avec lui, ses dons et ses caprices, et chercher une communion avec lui.

LE CORBEAU VOLE DES BAIES

Malheureusement pour nous, la cupidité et l'égoïsme du corbeau nous renvoient des reflets de nos propres faiblesses et défauts. En fin de compte, ce n'est pas une si mauvaise chose que nous, animaux bipèdes, soyons confrontés à la réalité de notre nature parfois destructrice, afin de devenir de meilleurs citoyens de l'île de la Tortue. L'enseignement de cette connaissance de soi est d'ailleurs l'un des objectifs des contes du corbeau.

La nature avide et ingrate de l'oiseau est mise en évidence dans un récit de James Teit, dans son article « Traditions of the Lillooet Indians of British Columbia ». Cependant, cette histoire ne se résume pas à une simple description de l'avidité et de la gloutonnerie du volatile. Voici mon récapitulatif, agrémenté de citations de Teit :

6. Albert Camus, *L'Étranger*.

« Quatre femmes, Xwitx', Geai Bleu, Corneille et Escargot, invitèrent le corbeau à les accompagner lors d'un voyage en canoë pour donner des baies à un proche. "Les femmes ne pouvaient y aller seules, car elles n'avaient pas de canoë et, de plus, elles avaient besoin d'un homme pour les assister."

Après avoir pagayé pendant deux jours, le corbeau annonça qu'il devait se rendre sur le rivage "pour se soulager. S'en allant à une certaine distance, il déféqua et urina, et demanda à ses excréments de crier fort, ce qu'ils firent".

Le corbeau retourna vers le canoë et dit aux femmes de se cacher car elles étaient sur le point d'être attaquées par des ennemis. En entendant le raffut, elles crurent le corbeau et coururent vers les buissons. Le corbeau commença à crier et à cogner sur le canoë avec sa pagaie, faisant croire aux femmes qu'il se battait avec les assaillants. Une fois que le bruit cessa, elles crurent qu'il était mort.

Le corbeau mangea toutes les baies, puis récupéra le jus au fond des paniers pour s'en enduire la tête et le corps afin de paraître ensanglanté. Finalement, les femmes retournèrent au canoë, où elles trouvèrent le corbeau allongé. "Nous devrions retourner chez nous au plus vite, dit le corbeau. Je suis gravement blessé, et nos ennemis risquent de nous attaquer à nouveau."

Quand elles revinrent chez elles, elles croisèrent un jeune homme et lui racontèrent leur histoire. "Le corbeau ment, affirma le jeune homme. Il n'est pas blessé. Il a mangé toutes vos baies." Et voilà comment fut révélée la duperie du corbeau. »[7]

Nous pouvons voir que le corbeau est un être vénal qui ne pense qu'à lui, au détriment des autres. Il est important de noter que le corbeau est considéré comme un « homme », tandis que les femmes, qui portent le nom d'oiseaux et d'escargot, sont des humains ambigus. Ce récit évoque la convoitise de l'humanité.

Mais comme c'est souvent le cas dans les contes et les mythes amérindiens, cette histoire revêt d'autres dimensions, qui ont une grande importance pour quiconque pratique la magie de la corneille et du corbeau.

Ce conte reflète là encore un monde dans lequel humains et animaux partagent le langage, les pensées et les comportements. Même si l'on

7. James Teit, "Traditions of the Lillooet Indians of British Columbia," *The Journal of American Folklore 25*, no. 98.

considère qu'il s'agit d'une simple métaphore, ce partage entre les hommes et le monde naturel est au cœur de la magie de la corneille et du corbeau. C'est le leitmotiv de ce livre, qui vous informe sur les pratiques païennes anciennes et modernes.

À maintes reprises, nous avons vu que les artistes du Paléolithique, les Grecs et les Romains, les Celtes, les Nordiques et les Amérindiens ont fait de simples observations du monde naturel puis se sont accordés, consciemment ou non, avec lui, leur permettant de discerner la vérité des choses visibles et invisibles. C'est ainsi qu'ils ont pu enrichir leur vie et celle de tous les habitants de l'île de la Tortue, et se connecter aux royaumes de l'esprit, aux déesses et aux dieux.

Parfois, je me demande si la pratique païenne ne se résume pas à « Faites attention ! Gardez l'esprit ouvert ! », que l'on lance du pop-corn aux écureuils dans un parc, que l'on enjambe une fourmilière dans un jardin, ou que l'on se promène sur la colline Knocknarea, dans l'ouest de l'Irlande, sur le sentier des Appalaches, dans la forêt de Sherwood, dans l'Outback australien ou dans les vestiges de Tsankawi près de Los Alamos, au Nouveau-Mexique.

Ça paraît si simple, cette idée de communion avec la nature. Pourtant, combien de fois ai-je ignoré cette communion avec ces créatures intelligentes qui m'entourent, les corvidés, jusqu'à ce jour fatidique à la poste centrale de Dublin, en Irlande, où, transfiguré, je fixais la statue de Cúchulainn et le corbeau – ou plutôt la Morrigan – perché sur son épaule ?

Ces histoires de corbeau sont-elles si fantaisistes ? Si vous croisez des corneilles et des corbeaux, vous commencerez à penser que les Amérindiens n'ont pas fait preuve de tant d'imagination et que la communion avec ces créatures nous enseignera de précieuses leçons : nous, humains, partageons et devons partager cette planète, nous débarrasser de l'idée stupide que nous sommes les seuls êtres véritablement intelligents, et apprendre de nouvelles façons d'être et de nous comporter dans ce monde grâce aux animaux. Et découvrir de nouveaux moyens de nous connecter aux divinités et au sacré.

L'esprit qui a créé la corneille et le corbeau, et qui leur a donné d'incroyables dons, nous a également conçus. En communiant avec les corvidés, nous communions avec les déesses et les dieux.

Les contes de corbeau renferment d'autres leçons pour tout adepte de la magie de la corneille et du corbeau.

Examinons les aptitudes surnaturelles dont le corbeau fait preuve dans le conte de Lillooet vu page 219 : l'oiseau est capable de donner une voix à ses excréments et à son urine. Vraiment ? C'est *ça*, ton super-pouvoir ? Donner la parole à ta fiente ?

Il ne fait aucun doute que le corbeau est très fier de ce don, car il lui permet de tromper ses congénères (du moins le croit-il) et d'assouvir ses envies de nourriture. Mais quel être, qu'il soit divin, surnaturel ou autre, serait fier de ce type d'exploit ?

Voici l'une des leçons de ce conte : « Votre cupidité et votre égoïsme seront toujours découverts, alors soyez attentifs à ces attitudes. »

Mais on peut également en retirer une autre leçon, plus profonde et plus subtile. Bien que le corbeau ne soit pas un dieu, il demeure une créature dotée d'étonnantes capacités surnaturelles... ou peut-être pas si étonnantes que ça. Faire parler les excréments et l'urine ? Voici un autre enseignement pour tous ceux qui suivent une voie magique, explorent les mystères ou recherchent une communion avec le divin : ces immondices font peut-être, et feront partie, de votre voyage. Le chemin vers la haute magie peut être formulé en ces nobles termes : « Vos pieds seront coincés dans la boue alors que vous atteignez les étoiles ! » Ou : « Votre voyage vers les royaumes métaphysiques doit débuter avec un premier pas depuis le monde terrestre. » Ou ce vieil adage : « Ce qui est en haut est comme ce qui est en bas », ce qui signifie que l'inverse est vrai également. « Ce qui est en bas est comme ce qui est en haut. »

Tous ces mantras qui expriment le lien entre les royaumes divins/surnaturels/magiques et le monde terrestre se vérifient. Mais le corbeau n'a ni cette éloquence ni ce respect pour de telles questions : si la magie fait parfois appel aux excréments, qu'il en soit ainsi. Poursuivez. Bien sûr, le corbeau déploie cette magie terrestre dans une quête de gain personnel aux dépens des autres. Rappelons que le gain personnel n'est pas nécessairement une mauvaise chose, que l'on soit sur le chemin de l'illumination, ou sur celui du travail ou vers le supermarché. Personne n'est complètement altruiste. Allez dans une librairie et vous constaterez que les paroles de sagesse du dalaï-lama ne sont pas gratuites. Ce qui est crucial, c'est le comment, le pourquoi et le degré de gain personnel. L'expression « intérêt personnel éclairé » symbolise bien la question, tout comme ce vieux mantra wiccan : « Si cela ne nuit à personne, faites ce que vous voulez. »

Pourtant, le corbeau nous rappelle, de façon absurde et comique, que tout chemin menant vers la magie doit débuter dans les difficultés de la vie quotidienne.

Nous embrassons volontiers, si ce n'est facilement, les voies élevées du cœur, ses routes qui nous amènent à rechercher l'amour et l'esprit, et à explorer les mystères de l'âme. Mais le cœur a aussi ses émotions primaires, égoïstes et aveugles. Si vous marchez vers l'illumination, vous avancerez dans des tas d'excréments et des flaques d'urine, laissés par le corbeau ou par un autre *trickster*. Le but n'est pas de les éviter, car cela demande du temps et des efforts, qui nous obligeraient probablement à détourner nos yeux de l'horizon ou même de la beauté et des enseignements qui nous attirent à l'endroit même où nous nous trouvons sur le chemin. Le corbeau nous apprend tout cela, même s'il le fait par mégarde.

LE CORBEAU JOUE

Le corbeau et ses exploits nous enseignent autre chose ; une sagesse à grande échelle, hormis les leçons que l'on peut tirer de sa folie. Cette leçon, c'est le jeu !

John Marzluff et Tony Angell consacrent un chapitre entier au jeu des corvidés, qu'ils intitulent simplement... « Jeu ». Bien que de nombreux oiseaux fassent preuve d'un certain sens de l'amusement, aucun ne le ferait aussi souvent ni de manière aussi complexe que les corvidés.[8] Une rapide visite sur YouTube permet de découvrir une multitude de vidéos du grain de folie des corvidés : ainsi, les corbeaux et les corneilles adorent glisser sur les toits enneigés et le pare-brise des voitures. Ils aiment aussi taquiner les chats en marchant derrière eux et en piquant leur queue, avant de s'éloigner rapidement en sautillant. Ils tourmentent ou s'amusent avec les chiens ou les souris. Les corvidés se balancent, tête en bas, sur les branches des ormes ou d'autres arbres.

On peut, dès lors, imaginer les Amérindiens du nord-ouest pacifique sourire et acquiescer en apprenant que la science moderne a confirmé ce que leurs mythes et leur religion savaient depuis longtemps.

Combien de fois, dans les traditions spirituelles du monde – paganisme, bouddhisme, religions monothéistes ou autres – les adeptes ont-ils été

8. John M. Marzluff et Tony Angell, *Gifts of the Crow.*

surpris en train de « travailler » ? Combien de fois nous autorisons-nous, dans notre quête des mystères et de la magie, à devenir, sinon austères, du moins trop studieux ? Combien de fois nos incantations ressemblaient-elles à des recettes de cuisine ?

Oui, l'efficacité de la magie peut dépendre de la précision et de l'attention apportées aux détails. Sans aucun doute. Pourtant, j'ai vu des danseurs de salon s'exécuter avec leurs pieds et non avec leur cœur, leur cerveau étant trop occupé par le pas suivant. J'ai entendu des guitaristes qui étaient de formidables musiciens, mais dont les solos revêtaient un air scientifique.

Ces danseurs et musiciens qui bougent et jouent avec leur cœur sont bien plus extraordinaires. Comme le mentionnait Alan Watts, nous « jouons de la musique », nous ne « travaillons » pas la musique.[9] Lorsque j'ai couvert, comme journaliste, le Woodstock 1994, dans le nord de l'État de New York, j'ai assisté au concert de Carlos Santana, puis à sa conférence de presse. « Jouer ici est un orgasme spirituel ! » déclara Santana, qui avait également participé au Woodstock de 1969. Oui, Santana a vraiment *joué*, pour ne pas dire *s'est amusé*, à Woodstock.

De même, certains des rituels païens les plus efficients, magnifiques et transformateurs auxquels j'ai participé étaient ceux qui comportaient un sens du jeu occasionnel, même si, quelquefois, ce sens du jeu a été intégré par inadvertance lorsque quelque chose n'allait pas. Fort heureusement, la grande prêtresse a été capable de sourire, d'en rire et de passer à autre chose tout en reconnaissant que le corbeau, le coyote ou Loki était venu nous rendre visite.

Tournons-nous vers une autre métaphore : la carte routière. Elle constitue un merveilleux outil nous permettant d'aller d'un point A à un point B. Utilisez-en une et vous finirez par vous retrouver au point B, l'endroit exact où vous souhaitiez vous rendre. Néanmoins, vous aurez manqué des merveilles, des curiosités ou des illuminations qui auraient pu vous intéresser si et quand vous vous étiez éloigné des sentiers battus, ou si vous aviez délibérément choisi de mettre votre carte routière de côté et de prendre un virage vers le mystère, ne serait-ce que pour un temps.

Bien que le renouveau païen de ces vingt dernières années, alimenté par Internet, change beaucoup plus rapidement les choses que le

9. Alan Watts, *The Tao of Philosophy*.

renouveau des années 1960 et du début des années 1970, il fut un temps pas si lointain où vivre dans une société occidentale signifiait une faible exposition aux « spiritualités alternatives ». J'ai grandi dans les années 1960, loin de l'Angleterre des sorcières, du magasin ésotérique Magickal Childe à New York ou de ce sud de la Californie étrangement occulte. Je n'ai connu des voies « païennes-sorcières » qu'à travers *Le Magicien d'Oz*, les romans de la série *L'Arche du temps* d'Andre Norton ou l'émission pour enfants *H. R. Pufnstuf.* Sans oublier quelques coups d'œil jetés aux livres de Sybil Leek dans la libraire du coin, nichés aux côtés de tomes bien plus alarmants tels que *Flying Saucers – Serious Business.*

Les concepts de paganisme, de la wicca, de la sorcellerie et de la magie n'ont commencé à infiltrer mon esprit et mon âme que lors d'une visite à la bibliothèque publique de Dothan, en Alabama. J'étudiais à l'époque dans un collège communautaire, et je suis tombé sur l'étude magistrale *The Occult,* basée sur des données historiques. Il a pourtant fallu une rencontre tout aussi fortuite avec le *Cosmic Trigger* de Robert Anton Wilson, au milieu des années 1980, pour que je comprenne enfin qu'il y avait bien plus de choses sous le ciel et la terre que ce dont j'avais rêvé lors de mes précédentes philosophies.

Au moment précis où j'ai découvert chacun de ces livres qui ont changé ma vie, j'ai été submergé par cette sensation que John Lilly appelle « le centre de contrôle des coïncidences cosmiques ». Il ne s'agissait pas d'un mauvais pressentiment, comme si j'étais soudainement devenu le pion de forces malveillantes. Je n'avais pas non plus l'impression d'avoir été poussé par hasard sur le chemin d'une énergie mystérieuse. Bien au contraire. J'ai eu le sentiment que l'univers ne se contentait pas d'agir, mais de jouer joyeusement avec moi, comme s'il me disait : « De nouveaux mondes vous attendent ! Voici votre portail ! Partez à l'aventure ! »

Nous savons tous comment Edgar Allan Poe a qualifié ce corbeau revêche et déprimant : « Jamais plus ! »

Mais le corbeau a un autre adage que l'on devrait prendre à cœur : « Jouez ! »

Leçon : pour paraphraser le corbeau : « Jouez ! »

CHAPITRE 21

LA FOLLE SAGESSE DU CORBEAU

Altérez votre conscience « aérera » votre conscience. C'est l'un des leitmotivs de cet ouvrage, de la pratique de la magie de la corneille et du corbeau.

Quand vous modifiez votre conscience avec ce que le spécialiste des religions Georg Feuerstein appelle « les tactiques de choc » pratiquées par les enseignants de la « folle sagesse » – et le corbeau en fait partie ! –, vous calmez votre « esprit singe » et réveillez « l'esprit robot » qui dirige si souvent notre vie quotidienne.[1] Ainsi, vous ouvrirez la porte à une « altération/aération » de votre conscience et de votre subconscient. Vous verrez votre réalité (ou plutôt *les réalités*) d'un œil nouveau, et vous vous placerez dans un état d'esprit liminal propice à l'entrée dans des réalités non ordinaires. Vous serez, de fait, ouvert à la communion avec les autres royaumes et le dieu/la déesse et l'esprit.

La liste des « tactiques de choc » employées dans les traditions spirituelles à travers le monde est longue et riche en histoires : la méditation, les tambours chamaniques, le yoga et le travail de respiration, les enthéogènes, le sexe tantrique, etc. Les exercices suivants sont simples et permettent de vous évader brièvement de votre esprit singe, jusqu'à ce que vous soyez en mesure de poursuivre un travail intérieur plus approfondi (voir les chapitres « La divination par les ombres de la bougie » et « Devenez la corneille »).

CE DONT VOUS AUREZ BESOIN

- Un espace rituel isolé.
- Un accès à divers environnements du quotidien avec des arbres, comme votre arrière-cour ou un parc.
- Un accès à une musique sur votre appareil de prédilection.

CONTEXTE

Dans son formidable livre *The Essential Crazy Wisdom*, Wes « Scoop » Nisker révèle comment la sagesse folle n'est pas seulement l'apanage d'un excentrique maître zen qui demande à un chercheur « Quel est le

1. Georg Feuerstein, *Holy Madness*.

son d'une main qui applaudit ? » avant de gifler le pauvre homme alors qu'il cherche la « bonne » réponse. La sagesse folle :

> « se cache sous les cheveux indisciplinés d'Albert Einstein et entre les sourcils touffus de Groucho Marx, dans la voix hurlante d'Allen Ginsberg et les folles élucubrations de la dame au sac de Lily Tomlin... Quelle que soit l'apparence sous laquelle elle se cache, la folle sagesse surgit pour nous exposer à nous-mêmes et nous rappeler l'étrange nature impossible de notre entreprise, ici sur terre : la vie ».[2]

Ce que Feuerstein appelle « la folie sacrée ou la sagesse folle » survient quand des enseignants « sages-fous » recourent à des techniques « conçues pour surprendre ou choquer l'esprit conventionnel ». Ces adeptes « utilisent leur excentricité pour communiquer une vision alternative à celle qui gouverne leur vie ordinaire. Ce sont des maîtres de l'inversion, d'excellents briseurs de tabous, et des amoureux de la surprise, de la contradiction et de l'ambiguïté. Ils partagent ces compétences et ces penchants avec les figures traditionnelles du *trickster* et du clown ».[3]

Nisker note que le *trickster*, quelle que soit sa forme, y compris celle du corbeau, fait partie des traditions de sagesse folle, au même titre que les figures archétypales du clown, du bouffon et du fou.

Ironiquement, il y a aussi ce mot en *T* : tradition. Combien de fois, lors d'un rituel ou dans d'autres aspects de votre pratique spirituelle (païenne ou autre), ou dans votre vie quotidienne, avez-vous fait quelque chose simplement parce que « je l'ai toujours fait comme ça » ? Bien sûr, nous attribuons ce noble terme de « tradition » à nos rituels et à nos pratiques cérémoniales, et il est vrai que les traditions y ont leur place. Mais la « tradition » est également un mot que nous substituons sans réfléchir à une pratique bien plus infâme : les habitudes.

Si vous souffrez d'un trouble spirituel du mouvement répétitif, d'un syndrome du canal carpien de l'âme, d'une passion excessive pour l'ordre, d'une idée inconsciente que vos systèmes de croyance sont trop rigides, tournez-vous vers le corbeau. Vous n'avez pas besoin de concevoir un rituel pour faire parler vos excréments (hum) ou de comploter pour voler la nourriture de quelqu'un. Mais de vous amuser ! Faites quelque

2. Wes Nisker, *The Essential Crazy Wisdom.*
3. Georg Feuerstein, *Holy Madness.*

chose à l'envers. Suspendez-vous tête en bas avec la corneille et le corbeau. Jouez un tour (marrant et non cruel) à quelqu'un. Faites-vous des farces. Embrassez le chaos, ou du moins ne le fuyez pas dès qu'il se présente de manière impromptue.

Voici quatre techniques inspirées du corbeau (si l'on peut dire) pour vous aider à jouer, à altérer votre point de vue et votre conscience afin « d'aérer » cette dernière.

ACTIONS : DU ROCK OU DE LA POP POUR LA DÉESSE/LE DIEU

La Southern Delta Church of Wicca-ATC, en Arkansas, a un jour utilisé *Grease* comme thème du rituel de la nouvelle lune. Non, ce n'est pas une erreur. Le rituel était bel et bien centré autour du film musical.

Le grand prêtre Terry Riley affirme que l'église utilisa la chanson *Greased Lightnin'* « pour étendre le halo de pouvoir » pendant que les participants incarnaient « tous les personnages de *Grease* et de *Grease 2* ».[4]

L'emploi de rock et de pop (les musiques originales, non des œuvres réécrites par des artistes païens) n'est pas inédit lors de ces rituels. Jason Mankey, un auteur et sorcier qui dirige, aux côtés de son épouse Ari, une assemblée wiccan éclectique et une assemblée grenériennes dans la Silicon Valley, en Californie, a créé des rituels tout en utilisant la chanson *Green Man* du groupe anglais XTC, ainsi que des musiques des Doors et de Fairport Convention.[5]

Pour ce rituel aux accents « dooriens », Mankey employa *Break on Through* pour former le cercle et invoquer les quartiers. Il utilisa *Hello, I Love You* pour appeler la déesse. Pour Dionysos, il recourut à *Alabama Song*, une œuvre de Bertolt Brecht et Kurt Weill datant des années 1920 et réinterprétée par Mr Mojo Risin', qui fait référence au whisky et aux bars.[6]

Les festivals de Samain auxquels j'ai assistés à la Florida Pagan Gathering ont employé un enregistrement de *Forever Autumn* de Justin Hayward

4. https://wildhunt.org/2018/05/bang-a-gong-rock-music-rocks-rituals.html

5. *Ibid.*

6. *Ibid.*

des Moody Blues et une interprétation solennelle par des ritualistes de la chanson des Pink Floyd *Wish You Were Here*.

Ces classiques du rock et de la pop sont utilisés comme n'importe quelle autre musique dans le cadre d'un rituel : pour définir l'ambiance et les intentions, pour évoquer l'espace sacré, pour modifier la conscience et communier avec les dieux et les déesses.

En vous inspirant de ces rituels, créez-en un à l'aide de votre chanson favorite, ou d'un mélange de plusieurs musiques. Mettez de côté les œuvres des artistes païens qui correspondent à votre paradigme spirituel.

Si vous êtes membre d'une assemblée wiccan traditionnelle ou avez participé à des rituels wiccans, choisissez un sabbat de la roue de l'année pour le célébrer : Yule (solstice d'hiver), Imbolc, Ostara (équinoxe de printemps), Beltaine, Litha (solstice d'été), Lughnasadh (ou Lammas), Mabon (équinoxe d'automne) ou Samain. Vous pouvez aussi sélectionner une déesse et/ou un dieu à honorer.

Avec tous ces choix à l'esprit, sélectionnez une chanson qui servira de fond sonore lorsque vous formerez le cercle et appellerez les esprits des quatre quartiers directionnels, puis une autre qui sera le thème musical de la déesse et/ou du dieu, et une chanson finale pour libérer les quartiers et fermer le cercle.

Même s'il s'agit d'un rituel théorique, choisissez avec soin le thème musical de la divinité que vous invoquerez. Pourquoi cette chanson ? Quels sont les caractéristiques ou les dons magiques de la déité (sagesse, force, amour, transformation, colère, fécondité, bonté, sauvagerie, tromperie) qu'expriment les paroles de la chanson ?

THÈMES MUSICAUX POUR UNE DÉESSE/UN DIEU OU LES ÉLÉMENTS

Plutôt que de penser en termes de rituel, établissez une liste de chansons rock, pop ou hip-hop qui, selon vous, invoqueront votre divinité, votre orisha ou toute entité spirituelle avec laquelle vous travaillez, que ce soit Hécate, Cernunnos, la Morrigan, Oshun, Odin, Kokopelli, le serpent arc-en-ciel ou le corbeau lui-même. Essayez de créer la plus longue liste possible ! Les adeptes d'Aphrodite, déesse de l'amour, seront peut-être un peu plus inspirés.

Vous pouvez aussi composer une liste de chansons sur le thème de la lune, idéale pour une méditation de pleine lune, ou un répertoire de musiques en lien avec les quatre éléments magiques que sont la terre, l'air, le feu et l'eau.

Optez pour un lieu isolé, si possible à l'extérieur, où les chansons de votre choix constitueront l'ambiance sonore idéale pour la contemplation ou la méditation.

Il existe des chansons évidentes pour ce type de rituel : *Rhiannon* de Fleetwood Mac ou *The Pan Within* des Waterboys. Pour l'est/l'air, vous pouvez choisir le mélancolique *Flying Sorcery* d'Al Stewart, et le puissant *Fire* des Ohio Players pour le sud/le feu, un rituel de Beltaine ou un hymne à la déesse hawaïenne Pélé. Vous pouvez vous tourner vers le *Take Me to the River* d'Al Green pour l'ouest ou la déesse de l'eau ; vers l'endiablé *Go to the Woods* de Dar Williams, qui parle d'ombres effrayantes et d'une « femme en colère » qui se cache peut-être là, prête à vous dévorer, pour le nord/la terre ou un culte à Hécate. Le *Mood for Eva* de Beyoncé invoque Oshun, une divinité yoruba.

N'hésitez pas à créer une fusion mentale vulcaine entre vos dévotions spirituelles et ces chansons ou d'autres. Forcez les paroles de *The Ocean*, de Led Zeppelin, à s'adapter à votre *Weltanschauung* spirituelle de Manannán mac Lir, Mami Wata, Namaka ou toute autre déité aquatique. Rappelez-vous qu'il ne s'agit pas d'un test, mais d'un jeu. Gerald Gardner (écrivain ésotériste britannique, N.D.T.) ne notera pas votre copie.

Vous pouvez vous inspirer de *Led Zeppelin IV*, un ouvrage magistral d'Erik Davis qui revient sur le quatrième album du groupe de rock d'un point de vue occulte. Davis perçoit ainsi une signification magique et ésotérique dans les chansons *Going to California*, *Black Dog*, *Misty Mountain Hop* et *Stairway to Heaven*.

ACTIONS : BOUGEZ COMME UNE CORNEILLE

Les corneilles et les corbeaux se meuvent dans le monde physique de façon étrange et merveilleuse. En effet, les corneilles se suspendent aux branches des arbres, la tête en bas !

Voici un enseignement à tirer de la corneille et du corbeau : changez votre posture, votre mouvement physique dans le monde. Nous le faisons de manière intuitive lorsque nous sommes petits. Marchez avec des enfants, et ils se mettront à sautiller ou à jouer à la marelle. Une aire de jeux pour enfants regorge de structures conçues pour permettre aux petits de chercher de nouvelles façons de se mouvoir. À l'instar de la corneille et du corbeau, ils se balancent, tournoient, glissent, font des cabrioles et grimpent pour avoir une vue d'ensemble, nouvelle et étonnante, de leur monde.

Une fois adultes, nous nous déplaçons... non pas avec la tête dans les nuages, mais plutôt penchée vers le sol, que l'on marche, que l'on soit au travail ou en train de dîner. Quand nous nous couchons sur le dos, généralement juste avant de dormir, nous fixons le plafond sombre.

Alors que de nombreux rituels et actes magiques (sortilèges, divination, tarot, méditation en transe) se concentrent sur l'aspect mental de la connexion corps-esprit et de l'altération/aération de la conscience, nous avons tendance à oublier la physicalité employée dans les « techniques archaïques d'extase » de Mircea Eliade.[7] Le yoga et le travail de respiration qui l'accompagne en sont des exemples concrets, tout comme la physicalité du tambour, du chant, de la sexualité sacrée et des déplacements au cours d'un rituel.

Devenez la corneille et le corbeau. Essayez les exercices suivants (que l'on peut difficilement qualifier de « techniques ») que j'ai nommés méditation de l'*axis mundi*, de l'arbre du monde, et grimpez à un arbre afin de modifier votre perspective et votre relation physique à Gaïa. Il se peut que vous finissiez par « aérer » votre conscience, peut-être pas de façon approfondie, mais suffisamment pour vous émerveiller à nouveau devant le monde. Un cadeau de la corneille et du corbeau.

ACTIONS : MÉDITATION DE L'*AXIS MUNDI*, L'ARBRE DU MONDE

Je ressens encore des picotements, comme si des fées s'ébattaient sous ma peau, quand je repense au premier « rituel » réalisé en solo il y a plusieurs années lors de la Florida Pagan Gathering. Je n'en espérais aucun résultat.

Dans notre vie de tous les jours, nos yeux sont presque toujours fixés droit devant nous. Le simple fait de s'allonger dans la nature peut engendrer une surprenante communion avec la terre et le ciel. Alors

7. Mircea Eliade, *Le Chamanisme et les Techniques Archaïques de l'Extase.*

que le sol, les herbes et les plantes caressent votre dos, votre nouvelle et soudaine *Weltanschauung* se composera également de ciel bleu et, peut-être, comme ce fut le cas lors de mon premier « voyage », d'une flottille de cumulus cotonneux et, dans ma vision périphérique, d'un regroupement de pins.

Pour effectuer la méditation, allongez-vous sur le dos dehors. Dénudez-vous si vous le voulez et le pouvez, si vous êtes à l'aise et si vous avez un lieu privé et isolé. Prenez une couverture si vous en ressentez le besoin, mais laisser la chair de Gaïa, sa terre ou ses herbes, vous effleurer est plus préférable. Je suis étonné de voir à quel point les adeptes de religions basées sur la nature – païens, wiccans, sorcières et autres – hésitent souvent à jouer dans la terre. Un certain degré de solitude est également à privilégier, en choisissant par exemple une petite clairière avec peu de bruit. Votre jardin n'est peut-être pas le lieu le plus approprié, mais vous en viendrez à voir votre éco-espace d'un nouvel œil.

Accordez quelques minutes à votre « esprit singe » pour qu'il se calme. Faites-le en vous concentrant sur les nuages ou sur la position royale et majestueuse des arbres à proximité. Lorsque le « singe » réapparaît, ne vous en voulez pas. Reconcentrez-vous sur la géométrie des feuilles d'arbre ou des aiguilles des pins situés dans votre vision périphérique, ou sur le lapin ou le dragon que vous croyez déceler dans les nuages. Peut-être aurez-vous également la chance de canaliser votre attention sur le criaillement des corneilles, le croassement des corbeaux, le roucoulement des tourterelles ou le chant des cardinaux rouges.

À un certain moment (ne soyez pas pressé), laissez votre esprit dériver vers la contemplation de l'arbre du monde. Mythe archétypal commun à de nombreuses cultures à travers le globe, l'arbre du monde est une représentation spirituelle ou une « carte » du cosmos. Généralement, ses racines s'enfoncent jusque dans les royaumes chthoniens de la terre, le monde souterrain, la demeure qui accueille les vaisseaux physiques de nos ancêtres (et les nôtres, un jour) au moment de leur mort. Le tronc de l'arbre du monde jaillit à travers la surface de la terre, là où résident les humains, la faune, la flore, les montagnes, les océans et les eaux douces des rivières et des lacs. Les branches s'étendent jusqu'au ciel, où vivent déesses, dieux, l'Esprit et les esprits, un lieu où chamans, âmes voyageuses, médiums et messagers divins, comme la corneille et le corbeau, peuvent se rendre, avant de retourner dans le royaume terrestre, dotés de connaissances extraordinaires.

L'objectif ici n'est pas de chercher un état de transe profonde ; mais s'il survient, ne résistez pas. Il s'agit plutôt de trouver une communion avec la nature, avec Gaïa, aussi brève et peu spectaculaire soit-elle.

Un simple voyage allongé sur le dos activera quatre de vos cinq sens : la vue, l'ouïe, le toucher et l'odorat. Prêtez bien attention à chacun d'entre eux. Ainsi, vous ne méditerez pas seulement sur l'arbre du monde (même si c'est un but tout à fait louable), vous *l'expérimenterez*. J'ai remarqué qu'activer le cinquième sens, le goût, en incorporant des noix ou un fruit dans le rituel perturbe le voyage. Cela pourrait changer si j'étais un jour capable de méditer avec un mûrier ou des plants de menthe verte à portée de main.

ACTIONS : GRIMPEZ À UN ARBRE !

Quand avez-vous grimpé dans un arbre pour la dernière fois ? Probablement lorsque vous étiez très jeune. Devenu adulte, vous percevez sûrement cette activité comme idiote, puérile ou impraticable. Passé un certain âge (huit ou neuf ans), nous ne sommes plus faits pour grimper dans les arbres. Quand j'étais au collège, un jeune garçon de mon quartier a parié qu'il pouvait monter dans un pin. C'est fou, pensais-je. Les branches les plus basses étaient à environ 4,50 m du sol. Le garçon me sourit puis, devant mes yeux ébahis, grimpa le long du tronc.

Mais la plupart d'entre nous, jeunes ou âgés, ne sommes pas aussi agiles. Paradoxalement, une chose aussi simple que monter dans un arbre pourrait être l'une des activités les plus ardues de ce livre.

Trouvez un arbre sur lequel il est possible de grimper, avec des branches basses et solides. Vous pouvez choisir votre arbre spirituel si cela est possible, ou sélectionner un autre arbre sur lequel vous avez vu des corneilles ou des corbeaux.

Gardez à l'esprit qu'il ne s'agit pas de l'escalader jusqu'aux branches les plus hautes ou de vous lancer dans un défi physique téméraire, voire dangereux. Soyez prudent, et veillez à ce que cette activité ne devienne pas une besogne. Ne vous inquiétez pas si vous tardez à trouver un arbre qui vous convient.

L'objectif est double : d'une part, avoir une vue d'ensemble de notre planète, à la manière d'une corneille ou d'un corbeau, même si vous ne grimpez que quelques branches. D'autre part, atteindre une communion physique, tactile avec la corneille ou le corbeau et, par extension, avec Gaïa. Vous découvrirez qu'agripper des branches et se hisser en haut d'un arbre au mépris de la gravité crée des sensations physiques assez différentes de la caresse d'un tronc avec les pieds plantés au sol. Votre moi enfant le savait. Il ne tient qu'à vous de vous en rappeler.

POUR ALLER PLUS LOIN

Le message est assez simple : laissez la folle sagesse du corbeau et le sens du jeu entrer dans votre vie – ou du moins, en partie. Chaos, perturbation, sottise peuvent engendrer de nouvelles façons de voir la vie et de voir ce qui se cache derrière le voile qui semble séparer ce monde des autres royaumes.

Intégrez occasionnellement les exercices de ce chapitre sur votre chemin spirituel, ou inventez vos propres techniques de sagesse folle. À tout le moins, vous découvrirez la joie simple que procure le fait de se surprendre soi-même.

L'écrivain Kurt Vonnegut, dans l'un de ses plus célèbres discours de remise de diplômes, conseille aux étudiants de se livrer à des jeux d'enfants, ce qu'il définit comme un « intolérable manque de sérieux »[8]. On pourrait même parler de *jeux de corbeaux*.

8. https://jsomers.net/vonnegut-1970-commencement.html.

CHAPITRE 22

MYTHE :
LA FACE OBSCURE
DES CORVIDÉS

Quand il s'agit de corbeaux, Lady Wilde, mère de l'écrivain irlandais Oscar Wilde, ne plaisantait pas.

Dans un recueil de folklore irlandais de 1890, Lady Wilde donne des indications rassurantes à quiconque ayant la malchance de rencontrer l'un de ces corvidés :

> « Quand un corbeau plane autour d'une maison, c'est le signe que le diable est proche, et qu'une mort ou un grand désastre va survenir ; pour que la chance tourne, dit immédiatement : “Que le feu et l'eau soient en toi, oiseau du diable, et que la malédiction de Dieu s'abatte sur toi pour toujours et à jamais.” »[1]

Lady Wilde a de la compagnie, même plus de cent ans après son décès.

Quand un ami, rédacteur en chef cultivé d'un site Internet d'informations locales dans mon comté de Floride, découvrit que j'étais en train d'écrire un livre sur les corneilles et les corbeaux, il me demanda : « N'ont-ils pas une sorte de côté sombre, chargé de superstitions ? C'est pour cela qu'on les dénigre ? Et quel est ce son mystérieux qu'ils émettent ? »

Il n'est pas le seul. Si quelques-uns de mes amis se définissent comme des passionnés de corvidés, la plupart d'entre eux sont plus réservés lorsque je leur narre ma dernière aventure avec les corneilles ou quand je poste des photos de Lord Vaillant, Boga ou Baca sur Facebook. Pour certains, c'est le criaillement des corneilles qui les rebute. « J'aime les oiseaux qui chantent ! » est la réponse habituelle. Une amie me confia qu'elle avait vu une corneille attaquer et tuer une colombe ; depuis, elle les perçoit comme des prédateurs barbares et malveillants, oubliant que les corneilles elles-mêmes, et plus particulièrement leurs nids, sont aussi la proie de hiboux et de faucons. D'autres personnes ressemblent à mon ami rédacteur, qui sent vaguement que les corneilles et les corbeaux sont des créatures de mauvais augure, même s'ils ne peuvent expliquer leur dédain pour les corvidés.

Malgré la prévalence de cette phobie des corvidés dans mon entourage, j'ai été surpris de lire que Lyanda Lynn Haupt avait vécu une expérience similaire alors qu'elle écrivait son ouvrage *Crow Planet: Essential Wisdom from the Urban Wilderness*. « De nombreuses personnes, écrit-elle, ont exprimé :

1. Lady Wilde, *Ancient Cures, Charms, and Usages of Ireland.*

un malaise nuancé, une sorte d'ambivalence exceptionnellement profonde... Plusieurs femmes auxquelles j'ai parlé ne marchaient pas dans le parc avec leurs enfants s'il y avait trop de corneilles. Elles ne peuvent pas me dire pourquoi. Et dans la myriade de réponses, même parmi ceux qui haïssent les corneilles, il y a toujours une forme de respect, comme si derrière leurs yeux sombres et brillants, ces volatiles *savaient des choses.* »[2]

Bien que les corvidés soient omnivores, c'est leur aspect charognard qui a hanté l'humanité depuis la nuit des temps. Même l'homme-oiseau de Lascaux, qui est l'un des premiers exemples de magie de la corneille, est une représentation de la mort. Si de nombreux interprètes, dont moi, ont vu dans l'homme-oiseau un chaman en état de transe plutôt qu'un chasseur du Paléolithique mortellement blessé par sa proie, il est indéniable que le bison, transpercé, les entrailles sortant de son corps, est à l'agonie. Et qui peut affirmer que la représentation d'un bâton surmonté d'un oiseau n'est pas un objet totémique mais seulement un corvidé sur un mât attendant de se repaître des cadavres d'humains et d'animaux (une interprétation que je ne partage pas non plus) ?

Quoi qu'il en soit, le décor a été planté dans les profondeurs de Lascaux par ce qui est l'une des premières œuvres connues de l'humanité ; si la mort se montre, une corneille ou un corbeau ne sera pas loin derrière.

Les guerres incessantes qu'a connues l'humanité à travers les millénaires ont laissé sur les champs de bataille nombre de corps, qui ont nourri corneilles, corbeaux et autres charognards. John Marzluff et Tony Angell résument succinctement ce que j'appelle la face sombre de l'histoire des corvidés : « En voyant des corneilles se délecter des défunts, les gens ont commencé à établir des liens littéraires, spirituels et artistiques entre les corvidés et la mort. Et à croire que les corneilles et les corbeaux étaient des messagers funestes, en lien avec le surnaturel. »[3]

Comme l'a écrit Edward A. Armstrong, le penchant des corbeaux pour les cadavres humains a conduit l'humanité « à supposer que les oiseaux pouvaient prédire la mort et le malheur... Dans toute l'Europe, ainsi que

2. Lyanda Lynn Haupt, *Crow Planet: Essential Wisdom from the Urban Wilderness*, p. 20.

3. John Marzluff et Tony Angell, *In the Company of Crows and Ravens.*

dans certaines régions d'Afrique et d'Asie, un corbeau qui croasse est signe de mort »[4].

Dans les anciennes sagas nordiques et celtes, les corvidés sont inextricablement, mais pas exclusivement, liés à la mort et au chaos. Bien que je n'aie vu aucune trace de systèmes d'augures aviaires recensés par les universitaires, je peux attester, quoique de façon anecdotique, que mes recherches sur les oracles liés aux oiseaux révèlent que les corvidés annoncent bien plus de présages de mort et de calamités que n'importe quel autre volatile.

Ernest Ingersoll, dans son ouvrage *Birds in Legend, Fable, and Folklore*, cite *The Encyclopedia Londinensis*, un « dictionnaire universel des arts, des sciences et de la littérature » autoproclamé, publié en vingt-quatre volumes au début des années 1800 constate : « Les présages les plus funestes ont été donnés par des corbeaux. »[5]

Ingersoll évoque également une légende selon laquelle « les corneilles européennes descendent en enfer une fois par an », où elles doivent payer un tribut de plumes au diable. Ce voyage ayant lieu pendant la période de mue des corneilles, en été, Ingersoll se demande, avec un ton amusé, si cette légende est vraie.[6]

Comme l'a observé Armstrong, la sinistre réputation des corvidés dépasse les frontières de l'Europe, et est presque aussi répandue que la population d'oiseaux elle même. Il écrit que « tout » le peuple sémite croit que les corbeaux possèdent d'étranges pouvoirs. Les récits syriaques d'exorcisme expliquent que les démons prennent la forme de corbeaux lorsqu'ils quittent les corps humains. Ces textes anciens racontent aussi que les esprits malfaisants adoptent l'apparence de « corbeaux noirs puants » pour importuner les saints. Selon les Arabes, les oiseaux « prédisent la mort et les désastres »[7].

Nombre d'observateurs ont constaté que la couleur noire des corneilles et des corbeaux contribue à leur lugubre image, le noir étant associé au trépas, au démon et à l'obscurité métaphysique. Ingersoll écrit :

4. Edward Allworthy Armstrong, *The Folklore of Birds*.
5. Ernest Ingersoll, *Birds in Legend, Fable, and Folklore*.
6. *Ibid.*
7. Edward Allworthy Armstrong, *The Folklore of Birds*.

> « En Grèce et en Italie, les corbeaux étaient affiliés à Apollon, le dieu des prophéties, qui a changé ce volatile blanc en noir. Or, les plumes noires font de noirs oiseaux, et c'est dans ce plumage sombre que se trouvent les racines de leur triste réputation, selon moi. »[8]

Vous pensez que ces histoires troublantes ne figurent que « sur maint précieux et curieux volume d'une doctrine oubliée », pour paraphraser Edgar Allan Poe ? Un rapide coup d'œil sur la pop culture actuelle prouve le contraire.[9]

Dans le poème *Le Corbeau* de Poe, publié en 1845, un narrateur en deuil se demande s'il sera un jour auprès de son épouse décédée, Lénore, et « une fois, sur le minuit lugubre », il obtient sa réponse lorsqu'un corbeau effrayant vola dans sa chambre. Un corbeau dont le vocabulaire se résume à un seul mot. Voici les dernières strophes du poème qui était une sorte de « tube » à l'époque :

> « "Prophète ! dis-je, être de malheur ! oiseau ou démon ! toujours prophète !
> Par ce Ciel tendu sur nos têtes, par ce Dieu que tous deux nous adorons,
> Dis à cette âme chargée de douleur si, dans le Paradis lointain,
> Elle pourra embrasser une fille sainte que les anges nomment Lénore,
> Embrasser une précieuse et rayonnante fille que les anges nomment Lénore."
> Le corbeau dit : "Jamais plus !"
>
> "Que cette parole soit le signal de notre séparation, oiseau ou démon ! hurlai-je en me redressant.
> Rentre dans la tempête, retourne au rivage de la Nuit plutonienne !
> Ne laisse pas ici une seule plume noire comme souvenir du mensonge que ton âme a proféré !
> Laisse ma solitude inviolée ; quitte ce buste au-dessus de ma porte ; arrache ton bec de mon cœur et précipite ton spectre loin de ma porte !"
> Le corbeau dit : "Jamais plus !"
>
> Et le corbeau, immuable, est toujours installé
> Sur le buste pâle de Pallas, juste au-dessus de la porte de ma chambre ;

8. Ernest Ingersoll, *Birds in Legend, Fable, and Folklore.*
9. Edgard Allan Poe, *Le Corbeau.*

> Et ses yeux ont tout le semblant des yeux d'un démon qui rêve ;
> Et la lumière de la lampe, en ruisselant sur lui, projette son ombre sur le plancher ;
> Et mon âme, hors du cercle de cette ombre qui gît flottante sur le plancher,
> Ne pourra plus s'élever, – jamais plus ! »

Dans le film d'Alfred Hitchcock *Les Oiseaux*, sorti en 1963 et inspiré de la nouvelle de Daphné du Maurier du même titre, divers oiseaux deviennent incontrôlables. Peut-être Hitchcock savait-il qu'une horde de corbeaux qui attaque de gentils enfants innocents et terrorisés amplifierait le « facteur peur ».

La scène de l'homme dont les yeux ont été arrachés en est la parfaite illustration : la corneille responsable de cet assaut est allongée sur un lit, les ailes déployées. Alors que de nombreux oiseaux sont connus pour se nourrir des yeux de leur proie, Hitchcock a choisi une corneille pour cette scène. On peut supposer que le volatile a perdu la vie en satisfaisant sa soif de sang, mais quiconque ayant lu les aventures des Nordiques se demandera si le corvidé ne s'est pas simplement évanoui suite à son ivresse de sang.

En 2016, le journal britannique *The Telegraph* a titré : « La mort vue du ciel : les corbeaux massacrent les agneaux nouveau-nés. » En 2019, un autre journal britannique, *The Daily Mail*, a titré : « La sauvage cruauté d'une loi qui permet aux corneilles de torturer et de tuer les agneaux », tandis que les sous-titres affirmaient : « Une brebis a eu les yeux arrachés par une corneille alors qu'elle mettait bas et est aveugle », et « Une autre a dû avoir la langue retirée après avoir été vicieusement attaquée par des corneilles ».

Lorsque mon amie Kathleen Phillips a appris que je travaillais sur un livre sur les corneilles et les corbeaux, elle a partagé son histoire personnelle avec moi :

> « Il y avait des signes de l'autre monde que j'ai ignorés il y a plus de huit ans. Il y a eu deux incidents qui sont sortis de ma tête, mais il y en a eu probablement plus. Je n'ignore ou ne minimise plus les signes et les messages des esprits.
> En mai 2008, j'ai rendu visite à ma mère à Sacramento, en Californie. J'étais accompagnée de ma petite chienne Dana. Chaque fois que je la promenais, un grand corbeau me suivait partout où j'allais. Il allait

d'arbre en arbre et m'attendait derrière la porte. Ma mère m'a dit : "Cet oiseau veut ton chien. Ne la quitte pas des yeux !"
Je me suis donc rendue dans le bureau du village senior de ma mère. Une jeune femme, dans la trentaine, était assise derrière un ordinateur. Elle portait un badge d'Eskaton (le nom du village senior) avec le prénom Christine. Je lui ai expliqué ce qui se passait et que j'étais inquiète à propos des petits chiens dans le patio. Elle m'accompagna jusqu'à la résidence de ma mère et là encore, l'oiseau m'accompagna vers le bâtiment principal et nous suivit.
Ma mère nous servit du thé et des cookies dans la cuisine. Christine nous parla de son service militaire et resta un moment avec nous, nous parlant comme si elle était une vieille amie ou un membre de la famille. Elle me suivit jusque dans ma chambre, où je suis allée chercher quelque chose, s'assit sur le lit et me dit : "Saviez-vous que l'esprit d'un jeune homme est assis sur le lit, près de vous ?" J'ai répondu par la négative, je ne pouvais pas imaginer qu'un jeune homme décédé soit avec moi. Elle m'a expliqué que quelqu'un n'avait pas besoin d'être mort pour que son esprit soit avec moi. Le corbeau continua de me suivre tout au long de mon séjour.
Mon fils décéda soudainement le 15 juillet 2008, soit trois mois après cette visite. Quand je me rendis à Eskaton la fois suivante, j'ai essayé de retrouver Christine, mais personne ne savait de qui il s'agissait. »

Pour ceux qui ont choisi (ou ont été choisis) de pratiquer la magie de la corneille et du corbeau, que devons-nous penser de tous ces récits qui traversent les siècles ?

Les religions et les voies spirituelles du monde, et pas seulement les voies païennes de la tradition ésotérique occidentale, sont peuplées de ce que certains observateurs appellent de façon cavalière ou avec hésitation, les déesses et les dieux « sombres » : Kali, Hécate, Lilith, la Cailleach, Baron Samedi, Hadès, la Morrigan, Phobos, les « déités courroucées » à l'apparence démoniaque du bouddhisme tantrique. Pour les étrangers qui rencontrent par hasard ces divinités et leurs adeptes actuels, que ce soit dans des écrits ou dans le cadre d'un engagement personnel, ces pratiques peuvent sembler déroutantes, voire dérangeantes ou carrément terrifiantes. Après tout, ces personnes se disent : « Un chemin spirituel ne doit-il pas mener vers l'illumination ? Ne s'agit-il pas de s'élever, et d'élever toute l'humanité, loin de nos bas instincts et de nos comportements mesquins, pour atteindre un état de conscience supérieure ? »

Pourquoi pas, oui, bien sûr. C'est juste que ceux qui font appel à ces déités soi-disant sombres, ou ceux dont la pratique intègre une forme de travail sombre, ont découvert la surprenante, l'immense pouvoir que de tels chemins peuvent avoir dans une transformation personnelle.

CHAPITRE 23

LEÇONS : ENTENDRE L'APPEL DE LA MORRIGAN

Cúchulainn, l'ancien guerrier mythique irlandais, n'a pas été le seul homme à avoir été envoûté, tourmenté, cajolé, dérouté ou séduit (de façon spirituelle et/ou érotique) par la Morrigan.

Si l'on peut dire que la magie de la corneille et du corbeau habite le paganisme contemporain, dans la lignée du chaman de Lascaux, du commandant romain Marcus Valerius Corvus, des anciens Nordiques avec leurs bannières du corbeau, des anciens Irlandais avec leur déesse de la bataille, et des Amérindiens avec leurs récits de corbeau, alors la magie des corvidés est celle que l'on perçoit le plus dans les manifestations modernes de la Morrigan.

Le 30 juillet 2017, dans son blog, un billet intitulé « When You Hear the Call of the Morrigan[1] », l'auteur John Beckett écrit que ses essais sur la déesse de la bataille celte ont généré davantage d'intérêt que ses posts sur Lugh, Cernunnos, Danu, Brigid ou Isis. Puis, dans des termes qui, rétrospectivement, sont étrangement prophétiques étant donné la pandémie qui a touché le monde en 2020, Beckett ajoute :

> « Les gens entendent l'appel de la Morrigan, mais ils ne savent pas comment y répondre...
> Je connais beaucoup de personnes dont la vie est devenue meilleure par la présence de la Morrigan. Je suis l'une d'elles. Mais aucune d'entre elles ne m'a dit que la Grande Reine l'avait sauvée, secourue, ou "réparée" de quelque façon que ce soit. Je ne connais personne m'ayant dit qu'elle avait rendu sa vie plus facile. La Morrigan ne sauve pas les gens. Elle appelle les gens à son service. À quoi serez-vous appelé ?
> Beaucoup de personnes sont appelées à devenir des combattants... D'autres à être des corbeaux, pour nettoyer les stigmates de la bataille, pour récupérer ce qui peut être réutilisé et pour préparer la terre à se régénérer. Malheureusement, je crois que nous allons avoir besoin de nombreux corbeaux dans les jours à venir. »[2]

Bien qu'il soit difficile de quantifier la littérature contemporaine sur les divinités païennes (Odin, Cernunnos, Freya, Oshun, etc.), une rapide recherche sur Internet révèle autant d'articles sur la Morrigan que sur n'importe quel autre dieu ou déesse. Il en est de même concernant l'art visuel et statuaire païen.

1. « Quand vous entendez l'appel de la Morrigan », N.D.T.
2. https://www.patheos.com/blogs/johnbeckett/2017/07/hear-call-morrigan.html

Si certains observateurs peuvent affirmer que la vénération de la Morrigan est de la magie de la corneille et du corbeau par procuration, ou pas du tout, il convient de garder à l'esprit le point de vue de la prêtresse wiccan et écrivaine Courtney Weber :

> « Souvent considérée comme le corbeau, mais généralement désignée comme un oiseau noir, la Morrigan, en tant qu'oiseau, est la forme la plus emblématique de la divinité. C'est son apparence caractéristique, présente dans un trop grand nombre de mythes pour les énumérer dans une seule section... La Morrigan, en tant qu'oiseau, est un symbole de son moi le plus naturel. Quand nous appelons la Morrigan comme oiseau, nous appelons l'aspect le plus clair et le plus direct de la Morrigan. »[3]

Mais comme l'ont remarqué Beckett et d'autres, c'est surtout la « Grande Reine » que l'on appelle.

Les chanteurs et guitaristes Mama Gina et Brian Henke, deux bardes populaires dans les festivals païens, ont écrit chacun des chansons en faisant appel, et sur demande, à la Morrigan.

Mama Gina, une artiste et habitante de Tampa connue dans le monde terrestre sous le nom de Gina LaMonte, se remémore : « La Morrigan m'a donné cette histoire et je me disais "Bon Dieu !". Elle survient toujours sous la forme d'une corneille. La Morrigan parle à beaucoup d'entre nous [les bardes]. »[4]

Cette histoire est devenue la chanson « Ruby », extraite de l'album *The Undertaker's Daughter*, sorti en 2014. « Ruby » débute par le criaillement d'une corneille couplé à des battements de cœur tranquilles, puis la guitare acoustique à douze cordes de LaMonte crée une ambiance folk-rock mêlée à de subtiles mélodies de synthé et aux doux battements de djembé. La voix rocailleuse de LaMonte commence à raconter l'histoire de la Morrigan qui, dans le premier couplet, récupère le cœur d'un guerrier mort au combat.

La chanson se poursuit avec la Morrigan retirant le cœur d'une femme morte en couches, puis elle l'apporte à un enfant « qui a été conçu lors d'un viol brutal, car cet enfant aura besoin d'un cœur de guerrier », explique LaMonte.

3. Courtney Weber, *The Morrigan: Celtic Goddess of Magick and Might.*
4. Mama Gina, interview avec l'auteur, 15 avril 2020.

La ballade mélancolique de Henke, « Morrighan – Queen of Ravens » (« La Morrigan – Reine des corbeaux »), apparaît sur son sixième album solo, *Dance with the Fireflies*, sorti en 2019.

« Ma relation avec la Morrigan est personnelle, retrace Henke. J'ai été appelé directement par elle pour être son barde. J'ai mal interprété sa demande au début et j'ai refusé. Puis après quelques discussions et une reconnaissance et une compréhension mutuelles, j'ai dit que j'écrirai à son sujet, mais seulement de la vérité que je connais, sans suivre le dogme de quelqu'un d'autre. »[5]

Il a ainsi écrit « Morrigan – Queen of Ravens » « comme une vérité plus grande et personnelle différente de ce que beaucoup croient, et non comme une vérité universelle que tout le monde, je pense, a besoin de savoir. C'est en grande partie ma vérité personnelle, de mon point de vue ». La chanson rend hommage à cette sombre déesse du panthéon irlandais/celtique, même si elle déplore les comportements des hommes.

La chanson de LaMonte « Ravens of the Nine Worlds[6] », issue de son album *Solitaire*, sorti en 2015, a été inspirée par sa rencontre avec deux corneilles opiniâtres alors qu'elle effectuait un long trajet de la Floride jusqu'à Asheville, en Caroline du Nord.

« J'ai continué de voir deux corneilles partout où j'allais, raconte LaMonte. Deux corneilles. Arrêt pour faire le plein, encore ces deux corneilles. Partout. C'était un peu bizarre. »

Après un autre arrêt, « il y avait encore ces deux corneilles, et je me suis dit "Oh mon Dieu ! c'est Hugin et Munin" », affirme LaMonte. Comme elle le fait souvent après ces rencontres mystiques, LaMonte a consulté Internet pour en savoir plus sur les corbeaux d'Odin. Elle est tombée sur un site affirmant que la traduction traditionnelle de leurs noms, Pensée et Mémoire, est peut-être erronée ; l'un de leur nom signifiant plutôt « Désir ».

« C'est ce qui a été à l'origine de la chanson, en ajoutant le désir à la pensée et à la mémoire, explique LaMonte. Ça a fait exploser toute l'histoire d'Odin et de ses corbeaux. »

5. Brian Henke, interview avec l'auteur, 16 mars 2020.

6. « Les Corbeaux des neuf mondes », N.D.T.

LaMonte révèle que ses rencontres spirituelles, qui incluent d'autres déités et entités, « peuvent être très troublantes. Elles le sont moins maintenant, mais il y a quelques années, eh bien, ça me remuait chaque fois qu'il y avait quelque chose de nouveau. Les dieux, les déesses et les entités qui apparaissent sont tout à fait réels. Je suis une personne très rationnelle, du genre à me dire "Je ne suis pas sûre que ce soit réel." Mais dans les moments de créativité et de compréhension, je dois suspendre mon incrédulité et la vivre. Je dois écouter. Je dois être ouverte. Et ça fait une différence dans ma vie, c'est donc la preuve que c'est réel.

Ainsi, quand la Morrigan vient me piquer l'arrière de la tête ou quand les corbeaux d'Odin continuent de se manifester au cours d'un long trajet, je m'ouvre à eux et j'écoute. »[7]

Daragh Smyth rapporte la dernière apparition répertoriée de la Morrigan, en Irlande :

> « La Morrigan est apparue avant la bataille de Mag Rath en 637, sous la forme d'une maigre et vive vieille sorcière aux cheveux gris, planant et sautant sur les lances et les boucliers de l'armée royale qui était sur le point d'être victorieuse. Sa dernière apparition référencée eut lieu à la bataille de Clontarf en 1014. »[8]

Les païens actuels de l'île d'Émeraude et d'ailleurs peuvent être en désaccord avec Smyth sur la dernière apparition recensée de la Morrigan. Voici une leçon de la corneille et du corbeau, comme en témoignent les expériences de Beckett, Weber, LaMonte, Henke et sans doute de nombreuses autres personnes : la Morrigan et la magie de la corneille et du corbeau ne sont pas l'apanage des mythes anciens. Elles vivent et prospèrent aujourd'hui.

De plus, étant donné les rôles facilement observables des corvidés en tant que charognards, et leur réputation « d'oiseaux de mort », la prophétie préCovid que Beckett a livré en 2017 dans son blog *Patheos* sur la Morrigan est particulièrement effrayante et mérite d'être répétée : « Malheureusement, je crois que nous allons avoir besoin de nombreux corbeaux dans les jours à venir. » Il faut prendre en considération l'autre aspect de cette observation : « Certaines personnes sont appelées à être

7. *Ibid.*

8. Daragh Smyth, *A Guide to Irish Mythology*.

des corbeaux, pour nettoyer les stigmates de la bataille, pour récupérer ce qui peut être réutilisé et pour préparer la terre à se régénérer. »[9]

C'est aussi une leçon pour aujourd'hui : à l'instar des corbeaux et des corneilles en chair et en os qui peuplent la terre de Gaïa, les gens qui sont appelés à devenir des « corbeaux » ont une place nécessaire dans le monde actuel, comme l'artiste de Lascaux en avait eu l'intuition dix-neuf mille ans plus tôt.

Leçon : les déesses et les dieux vivent !

Leçon : écoutez votre appel.

9. John Beckett, « When You Hear the Call of the Morrigan ».

CHAPITRE 24

GRIMOIRE : LA DIVINATION PAR LES OMBRES DE LA BOUGIE

La divination est une technique magique qui consiste en une contemplation profonde d'un objet. C'est un moyen simple et efficace de modifier la conscience de quelqu'un et d'entrer dans une réalité non ordinaire ; les états altérés obtenus avec cette méthode sont généralement utilisés pour discerner et interpréter des messages prophétiques. Toutefois, il s'agit aussi d'un procédé performant pour atteindre l'auto-transe.

Cette méthode de scrutation au moyen de bougies, appelée lychnomancie, est un mélange de méditation et, on l'espère, d'un travail de transe obtenu grâce à des outils de base. Ce type de divination est un autre exercice qui utilise une image visuelle.

En concentrant votre intention, vous deviendrez un psychonaute, quelqu'un qui explore des états altérés de conscience, mais avec un objectif spécifique : contacter et vous immerger dans l'esprit de la corneille et du corbeau, puis établir une communion plus profonde avec cet aspect de la magie gaïenne.

CE DONT VOUS AUREZ BESOIN

- Une petite bougie de n'importe quelle couleur. Une bougie en pot ou une bougie chauffe-plat fera l'affaire, mais pas une bougie longue et fine. Et des allumettes.
- Une petite table ou un tabouret, de 15 à 90 cm de hauteur.
- Une pièce ou un espace sombre et isolé.
- Une toile d'artiste blanche, vierge, de 60 x 60 cm (pour la divination à l'extérieur si vous le souhaitez).
- Une icône, une statue, un talisman et/ou un fétiche de corneille ou de corbeau.
- Une petite plante vivante en pot dans de la vraie terre (pour la divination à l'intérieur si vous le souhaitez).

CONTEXTE

Il y a environ dix-neuf mille ans, l'un de nos ancêtres paléolithiques est descendu dans le ventre de Gaïa, en l'occurrence, la grotte de Lascaux. Avec des pigments minéraux primitifs, un pinceau rudimentaire et une sorte de torche – peut-être une lampe en grès qui brûlait de la graisse animale, selon les anthropologues –, cet artiste commença à peindre le célèbre homme-oiseau chaman.[1]

Avec la lumière vacillante du feu, cet ancien Picasso a dû être aussi enchanté par l'image qui prenait forme que nous le sommes quand nous regardons cette merveille d'art rupestre, même à travers des livres ou des sites Internet.

Pratiquez la lychnomancie et vous remonterez le temps jusqu'à ce premier exemple mondial de magie de la corneille, quand l'artiste de Lascaux œuvrait dans la faible lueur dansante du feu au milieu de l'obscurité enveloppante.

PRÉPARATION

Si vous êtes novice en matière de transe, il est préférable de participer à plusieurs méditations guidées de groupe avant de vous lancer dans une session solo de lychnomancie, ou toute autre modalité menant à un état de conscience altérée profonde. Les méditations en groupe sont un élément essentiel de presque tous les festivals païens auxquels j'ai assisté. Les boutiques métaphysiques proposent souvent des ateliers de ce type.

Les techniques de base d'un groupe de méditation ressemblent à celles décrites ci-dessous. Vous vous familiariserez, sous la direction d'un enseignant expérimenté, avec les mécanismes du voyage des réalités ordinaires aux réalités non ordinaires, et vice-versa.

CHOISIR UNE ICÔNE, UNE STATUE, UN TALISMAN OU UN FÉTICHE DE CORVIDÉ

Vous pouvez utiliser la statue ou le fétiche de votre choix. Choisissez un objet en forme de corbeau ou fortement associé aux corvidés, comme une statuette d'Odin ou de la Morrigan. Je dessine souvent Rave, la corneille de ma boutique artisanale devenue l'un de mes fétiches.

Sans surprise, ces fétiches représentent, ou plutôt possèdent, une entité naturellement cinétique rendant les séances de divination plus

1. https://www.bradshawfoundation.com/lascaux/

fructueuses. D'après mon expérience, ce n'est pas seulement ésotérique ou magique, mais également physique et littéral : si une déité ou une entité surnaturelle vole ou danse, alors son fétiche ou sa statue seront probablement conçus pour refléter le mouvement de manière spectaculaire ou subtile, et son aspect cinétique prendra vie durant la divination.

Vous animerez littéralement l'une de vos icônes sacrées, la libérant d'un perchoir statique sur votre autel. Rappelez-vous comment nos esprits recherchent avec insouciance des dragons, des lapins, des chiens, des sorciers, des aliens et toutes sortes de créatures quand nous contemplons des nuages cotonneux par un jour d'été. De même, ce que les mystiques nomment votre troisième œil, une porte vers une conscience plus élevée, s'ouvrira pendant la lychnomancie, et ce portail convoquera et transformera les arcanes enfouis en votre for intérieur. La flamme dansante et vacillante produira une image d'ombre cinétique ondoyante de votre objet sacré ; quand vous regarderez et méditerez sur cette image, elle entrera dans votre troisième œil et votre subconscient, dans votre cerveau mystique-intuitif.

C'est ainsi que le voile entre la réalité terrestre et les royaumes cachés se dissipera. Vous deviendrez un psychonaute, explorant non seulement votre moi intérieur mais aussi l'inconscient collectif, l'âme/l'esprit universel.[2]

CHOISISSEZ UN ESPACE

Trouvez une pièce sombre, isolée et avec un espace vierge sur un mur, ainsi qu'un endroit pour installer une petite table ou un tabouret près du mur. La pièce n'a pas besoin d'être dans le noir complet. Le seul prérequis est d'être en capacité de voir les ombres projetées par la lueur de la bougie.

Une pièce avec au moins deux portes ouvertes, ou une porte et une fenêtre ouvertes, est idéale pour deux raisons : un courant d'air, même minime, rendra le jeu d'ombres plus intéressant. Non, ce n'est pas de la triche que d'avoir une brise naturelle, le souffle de Gaïa, qui fera partie de votre séance. Et, d'un point de vue ésotérique et magique, la sensation d'une pièce avec plusieurs portes stimulera le flux de l'énergie spirituelle immanente à la nature, provenant des entités animées et

2. https://iaap.org/jung-analytical-psychology/short-articles-on-analytical-psychology/the-collective-unconscious-2/

inanimées. Il s'agit, après tout, de la magie de la corneille et du corbeau, et les esprits aviaires doivent être libres d'entrer et de sortir à leur guise.

Assurez-vous que votre bougie, placée sur la table ou le tabouret, aux côtés de votre fétiche, brûle dans un lieu sûr afin que rien ne prenne feu si vous êtes en transe et que la bougie brûle jusqu'à sa base. Pendant les rituels, la divination ou la méditation, je dispose toujours du papier aluminium sous les bougies.

| LA DIVINATION À L'EXTÉRIEUR

J'ai vécu des séances de divination par les ombres fascinantes et stimulantes, et je dois dire que la vue d'une corneille battant des ailes sur les murs a infusé, et même consacré, ma maison d'un esprit de la corneille palpable auquel je ne m'attendais pas. Mais organiser une session de lychnomancie à l'extérieur peut ouvrir un portail vers un enchantement plus puissant. Après tout, les corneilles et les corbeaux vivent dans la nature, et non à l'intérieur ; exercer leur magie dans leur environnement amplifiera l'énergie.

Bien sûr, il faut être en mesure de travailler cette magie de transe avec un risque minimal d'être dérangé par des bruits ou d'autres intrusions. Trouver un lieu approprié peut être décourageant. Projeter l'ombre d'une corneille sur un mur extérieur de votre maison, garage ou cabane à outils ira à l'encontre du véritable objectif : être dehors et permettre à la nature et au ciel nocturne de composer la mise en scène de votre séance. J'ai résolu le problème en posant une toile blanche sur le sol de mon arrière-cour, avec ma bougie et mon fétiche disposés sur le tabouret placé devant la toile, et la pleine lune bénie s'élevant au-dessus des bois.

Bien que la lychnomancie sous la pleine lune soit époustouflante, j'ai été encore plus captivé par la divination au printemps en Amérique du Sud, lorsque la constellation Corvus s'élève au sud après le crépuscule à cette période de l'année. Corvus n'est pas une constellation grandiose : elle est petite, en forme de boîte, et est localisée non loin de Spica, l'étoile brillante de la constellation Vierge. Ceci dit, la lychnomancie sous un corvidé céleste qui vole dans les cieux obscurs déclenchera un étrange mélange de magie de la corneille, à la fois furtif et extatique.

L'HEURE DE LA DIVINATION : NUIT OU CRÉPUSCULE ?

Je préfère la lychnomancie de nuit, quand il est facile d'œuvrer dans une pièce sombre. Mais il y a aussi une raison magique, ésotérique : il s'agit, littéralement, d'un travail de l'ombre, et l'intensité de la lumière du soleil est hostile aux ombres, car elle cherche toujours à les enflammer et à les brûler alors que, paradoxalement, la lumière du soleil crée ces ombres. Ainsi, quelle que soit l'obscurité de la pièce de votre demeure ou de votre sanctuaire, ce que je nomme la divination ou la lychnomancie profonde ne concerne que la nuit (la divination pendant l'après-midi ou au crépuscule est abordée dans la section « L'ancrage dans la terre »).

Quand votre séance de lychnomancie profonde sera terminée, votre psyché et votre esprit ne voudront pas revenir à la pleine conscience sous l'effet d'une lumière solaire soudaine. Passer lentement de la profonde ombre de la lueur des bougies à l'ombre normale d'une pièce faiblement éclairée la nuit, illuminée par une lampe de faible puissance, ne sera pas seulement plus agréable d'un point de vue esthétique, mais aussi bénéfique d'un point de vue psychique. Les images et les expériences de votre session resteront tandis que votre conscience passera par cet état crucial et quasi hypnopompique (l'état où la magie se produit fréquemment), et vous serez capable de continuer à traiter ce qui s'est passé... enfin, ce qui se passe encore dans ces moments-là.

De même, les esprits du corbeau, des déesses, des elfes machines[3] (mais sans les psychotropes !) ou de toute autre entité ou être spirituel que vous avez rencontré doivent être autorisés à se retirer et à se dissiper à leur propre rythme, plutôt que d'être choqués et bannis par une intense lumière survenue par l'ouverture d'une porte ou le déclenchement d'un interrupteur.

Ne vous inquiétez pas, vous terminerez bientôt votre séance, et vous pourrez faire vos adieux à tous ceux que vous avez croisés en toute sécurité, et revenir à votre état de pleine conscience quotidien.

RESTER CONNECTÉ À LA RÉALITÉ ORDINAIRE

Si vous êtes à l'intérieur, placez une petite plante en pot derrière vous, sur le côté. N'importe quelle plante fera l'affaire, pourvu qu'elle pousse

3. Les elfes machines seraient des créatures humanoïdes qui apparaîtraient sous l'influence de psychotiques.

dans la terre. Vous utiliserez cette plante pour vous ancrer littéralement et métaphysiquement pendant votre voyage de méditation/transe, si vous le souhaitez, et retourner à la réalité terrestre à la fin de votre session. Si vous êtes à l'extérieur, assurez-vous de mener votre séance sur l'herbe ou le sol (pas sur du béton).

Avant d'initier votre parcours de psychonaute, il faut littéralement garder à l'esprit une importante considération, explorée par Arnold Mindell dans son ouvrage *The Shaman's Body*[4], publié en 1993. Pendant le travail de rêve, de transe et de vision, il faut « se souvenir de son moi ordinaire », quel que soit l'état de conscience altérée.[5]

Vous devriez vivre vos expériences extatiques et vous désidentifier d'elles. La première étape du travail sur soi consiste à comprendre que vous êtes autant l'observateur que le participant. Choisissez à quel moment vous identifier et à quel autre vous désidentifier du voyage.

Selon Mindell, ce n'est qu'en restant connecté à son moi de tous les jours que les « outils » acquis au cours d'un état altéré resteront à votre disposition une fois revenu à la réalité ordinaire.

Maintenir l'équilibre entre la réalité ordinaire et non ordinaire peut être une danse délicate et difficile. À quoi bon s'aventurer dans l'autre monde par le biais du rêve, de la transe et de la vision si vous êtes en train de penser à votre hot-dog du déjeuner ? En tant que psychonaute explorant l'espace intérieur de votre conscience, vous voulez être un pilote compétent quand vous vous lancez dans un rêve ou une transe pour naviguer dans l'autre monde. De tels voyages peuvent être, devraient être, et seront exaltants. Mais si vous êtes un néophyte, vous voudrez peut-être laisser une trace de pop-corn quand vous descendrez dans le terrier du lapin, afin de retrouver votre chemin lors de votre retour.

Comment maintenir l'équilibre entre la conscience du quotidien et la conscience altérée ? Comment se « désidentifier » ?

Mindell relate le conseil du chaman don Juan Matus à Carlos Castañeda de regarder ses mains lorsque son état est modifié. Cet acte simple n'a aucune signification symbolique ou ésotérique. Au contraire, « ne rien regarder dans un rêve » est un appel à se souvenir de son moi ordinaire.

4. *A New Shamanism for Transforming Health, Relationships, and the Community.*

5. Arnold Mindell, *The Shaman's Body.*

Mindell note : « Il y a de nombreuses méthodes pour se distinguer du processus avec lesquels vous travaillez afin de résister à la possession. » En d'autres termes, il existe des moyens pour les explorateurs des réalités non ordinaires pour se rappeler qu'ils sont des observateurs et qu'ils sont distincts de l'observé lorsqu'ils s'aventurent dans ce que le maître psychonaute Robert Anton Wilson appelle la « chapelle périlleuse ».[6]

Se remémorer son moi ordinaire pendant les états altérés vous évite « de partir à la dérive », pour reprendre les termes de Mindell.[7]

De même, rester enraciné à son moi quotidien, à quelque degré que ce soit, vous aidera à esquiver ce que j'appelle le « syndrome des jolies images psychédéliques ». En effet, il peut être fascinant de s'engager dans un voyage en transe, qu'il soit alimenté par la divination, le rêve lucide, l'ayahuasca ou tout autre enthéogène.

Mais il y a une raison pour laquelle vous levez le voile et révélez les mystères. Maintenir un degré de connexion avec l'observateur, c'est-à-dire vous, vous empêchera non seulement de « partir à la dérive », mais facilitera aussi votre capacité à relier vos visions à votre vie quotidienne, à l'instar de ces chamans expérimentés qui voyagent vers les autres royaumes à la recherche de remèdes ou de connaissances afin de guérir dans le monde « réel ».

L'ANCRAGE DANS LA TERRE

C'est là que la plante en pot, ou plutôt la terre dans laquelle elle pousse, entre en jeu.

Au cours de votre séance de lychnomancie, vous aurez peut-être l'impression d'être perdu dans les « jolies images » ou, plus troublant, de vous aventurer dangereusement près d'une falaise dans votre propre espace intérieur. Ainsi, si vous ressentez le besoin de vous reconnecter à votre conscience de tous les jours, effleurez du bout des doigts la terre de votre plante, ou touchez le sol si vous êtes dehors. Vous pouvez aussi, avant votre session, prévoir de tâter périodiquement ce sol tout au long de votre voyage. Quoi qu'il en soit, vous vous rappellerez du « *set and setting* », un terme de Timothy Leary[8] dont je parlerai plus tard et que

6. Robert Anton Wilson, *Cosmic Trigger: Final Secret of the Illuminati.*
7. Arnold Mindell, *The Shaman's Body.*
8. https://journals.sagepub.com/doi/10.1177/2050324516683325.

vous aurez prévu avant votre voyage. Ainsi, vous vous souviendrez que vous êtes l'observateur au milieu d'un rêve, d'une transe, d'une vision ou d'une méditation profonde. Il s'agit d'une adaptation de la technique d'ancrage post-rituelle, dont nous parlerons bientôt, privilégiée par de nombreux païens et sorcières, que ce soit lors de grands festivals ou de petites assemblées.

Si vous êtes réticent et inquiet à l'idée d'être consumé ou, comme le dit Mindell, « possédé », par une transe profonde ou le fait de « partir à la dérive », ou si vous êtes un novice en matière de lychnomancie ou de transe, menez votre séance dans une pièce avec les portes et les fenêtres ouvertes, et éclairée par la lumière du soleil, du coucher de soleil ou du début du crépuscule. Il est étonnant de constater comment les ombres des bougies peuvent s'animer et opérer leur magie de transe dans des environnements doucement illuminés. J'ai eu moi-même des séances assez fructueuses dans ces conditions lorsque j'étais un néophyte. Un tel cadre vous permettra presque invariablement de rester conscient de votre réalité ordinaire et de maintenir votre conscience quotidienne tout en permettant à certains, voire à beaucoup, d'avantages de la transe de s'épanouir.

Un aperçu inestimable sur ces sujets est offert par Janet Farrar et Gavin Bone qui relèvent que certaines personnes les ont approchés pour leur faire part de leurs inquiétudes quant aux effets néfastes du travail de transe. « Ces personnes, écrivent-ils, craignent en fait que le voyant devienne schizophrène ou soit possédé par un esprit malfaisant. »[9]

Un tel état d'esprit, constatent Farrar et Bone, est la conséquence d'une culture qui nous dit que les esprits avec lesquels nous pouvons communiquer sont maléfiques. C'est une fausse perception répandue par certaines églises monothéistes et par la culture pop sous la forme de romans et de films d'horreur.

« De telles déclarations en disent plus sur la personne qui demande que sur le travail entrepris… c'est cette émotion qui constitue le plus grand danger quand vous travaillez dans le monde des esprits »[10], affirment Farrar et Bone.

9. Janet Farrar and Gavin Bone, *Lifting the Veil.*

10. *Ibid*

QUELQUES DERNIÈRES INFORMATIONS AVANT LA LYCHNOMANCIE

Je suis tenté d'émettre un avertissement à propos de la transe, mais ce serait peut-être exagéré, et l'on pourrait dire la même chose de la « désidentification » de Mindell.

Comme pour tout chemin, approche, technique ou rituel métaphysique, il faut de la pratique pour en récolter les fruits. Ce n'est pas un hasard si un adepte de la sorcellerie dit : « Je suis un pratiquant païen » ou « Je pratique [n'importe quelle religion ou presque] ». Plus nous avançons sur notre chemin, plus nous devenons expert, dans le sens terrestre et métaphysique du terme.

Gardez toujours à l'esprit que s'aventurer dans les autres royaumes par le biais du rêve, de la transe et du travail de vision ne doit pas s'effectuer avec appréhension. La raison pour laquelle nous entreprenons un tel voyage est d'établir une communion profonde avec le monde animé et stimulant de Gaïa/la nature, les royaumes supérieurs, les autres royaumes, la conscience cosmique, la divinité, les déesses et les dieux, l'esprit. D'une telle communion arriveront non seulement une sagesse que nous pouvons ramener dans notre vie quotidienne, mais aussi une joie extatique.

ACTIONS

Vous avez vos outils et votre lieu pour votre séance de lychnomancie : une bougie, des allumettes, une petite table ou un tabouret, une pièce sombre avec au moins un espace vierge sur un mur, une plante en pot, avec de la terre, et un fétiche, une icône, une statue ou un talisman de corneille ou de corbeau.

Aménagez la scène de façon que la table soit près du mur. Placez la bougie (contenue dans un support ignifugé) devant votre fétiche corneille ou corbeau afin que la lumière projette son ombre sur le mur, ou une autre surface.

Au début de votre session, allumez la bougie, et asseyez-vous dans une position confortable, de préférence en bouddha.

Demandez à la corneille ou au corbeau d'être le messager entre les royaumes pendant une séance de divination, de lecture de tarot ou un rituel, et vous puiserez dans une tradition sacrée et riche en histoires.

Commencez en murmurant une invocation de votre cru, semblable à celle qui suit :

> *« Esprit de la Corneille, Esprit du Corbeau,*
> *Que cette lumière projetée sur vos ailes*
> *Vous guide dans les Royaumes Obscurs*
> *Et les Autres Royaumes, aller et retour*
> *Pour que vous puissiez criailler et croasser*
> *Leurs beaux arcanes. »*

Votre requête s'inspirera de la magie du chaos et suivra la technique de la non-technique. Il s'agit simplement de « brûler, voir et apprendre » sans objectif précis en tête. Une sorte de test de Rorschach, où il vous faudra interpréter l'ombre qui danse.

Concentrez-vous sur la flamme pendant dix secondes ; puis déplacez votre regard vers votre fétiche/icône/statue pendant dix autres secondes ; regardez l'ombre qui ondoie pendant dix secondes également ; enfin, fermez les yeux pendant dix secondes. Répétez ce schéma sans vous presser ; ne vous alarmez pas si votre esprit singe s'immisce. Si c'est le cas, examinez à nouveau la flamme, le fétiche et son ombre.

À un moment donné – votre intuition vous le fera savoir – vous devrez cesser de contempler systématiquement pendant dix secondes et laisser votre regard errer là où bon lui semble, ou avec les yeux clos, regardez le théâtre intérieur de votre esprit. Il est plus probable que votre troisième œil devienne le pilote de cette séance, vous n'aurez donc pas à prendre de décision consciente sur l'endroit où vos yeux se fixent. Vous serez dans un état altéré, le temps du rêve, le *Spiritus Mundi*, les branches supérieures de l'arbre du monde, les autoroutes et les petites routes de la conscience cosmique, et/ou votre propre espace intérieur.

Si un dieu, une déesse ou un guide spirituel apparaît, vous serez peut-être amené à entrer en contact avec lui/elle. Sans doute voudrez-vous lui demander son nom, à moins que vous ne préfériez être un témoin silencieux, un observateur, plutôt que de vous engager dans le courant visionnaire que vous avez mis en mouvement. Je parle rarement à voix haute pendant la transe, la lychnomancie ou les sessions de tarot. Je préfère engager toute vision par la seule force de mes pensées.

Le temps peut passer vite, ce qui est même plutôt souhaitable. Parallèlement à mon parcours d'écriture, je suis également un joueur de sitar et un adepte des cercles de tambour, et mes visions les plus puissantes au cours de ces activités ont été accompagnées d'un sentiment de temps perdu, ou plutôt d'être « en dehors » du temps. Je me « réveille » en pensant que je joue depuis vingt ou trente minutes, avant de découvrir que trois, quatre voire cinq heures sont passées. Un phénomène similaire peut survenir au cours d'une session de lychnomancie ou de transe.

METTRE FIN À VOTRE SÉANCE

Lorsque vous sentez que votre séance arrive à sa fin, vous ne voulez pas sortir brutalement et revenir directement dans la réalité terrestre.

Exprimez votre gratitude à tous les dieux, déesses ou guides spirituels qui sont apparus. Vous pouvez adresser vos remerciements au *Spiritus Mundi*, à vos ancêtres, ou à ce que Yeats a appelé, après une session d'écriture automatique avec son épouse Georgie, les « instructeurs »[11]. Il en a même tiré un poème intitulé « Gratitude to the Unknown Instructors » (« gratitude envers les instructeurs inconnus », N.D.T.).

Pour conclure votre séance, relâchez votre concentration. Flânez. Laissez votre esprit singe reprendre son bavardage, mais sachez que des idées peuvent encore surgir à ce stade, semblable à l'état hypnopompique lorsque l'on passe du sommeil au réveil.

Avant d'éteindre votre flamme, enracinez-vous métaphysiquement et littéralement en plongeant doucement le bout des doigts de vos deux mains dans la terre de votre plante pendant dix ou vingt secondes, ou plus si vous en ressentez le besoin. Cela reflète une technique commune d'enracinement pour terminer les rituels en plaçant ses paumes sur la terre, technique presque universellement utilisée (d'après mon expérience lorsque j'ai pris part à des rituels lors de la Florida Pagan Gathering, la Phoenix Phyre et les assemblées de sabbat). Si vous êtes dehors, posez simplement vos mains sur le sol pendant dix ou vingt secondes, ou plus si vous vous sentez appelé à le faire.

11. William Butler Yeats, *A Critical Edition of Yeats's A Vision (1925)*.

La secousse d'énergie inverse du « retour à la terre », à nouveau métaphysiquement et littéralement, peut être palpable, et étrangement satisfaisante. J'ai souvent trouvé que les sensations qui suivent le rituel, les séances de transe et autres aventures ésotériques ressemblent beaucoup à la félicité post-orgasmique.

POUR ALLER PLUS LOIN

Les méthodes décrites dans ce chapitre me conviennent, mais sentez-vous libre de les modifier, de les rejeter ou de les compléter en fonction de votre intuition et de votre bon sens.

CHAPITRE 25

GRIMOIRE : DEVENEZ LA CORNEILLE

La thérianthropie est la métamorphose d'un être humain en animal ou en une hybridation homme-animal. Quiconque agit ainsi est un thérianthrope. Les mots dérivent de l'ancien grec *theríon* qui signifie « bête sauvage », et d'*anthropos* qui signifie « homme ».

Il peut être compliqué de vivre une expérience thérianthropique. Une expérimentation réussie vous permettra d'atteindre une profonde communion avec les corvidés. Parmi les mystères de cette connexion, vous découvrirez non seulement une nouvelle sagesse vous aidant à revenir dans le monde terrestre, mais aussi une joie intense qui élèvera votre pratique spirituelle.

CE DONT VOUS AUREZ BESOIN

- Un esprit ouvert.
- Une connaissance approfondie des corvidés et une expérience de leur observation.

CONTEXTE

Une fois de plus, nous retournons à l'homme-oiseau chaman des grottes de Lascaux : le corps d'un humain, la tête d'un volatile que les spécialistes ont identifié comme étant celle d'un corvidé. De toute évidence, il s'agit d'un thérianthrope, et probablement de sa première représentation. L'artiste de Lascaux a-t-il vécu cette transformation (par le biais d'un ancien enthéogène ou d'une transe-vision spontanée), ou cette œuvre d'art est-elle le résultat d'une « simple » imagination ?

La *Weltanschauung* de l'animisme entre ici en jeu. L'animisme considère que tous les phénomènes naturels, comme la terre, le ciel, les forêts, les animaux, le soleil, la lune, l'orage, les montagnes, les rivières, le vent, etc. possèdent une âme. Ainsi, ils seraient imprégnés d'une sorte d'esprit. En d'autres termes, l'animisme soutient que les animaux et les éléments de l'environnement naturel « sont des êtres non humains avec lesquels nous pouvons entretenir et développer des relations sociales… L'animisme, sous une forme ou une autre, a été la tradition religieuse dominante dans toutes les sociétés humaines depuis que nos ancêtres ont quitté l'Afrique »[1].

1. Tiddy Smith « Animism », *A Dictionary of Greek and Roman Antiquities.*

Cette phrase « entretenir et développer des relations sociales », avec les « autres », certes dotés d'une âme mais qui semblent étrangers et qui partagent notre planète, est essentielle. Cependant, un voile sépare notre existence quotidienne du monde animiste vivant et naturel (et surnaturel) où l'esprit et ses nombreuses manifestations résident et prospèrent. De fait, nous nous engageons sur nos chemins spirituels et métaphysiques pour forger une profonde communion avec le monde animé de Gaïa, la nature, les autres royaumes, la conscience cosmique, la divinité, les déesses et les dieux.

Le voile peut être levé grâce aux « techniques archaïques d'extase » chamaniques d'Eliade et d'autres méthodes : la création musicale, la méditation de type bouddhiste ainsi que « la marche méditative » adoptée par Alan Watts[2], la solitude hermétique dans les bois (voyez combien de temps vous pouvez éviter le contact humain, ce qui est plutôt difficile à notre époque), la transe auto-induite, la lychnomancie, l'écriture automatique, le tarot, le tambourinage (en solo ou dans des cercles de tambour), la création ou la contemplation d'œuvres d'art, le chant, la communion élevée par ces créatures mystiques et intelligentes que sont les corvidés et... ceux qui changent de forme.

De toutes ces techniques et ces opérations magiques que l'on peut utiliser pour déchirer le voile et altérer/aérer la conscience de quelqu'un, la thérianthropie demeure la plus ardue.

Poursuivez la lecture de tarot, la lychnomancie, la méditation, le travail de transe, le tambourinage, la solitude dans les bois, l'art, le jeu sacré, etc. et quelque chose surviendra, même si les résultats peuvent sembler éphémères et insignifiants.

Des pratiques telles que le tarot et la lychnomancie doivent être abordées avec la plus grande intention. Néanmoins, la thérianthropie peut, ou non, se déclencher à chaque tentative ; lorsque c'est le cas, votre but doit être différent de ce que vous recherchiez à travers ces techniques susmentionnées. Parmi toutes les pratiques d'altération et « d'aération » de la conscience citées dans ce livre, la thérianthropie est sans doute la moins « pratique ». En effet, vous pouvez chercher à changer de forme en ayant à l'esprit une sorte de quête de connaissance ou d'objectif ésotérique. La lychnomancie, le tarot, les méditations guidées et autres techniques de transe-visions seront sûrement plus efficaces pour des quêtes aussi ciblées.

2. Alan Watts, « Zen Bones ».

LE RÔLE DE L'IMAGINATION

Lisez les récits sur le dieu nordique Odin et ses corbeaux, Hugin et Munin, Pensée et Mémoire, et vous prendrez votre envol (dans votre imagination) aux côtés de ces deux corvidés et les rejoindrez alors qu'ils s'élèvent dans les cieux, bien au-dessus de l'agitation que nous provoquons, nous humains. Vos envolées seront des vols vers la fantaisie, l'imagination, le rêve.

Ou s'agit-il d'une simple rêverie ?

Contrairement aux cultures orientales, notre culture occidentale tend à n'attribuer que peu, voire pas, de mysticisme aux domaines de l'imagination. Dans notre société techno-industrielle, nous avons volontairement permis au « complexe militaire industriel de divertissement », comme l'a lancé malicieusement l'agent du FBI Fox Mulder dans un épisode de *X-Files*, de réquisitionner le contrôle et l'exercice de nos pouvoirs d'imagination. *Game of Thrones*, l'univers des *Marvel* et bien d'autres films, émissions de télévision et jeux vidéo sont d'incroyables divertissements, mais ces créations « font notre imagination ». De nos jours, notre culture de masse considère l'imaginaire comme une chose ordinaire et même frivole. Ainsi, nous « imaginons » ce que nous achèterions si nous avions gagné au loto, ou rêvons d'une histoire d'amour avec Beyoncé ou Idris Elba, puis nous retournons au travail et salivons devant la nouvelle saison de notre série télévisée préférée.

Rien de mal à ça, mais combien de fois, surtout nous, les adultes, faisons-nous travailler notre imagination pendant une promenade ou un vol avec Hugin et Munin ? Combien de fois contournons-nous les frissons du « complexe militaire industriel de divertissement », les distractions des médias électroniques, pour aller plus ou moins loin dans notre imagination et lui permettre d'évoquer quelque chose/quelqu'un après avoir passivement contemplé la forme d'un nuage, les nervures d'une feuille ou l'histoire d'un vieux dieu que la plupart des gens considèrent comme mort depuis longtemps ?

« Nous sommes élevés dans l'idée qu'imaginer quelque chose signifie que nous ne percevons pas la vérité »[3], écrit la celticiste Mara Freeman.

> « "C'est votre imagination !" est l'ultime remarque dévalorisante. En réalité, l'imagination est le langage de l'âme. Les images qui

3. Mara Freeman, *Vivre la tradition celtique au fil des saisons.*

> apparaissent pendant la rêverie, le rêve et la vision sont l'interface entre nous-mêmes et les habitants invisibles du monde qui sont au-delà de nos cinq sens. Ne vous inquiétez donc pas si vous "inventez tout". »[4]

Plus vous vous sentirez libre de prendre les rênes de votre imagination au cours de vos exercices métaphysiques et de vos excursions spirituelles, « plus vous en tirerez profit », conclut Freeman.[5]

Une explication de la physique quantique

Iron Feathers, un chaman et « bâtard européen non autochtone », comme il se décrit lui-même, qui a étudié avec les chamans aux États-Unis, au Mexique et au Pérou, affirma avoir vu un chaman péruvien se transformer en une aigrette blanche, tandis qu'un de ses amis l'a vu devenir un ours. Il cita les travaux de Konrad Lorenz, zoologiste et ornithologue lauréat du prix Nobel, qui avança l'idée que :

> « Le cortex moteur est une image du corps, et que le corps essaie de se conformer à cette idée. Une sorte de *body mapping*... Je pense que le chaman reçoit l'image d'un animal dans son cortex moteur. Du point de vue de la physique quantique, le corps, et toute la matière, se recrée à chaque nanoseconde. L'énergie nécessaire à ce changement provient du champ électromagnétique de l'univers – le divin, Dieu, ou la force de vie universelle. Les yogis parlent de ce type de transformation depuis environ cinq mille ans. Le chaman a donc l'image de l'ours dans le cortex moteur, et dans une réalité non ordinaire, il a la capacité de prendre cette image et de recréer une nouvelle image de l'ours.[6] »

Parfois, une personne peut sentir qu'elle s'approche d'un changement et qu'elle « touche l'image » dans le cortex moteur, mais qu'elle n'est « pas assez forte pour l'introduire dans sa réalité et l'y maintenir »[7], écrit Iron Feathers.

4. *Ibid.*

5. Mara Freeman, *Kindling the Celtic Spirit.*

6. Karlene Stange, *The Spiritual Nature of Animals.*

7. *Ibid.*

PRÉPARATION

La transformation est entrée dans mon répertoire de techniques chamaniques de façon plutôt organique ; elle fut une évolution plutôt qu'une révolution, même si la percée fut soudaine, inattendue et assez choquante. Un observateur extérieur pourrait même dire qu'elle n'était pas sollicitée, fortuite, et par conséquent « accidentelle ». Toutefois, je suis d'accord avec de nombreux explorateurs métaphysiques, chercheurs spirituels, adeptes de la méditation, occultistes, magiciens, païens, chamans et voyageurs vers les réalités non ordinaires pour dire que ce qui semble « accidentel » est souvent (toujours ?) le résultat d'un travail préparatoire effectué au préalable, conscient et inconscient.

Ou peut-être devrais-je dire que je n'ai pas été lancé dans la thérianthropie de façon délibérée et consciente. A posteriori, je suis certain que j'avais inconsciemment préparé le terrain : un jour, je regardais par la fenêtre de mon salon les corneilles dans les arbres situés dans mon jardin quand, de manière inexplicable, la mécanique de mon troisième œil s'est mise en marche, et boum ! Comme Lord Vaillant, la corneille alpha, mon corps glissait du haut d'un pin vers ma pelouse, et le sol se précipitait pour m'accueillir alors que mes ailes noires se déployaient et que je me relevais. Le malaise caractéristique et palpable des montagnes russes se fit sentir dans mon estomac juste avant l'atterrissage.

Je me suis demandé : « Que s'est-il passé ? »

Dans les jours et les semaines qui suivirent, cette thérianthropie spontanée continua de survenir, mais de façon fugace. Il me fallut un peu de temps pour découvrir que je pouvais me transformer en corneille, et même en d'autres animaux, ou en arbre en dehors de leur présence physique, et seulement si j'avais été intimement lié à leur espèce par le passé, et ce, à plusieurs reprises.

Cependant, ces transformations ne se sont pas produites sans effort, il ne me suffisait pas de vouloir qu'elles aient lieu. Parfois mes tentatives échouaient. Le « *set and setting* », c'est-à-dire l'environnement mental, émotionnel, social et physique dont Timothy Leary parlait comme d'une préparation nécessaire pour un voyage sous LSD ou autre drogue psychédélique, ne semblait pas être adéquat ici.

Une niche bucolique dans les bois ne conduira peut-être pas à la transformation souhaitée, alors qu'une corneille perchée sur un réverbère peut être une bonne motivation pour un voyage réussi et semi-spontané.

Si vous vous adonnez à la métamorphose ou à d'autres exercices métaphysiques, ne serait-ce que de façon semi-régulière, vous vous rendrez compte que la « simple » imagination ne l'est pas tant que ça. C'est un outil latent mais puissant pour s'aventurer dans des royaumes non-ordinaires. Les visions qui vous viendront de votre subconscient, du plan astral ou d'autre part, vous paraîtront surprenantes et spontanées, vous amenant à penser : « D'où *cela* vient-il ? » Les enfants connaissent et utilisent le pouvoir de l'imagination. Cette faculté s'atrophie souvent au fur et à mesure que nous devenons adultes.

Si votre cerveau rationnel, pragmatique proteste (« C'est juste ton imagination, ce n'est pas réel ! »), rappelez-vous ce que nous avons évoqué plus tôt : les rêves, les hallucinations et l'imagination sont bel et bien réels, mais pas d'une façon « matérialiste », comme le diraient les rationalistes. Les scientifiques étudient la faculté d'imagination tout comme ils étudient les rêves, les fantasmes et tous types de phénomènes surnaturels.

Alors que notre imagination est un acte courant et (semble-t-il) facilement activable par le troisième œil, elle est la porte d'entrée vers des mondes plus profonds du cerveau mystique-intuitif tels que l'intuition elle-même, les visions, la communication avec le monde des esprits, les rencontres avec le dieu/la déesse, la capacité à non seulement reconnaître, mais aussi donner du sens aux synchronicités, etc.

Ces domaines nécessitent de connaître leur « langage », une langue non verbale étrangère à nombre d'entre nous, jusqu'à ce que nous commencions à la pratiquer et à en devenir familier. C'est là que l'imagination entre en jeu.

ACTIONS

Bien qu'il soit difficile de formuler une technique étape par étape, voici quelques lignes directrices pour vous aider à cultiver une expérience de transformation.

| SOYEZ FAMILIER DE LEUR MODE DE VIE

Vous ne vous transformerez jamais en tigre ou en loup si vous n'êtes pas intimement familier de leurs comportements et de leur quotidien. Ma transformation spontanée en Lord Vaillant s'est produite seulement après l'avoir observé, lui et ses congénères, pendant des années. Je me suis également renseigné sur les habitudes des corneilles et des corbeaux grâce à des livres et à des documentaires à la télévision et sur YouTube.

OUVREZ VRAIMENT LES YEUX

Dans notre vie quotidienne, nous faisons les choses par cœur. Comme le dit Colin Wilson, notre robot a sa place et son utilité : la majorité des tâches banales ne requiert pas d'engagement profond ou d'attention particulière. Mais nous, humains, permettons trop facilement au robot de prendre la direction des commandes. Nous ne nous attardons pas assez sur des choses qui nécessitent plus d'égards. Les rencontres qui pourraient améliorer notre bien-être émotionnel sont ignorées, comme un spectateur qui permettrait à son esprit singe de bavarder pendant la *Neuvième Symphonie* de Beethoven.[8]

Il semble absurde de dire qu'il faut vraiment regarder les corneilles et les corbeaux si vous souhaitez devenir thérianthrope, mais le robot est insidieux et peut, sans que vous le sachiez, vous bercer dans des engagements moins intenses avec les corvidés. En effet, un engagement superficiel avec l'Esprit est quelque chose dont tous les chercheurs doivent se méfier.

La métamorphose nécessite un examen minutieux du vol et des mouvements des corvidés. L'envergure des corneilles en vol vous semblera disproportionnée en comparaison de la taille du corps des oiseaux lorsqu'ils sont perchés sur une branche, les ailes repliées. Je suis toujours surpris par l'imposante envergure des corneilles quand j'ai la chance d'en voir une qui vole près de moi, ou lorsque je prends en photo l'une d'entre elles dans le ciel. En outre, le bout de leurs plumes s'écarte comme des doigts quand elles volent.

Contrairement au vol nerveux des troglodytes de Caroline, des cardinaux rouges, des merles d'Amérique ou d'autres oiseaux chanteurs, les corneilles volent avec grâce, majesté, attention et intention. Après s'être posées sur mon arbre à suif chinois pour manger les biscuits salés que j'avais dispersés pour elles, elles partent en tournoyant habilement à travers les pins, les *Quercus incana* et les *Coccothrinax argentata*. Lorsque les corneilles s'envolent du sol, elles sautillent une ou deux fois avant de s'élancer dans les airs.

8. Colin Wilson, *Super Consciousness*.

Comme je n'ai jamais vu de corbeaux en dehors de ceux que j'ai aperçus au cours de mes voyages au Nouveau-Mexique, je ne pouvais me changer en l'un d'eux. C'est pourquoi j'envie ceux qui peuvent se transformer en corbeau et effectuer de joyeux tonneaux et sauts périlleux, une prouesse que les corneilles ne peuvent réaliser.

Même si les corneilles sont majestueuses en vol, leur démarche au sol est presque comique, leur tête se balançant d'avant en arrière comme des poulets.

Une corneille perchée en haut d'un arbre ne semblera pas petite, surtout en comparaison des oiseaux susmentionnés. Mais si cette corneille se pose près de vous, sur une branche basse ou au sol, et que vous parvenez à la voir de profil, vous serez choqué par sa corpulence, comme si elle s'était muée en une énorme bête.

Quand les corneilles s'apprêtent à atterrir, leurs ailes déployées et leurs pattes étendues, leur corps s'arrête soudainement en plein vol. Leurs pattes à seulement quelques centimètres de la terre, elles stagnent dans les airs. Elles ne sont pas simplement suspendues entre les royaumes de la terre et du ciel, elles sont magiquement en suspens entre les mondes : entre Asgard, la demeure des dieux nordiques, et Midgard, où vivent les humains ; entre le royaume de la Morrigan, la déesse irlandaise des batailles, et le royaume terrestre de Cúchulainn, le mythique guerrier irlandais ; entre le royaume du corbeau, le *trickster* amérindien, et les forêts luxuriantes du nord-ouest pacifique.

Observez les corneilles lors de ce magnifique moment de stase, et vous éprouverez peut-être ce léger et délicieux sentiment de papillons dans le ventre que l'on ressent dans un grand huit ou lorsqu'une voiture franchit le sommet d'une colline. Cette sensation est l'un des signes qui vous permettra de savoir que vous avez transcendé cette « simple » imagination et rêverie, et que vous vous êtes transformé.

| PAS DE PRÉPARATION

Pour débuter une séance de transformation ou pour s'y glisser par inadvertance, nous n'avons pas besoin d'effectuer un travail préparatoire de respiration, de méditation ou d'invocation. Ces préliminaires sont en réalité contre-productifs.

Contrairement à la transe ou à la vision, l'objectif de la thérianthropie (telle qu'elle est décrite ici) est de s'engager de manière plus palpable et plus profonde avec le monde physique : les arbres, les forêts, les lacs, les prés, les terres cultivées, les villes, les nuages, la venaison, les chiens, les faucons, les loutres, les humains... tout ce qui peuple la typographie de la chair de Gaïa et le souffle de Nyx, la déesse égyptienne de la nuit.

Vous regarderez le monde à travers les yeux d'une corneille ou d'un corbeau.

| ACCROÎTRE VOTRE ENGAGEMENT SENSORIEL

Voici comment il faut commencer : imaginez que vous regardez à travers les yeux d'un corvidé. Ne fermez pas les yeux : vous voulez amplifier et non diminuer votre engagement sensoriel avec votre environnement. Vous saurez que vous vous êtes déplacé quand vous commencerez à ressentir des sensations physiques certes subtiles, mais palpables, contrairement à ce que vous vivez à travers une « simple » imagination : une respiration haletante, un léger étourdissement ou des papillons dans le ventre ; toutes ces réponses physiologiques que nous, humains, vivons quand notre corps est transporté vers le ciel en avion, dans un grand huit ou en haut d'un gratte-ciel.

| NE RESTEZ PAS SEUL

Quand vous vous lancez dans une transformation, essayez de rejoindre d'autres corneilles ou corbeaux en vol.

| FAITES SEMBLANT JUSQU'À CE QUE VOUS Y ARRIVIEZ

Ne craignez pas de faire semblant, jusqu'à ce que vous y parveniez. J'ai volé avec Hugin et Munin lors d'une simple rêverie (bon d'accord, pas si simple) bien avant de me transformer. Évidemment, vous allez vous demander : « Quelle est la différence entre imaginer et se transformer ? » Réponse : pas grand-chose.

Comme c'est souvent le cas avec les histoires ésotériques ou métaphysiques, notre langage quotidien nous fait défaut. La réponse « intensité » vient à l'esprit, car la thérianthropie est plus vivante, puissante, et étrangement personnelle que la rêverie. Toutefois, il convient de rappeler le mantra selon lequel le paganisme, la wicca et la sorcellerie ne sont pas des voies spirituelles, mais une expérience et un engagement. Comme le sexe, les réalités non ordinaires peuvent être décrites par des mots, mais en fin de compte, il faut expérimenter ces choses pour connaître leur véritable essence. L'inadéquation des mots sautera alors aux yeux.

POUR ALLER PLUS LOIN

De toutes les techniques et les pratiques présentées dans cet ouvrage, la transformation est la plus douce et la plus insaisissable, et parfois la plus frustrante également. Disposez les cartes d'un tarot selon les modèles proposés ou débutez une séance de lychnomancie, et la probabilité est assez élevée que quelque chose survienne. Peut-être de la thérianthropie.

Il est important de se souvenir que l'enchantement ou tout acte magique sera voué à une réussite aléatoire. Les légendes de la NBA telles que Michael Jordan et Magic Johnson commençaient chaque match avec l'intention de marquer soixante points et de mener leur équipe vers la victoire, mais même leurs aptitudes hors normes n'étaient pas toujours à la hauteur de la tâche. Un chef cuisinier, même s'il prépare toujours le même plat, servira des délices culinaires plus ou moins savoureux.

Ne vous inquiétez pas si une session de transformation ne vous permet pas de vous envoler. Au moins, vous aurez activé l'imagination du quotidien, qui n'est en réalité pas si simple que ça. Si vous ne passez jamais de la rêverie à la transformation, vous bénéficierez quand même de l'évasion, du jeu et de la libération qui découlent de l'imagination, et vous vivrez une sorte de profonde communion avec les corvidés.

Mais c'est la thérianthropie qui vous emmènera vers des lieux qui semblent d'un autre monde, des royaumes qui se trouvent au-dessus des forêts ou des déserts et sous les nuages, des lieux étranges, merveilleux et magiques. C'est alors que vous vous direz : « Nous ne sommes pas chez les extraterrestres. Ce n'est pas un monde étrange. C'est la poitrine de Gaïa. C'est le souffle de Nyx. C'est la terre. C'est là où je vis, mais que je n'avais jamais perçu ni vécu de la sorte. »

Et vous regarderez à côté de vous, et volerez avec vos compagnons, les corneilles et les corbeaux, et criaillerez et croasserez, et penserez : « La vie est belle ».

CONCLUSION
LA LEÇON À RETENIR

L'artiste de Lascaux était-il un chaman ? Lorsqu'il a utilisé des pigments extraits des minéraux de la chair de Gaïa et créé l'image d'un thérianthrope humain-corneille allongé et ithyphallique avec un bâton surmonté d'une corneille, il a laissé la preuve d'un moment charnière dans l'histoire : les humains ont pris conscience de l'existence d'un espace liminal. Ils se sont en effet rendu compte qu'il existait un seuil entre le monde palpable et physique du clan, du feu, de la chasse et de la procréation, et ce royaume mystérieux et invisible dont ils soupçonnaient l'existence. Ce royaume où vit quelque chose « d'autre », de non humain, de non terrien.

Si l'artiste de Lascaux était un chaman, un voyageur volontaire entre les mondes visibles et invisibles, il avait sûrement très envie de franchir cette frontière liminale. Et je présume qu'une corneille a servi de guide à l'artiste.

On ne peut que s'interroger quant aux rencontres de l'artiste avec les corvidés : la première fois, l'intelligence de leur comportement a été remarquée, peut-être par la façon dont ils ont suivi les humains en train de chasser pour ensuite se régaler des restes d'une carcasse. Ou peut-être les hommes ont-ils été impressionnés par la manière dont les corneilles communiquaient entre elles, ou se reconnaissaient et identifiaient les visages humains.

Les corvidés font partie de ce monde, mais possèdent également des pouvoirs de l'au-delà : les corneilles et les corbeaux doivent être des passeurs entre les royaumes ! Ils doivent parler aux entités mystérieuses et invisibles qui sont à proximité du monde de la chasse, de la cueillette et de la survie !

Cet artiste-chaman l'a senti, la magie est à l'œuvre. La magie de la corneille ! La magie du corbeau !

Il a donc invoqué cette magie, l'a célébrée, et a envoyé un communiqué à sa tribu, son genre et à toute l'humanité qui suivrait : nous pouvons franchir cette frontière. Nous pouvons lever le voile afin de révéler les mystères. Les corneilles et les corbeaux le font. Nous le pouvons aussi. La magie est là. Celle de la corneille. Celle du corbeau.

Jetez un œil sur une image de l'homme-oiseau de Lascaux, et un choc palpable, né il y a dix-neuf mille ans dans la grotte française, secouera votre âme. L'ancêtre de la corneille que vous voyez dans votre jardin est celle-là même qui a enchanté l'artiste de Lascaux. Les corneilles et les corbeaux sont les créatures les plus intelligentes que la plupart des humains ont jamais rencontrées, et qu'ils rencontrent régulièrement. Elles sont partout ou presque, vaquent à leurs occupations, nous regardent comme on le fait, et nous rappellent, pour quiconque se donne la peine de s'en rendre compte, qu'il y a bien plus de choses sur terre et au ciel que n'en rêvent la majorité des philosophies.

Poursuivez la magie de la corneille et du corbeau et vous suivrez les traces de l'ancien artiste, des anciens Nordiques et Celtes, des Amérindiens et d'autres cultures. Comme chacun d'entre eux, vous trouverez une communion plus intense avec Gaïa et sa faune et sa flore, et vous lèverez le voile. Les mystères et la magie des déesses et des dieux seront dévoilés.

C'est le plus grand enseignement de la corneille et du corbeau : la magie est réelle. La magie est à l'œuvre, pas plus loin que dans votre jardin. Criaillez ! Croassez !

NOTES

RÉFÉRENCES BIBLIOGRAPHIQUES

Abram, Christopher. *Myths of the pagan north: the gods of the Norsemen*. New York: Continuum, 2011.

Anderson, Rasmus B. *Norse mythology; or, the religion of Our Forefathers, Containing All the Myths of the Eddas, Systematized and Interpreted. With an Introduction, Vocabulary and Index*. 4th ed. Chicago: Scott, Foresman, and Company, 1884.

Armstrong, Edward Allworthy. *The Folklore of Birds: An Enquiry into the Origin & Distribution of Some Magico-Religious Traditions*. Boston: Houghton Mifflin, 1959.

Barker, Ernest. *The Political Thought of Plato and Aristotle*. New York: Russell & Russell, 1959.

Beck, Guy L., ed. *Sacred Sound: Experiencing Music and World Religions*. Waterloo, Ontario: Wilfrid Laurier University Press, 2006.

Bellows, Henry Adams. trad. *The Poetic Edda: the mythological poems translated from the Icelandic with an introduction and notes*. New York: American-Scandinavian Foundation, 1923.

Boyer, Régis. *L'Edda poétique,* Paris: Fayard, 1992.

Buckland, Raymond. *The Witch Book: The Encyclopedia of Witchcraft, Wicca, and Neo-Paganism*. Detroit: Visible Ink Press, 2002.

Calder, James T. *Sketch of the Civil and Traditional History of Caithness, from the Tenth Century*. Glasgow: Thomas Murray and Son, 1861.

Campbell, Alistair, ed. *Encomium Emmae Reginae*. Vol. 72. London: Offices of the Royal Historical Society, 1949.

Campbell, Joseph, *The Way of Animal Powers. Historical Atlas of World Mythology*, vol 1. London: Alfred Van Der Marck Editions, 1983.

Campbell, Joseph, *Occidental Mythology*. The Masks of God. New York: Penguin Books, 1975.

Campbell, Joseph, *Primitive Mythology*. The Masks of God. New York: Viking Press, 1969.

Camus, Albert. *L'étranger*, coll. « Blanche », Gallimard, 1942.

Castaneda, Carlos. *Le voyage à Ixtlan, Les leçons de don Juan*, coll. « Témoins », Gallimard, 1974

Castaneda, Carlos, *A Separate Reality; Further Conversations with Don Juan*. New York: Simon & Schuster, 1972.

Cicero. *On Old Age. On Friendship. On Divination*. Traduit par W. A. Falconer. Loeb Classical Library 154. Cambridge, MA: Harvard University Press, 1923.

Clottes, Jean, et David Lewis-Williams. *Les chamanes de la préhistoire: transe et magie dans les grottes ornées*, Seuil, 1996.

Cornell, Heather N., John M. Marzluff, et Shannon Pecoraro. « Social learning spreads knowledge about dangerous humans among American crows. » *Proceedings Biological Sciences* 279, 1728 (7 février 2012).

Criswell. *Criswell's Forbidden Predictions; Based on Nostradamus and the Tarot*. Atlanta: Droke House/Hallux, 1972.

Crawford, Jackson, trad. *The Poetic Edda: Stories of the Norse Gods and Heroes*. Indianapolis: Hackett Publishing Company, 2015.

Crowley, Aleister. *Magick in Theory and Practice*. New York: Dover Publications, 1976.

Dasent, George Webbe. *The Story of Burnt Njal; or, Life in Iceland at the End of the Tenth Century. From the Icelandic of the Njals Saga*. Vol. 1 et 2. Edinburgh: Edmonston and Douglas, 1861.

Dunn, Joseph, trad. *The Ancient Irish Epic Tale Táin Bó Cúalnge*. London: D. Nutt, 1914.

Dyer, Wayne W. *Le pouvoir de l'intention, apprendre à cocréer le monde à votre façon*, ABA, 2004.

Echard, Siân, Robert Rouse, Jacqueline A. Fay, Helen Fulton, et Geoff Rector, eds. *The Encyclopedia of Medieval Literature in Britain*. Hoboken, NJ: John Wiley & Sons, 2017.

Eliade, Mircea. *Le Chamanisme et les techniques archaïques de l'extase*, Evergreen, 2015.

Ellis, Hilda Roderick. *The Road To Hel: A Study of the Conception of the Dead in Old Norse Literature*. New York: Cambridge University Press, 1943.

Éditeurs de Time-Life Books. *Keepers of the Totem.* The American Indians, édité par Henry Woodhead. Alexandria, Virginia: Time-Life Books, 1993.

Evans-Wentz, W. Y., *The Fairy-Faith in Celtic Countries*. London: Henry Frowde/Oxford University Press, 1911.

Faraday, Lucy Winifred. *The Cattle-Raid of Cualnge (Táin Bó Cúailnge): an Old Irish Prose-Epic Translated for the First Time from Leabhar na h-Uidhri and the Yellow Book of Lecan by L. Winifred Faraday, M. A.* London: D. Nutt, 1904.

Farrar, Janet. et Gavin Bone. *Lifting the Veil: A Witches' Guide to Trance-Prophesy, Drawing Down the Moon, and Ecstatic Ritual.* Oregon: Acorn Guild Press, 2016.

Faulkner, William. *Requiem pour une nonne*. Paris: Gallimard, 1993.

Feuerstein, Georg. *Holy Madness: The Shock Tactics and Radical Teachings of Crazy-Wise Adepts, Holy Fools, and Rascal Gurus*. New York: Arkana, 1990.

Finlay, Alison, trad. *Fagrskinna, a Catalogue of the Kings of Norway: A Translation with Introduction and Notes.* Traduit par Alison Finlay. Boston: Brill, 2004.

Frazer, James George. *Le Rameau d'or, étude sur la magie et la religion.* Paris : Schleicher frères, 1903.

Freeman, Mara. *Vivre la tradition celtique au fil des saisons*. Paris / Trédaniel, 2002.

Giles, Cynthia. *The Tarot: History, Mystery, and Lore*. New York: Paragon House, 1992.

Ginzberg, Louis. *Les legends des juifs*, Paris : éditions du Cerf, 1997.

Green, Miranda. *Animals in Celtic Life and Myth.* London: Routledge, 1992.

Green, Miranda. *Celtic Goddesses: Warriors, Virgins, and Mothers*. New York: G. Braziller, 1996.

Green, Miranda *Dictionary of Celtic Myth and Legend.* London: Thames and Hudson, 1992.

Green, Miranda, *Symbol and Image in Celtic Religious Art.* London: Routledge, 1989.

Green, W. C., trad. *The Story of Egil Skallagrimsson: Being an Icelandic Family History of the Ninth and Tenth Centuries.* London: E. Stock, 1893.

Greene, David H., ed. *An Anthology of Irish Literature.* Vol. 1. New York: New York University Press, 1954.

Guerber, H. A. *Myths of the Norsemen c.* London: George G. Harrap, 1909.

Guest, Lady Charlotte, trad. *The Mabinogion.* London: T. Fisher Unwin, 1902.

Gwynn, Edward, trad. *The Metrical Dindsenchas.* Royal Irish Academy. Todd Lecture Series. Vol. 8–12. Dublin: Hodges, Figgis, 1903.

Hansen, Chadwick. *Sorcellerie à Salem.* Paris: Denöel, 1971.

Haupt, Lyanda Lynn. *Crow Planet: Essential Wisdom from the Urban Wilderness.* New York: Back Bay Books, 2009.

Heinrich, Bernd. *Mind of the Raven: Investigations and Adventures with Wolf-Birds.* New York: Harper Perennial, 2006.

Heinrich, Bernd, et Thomas Bugnyar. « Just How Smart Are Ravens?» *Scientific American,* April 2007.

Hollander, Lee M. *Old Norse Poems: The Most Important Non-Skaldic Verse Not Included in the Poetic Edda.* New York: Columbia University Press, 1936.

Hull, Eleanor, *Cuchulain, the Hound of Ulster.* London: George G. Harrap, 1911.

Hull, Eleanor, *The Cuchullin Saga in Irish Literature: Being a Collection of Stories Relating to the Hero Cuchullin.* London: D. Nutt, 1898.

Hull, Eleanor, *The Northmen in Britain.* New York: Thomas Y. Crowell Company, 1913.

Hull, Eleanor, « Observations of Classical Writers on the Habits of the Celtic Nations, as Illustrated from Irish Records. » The Celtic Review 3, no. 9 (juillet 1906): 62–76, 138–154.

Ingersoll, Ernest. *Birds in Legend, Fable, and Folklore*. New York: Longmans, Green and Co., 1923.

Jackson, Jake, ed. *Norse Myths. The World's Greatest Myths and Legends*. London: Flame Tree Publishing, 2014.

Kilham, Lawrence, *The American Crow and the Common Raven*. College Station, Texas: Texas A&M University Press, 1989.

Kilham, Lawrence, « Sustained Robbing of American Crows by Common Ravens at a Feeding Station. » *Journal of Field Ornithology* 56, no. 4 (Automne 1985): 425–26.

Kramer-Rolls, Dana. « Moon. » In *The Encyclopedia of Modern Witchcraft and Neo-Paganism*, édité par Shelley Rabinovich et James Lewis, 160–61. New York: Citadel Press, 2002.

Larson, Kay. *Where the Heart Beats: John Cage, Zen Buddhism, and the Inner Life of Artists*. New York: Penguin Books, 2013.

Laufer, Berthold. « Bird Divination among the Tibetans (Notes on Document Pelliot No. 3530, with a Study of Tibetan Phonology of the Ninth Century). » *T'oung Pao* 15, no. 1 (1914): 1–110. jstor.org/stable/4526388.

Leakey, Richard, et Roger Lewin. *Origins Reconsidered: In Search of What Makes Us Human*. New York: Doubleday, 1992.

Lévi-Strauss, Claude. *Le totémisme aujourd'hui*. Paris : Puf, 2017.

L'épopée de Gilgamesh, Paris : Les ed. du Cerf, 1994.

Lorenz, Konrad. *King Solomon's Ring: New Light on Animal Ways*, London: Methuen, 1952.

Lukman, N. « The Raven Banner and the Changing Ravens: A Viking Miracle from Carolingian Court Poetry to Saga and Arthurian Romance. » *Classica et Mediaevalia* 19 (1958): 133–51.

Lysaght, Patricia. *The Banshee: The Irish Death Messenger*. Boulder, CO: Roberts Rineheart, 1986.

Mac Cana, Proinsias. *Celtic Mythology*. Feltham, London: Hamlyn, 1970.

MacKendrick, Paul. *The Dacian Stones Speak*. Chapel Hill, NC: University of North Carolina Press, 2000.

MacKillop, James. « Washer at the Ford. » In *A Dictionary of Celtic Mythology*. Oxford: Oxford University Press, 1998.

MacLeod, Sharon Paice. *Celtic Myth and Religion: A Study of Traditional Belief, with Newly Translated Prayers, Poems and Songs*. Jefferson, NC: McFarland, 2012.

Malin, Edward. *Totem Poles of the Pacific Northwest Coast*. Portland: Timber Press, 1986.

Maple, Eric. « Wands. » In *Man, Myth & Magic: An Illustrated Encyclopedia of the Supernatural*, édité par Richard Cavendish, 2985–87. New York: Marshall Cavendish, 1970.

Marzluff, John M., et Tony Angell. *In the Company of Crows and Ravens*. New Haven: Yale University Press, 2005.

Marzluff, John M., et Tony Angell. *Gifts of the Crow: How Perception, Emotion, and Thought Allow Smart Birds to Behave Like Humans*. New York: Free Press, 2012.

May, Rollo. *Le courage de créer*, Montréal: Le Jour Eds, 1994.

Mindell, Arnold. *The Shaman's Body: A New Shamanism for Transforming Health, Relationships, and the Community*. San Francisco: HarperSanFrancisco, 1993.

Mortensen, Karl. *A Handbook of Norse Mythology*. Traduit par A. Clinton Crowell. Mineola, NY: Dover Publications, 2003.

Nisker, Wes « Scoop. » *The Essential Crazy Wisdom*. Berkeley: Ten Speed Press, 1990.

Ó Corráin, Donncha. *Ireland before the Normans*. Gill History of Ireland. Dublin: Gill and Macmillan, 1972.

Ó hÓgáin, Daithi. *Myth, Legend & Romance: An Encyclopedia of the Irish Folk Tradition*. New York: Prentice Hall Press, 1991.

Ovide. *Les métamorphoses*, Paris: Les belles lettres, 2019.

Pálsson, Hermann, et Paul Edwards, trans. *Orkneyinga Saga: The History of the Earls of Orkney*. New York: Penguin, 1981.

Peterson, Roger Tory. *A Field Guide to the Birds: A Completely New Guide to All the Birds of Eastern and Central North America*. Boston: Houghton Mifflin, 1980.

Pline l'Ancien. *Histoire naturelle, Livre I*, Paris: Les belles lettres, 2003

Poe, Edgar Allan. *Le corbeau*, Paris: Séguier, 1994.

Radin, Paul. *The Trickster: A Study in American Indian Myth*. New York: Schocken Books, 1956.

Reck, David. *Music of the Whole Earth.* New York: Da Capo Press, 1997.

Reid, Sian Lee. « Tools of the Art. » In *The Encyclopedia of Modern Witchcraft and Neo-Paganism,* édité par Shelley Rabinovich et James Lewis, 272–74. New York: Citadel Press, 2002.

Ross, Anne, *Druids: Preachers of Immortality.* Stroud, Gloucestershire: The History Press, 2013.

Ross, Anne, *Pagan Celtic Britain: Studies in Iconography and Tradition.* Chicago: Academy Chicago Publishers, 1996.

Rutherford, Ward. *Celtic Lore: The History of the Druids and Their Timeless Traditions.* London: Aquarian Press, 1993.

Ryan, Robert E. *The Strong Eye of Shamanism: A Journey into the Caves of Consciousness.* Rochester, VT: Inner Traditions, 1999.

Schoepperle, Gertrude. « The Washer of the Ford. » *The Journal of English and Germanic Philology* 18, no. 1 (janvier 1919): 60–66.

Shakespeare, William. *Hamlet,* Paris: Robert Laffont, 2020.

Smyth, Daragh. *A Guide to Irish Mythology.* Dublin: Irish Academic Press, 1996.

Society for Northern Research. *Saga-Book of the Viking Club.* Vol. 6. Proceedings. London: imprimé par l'auteur, 1908.

Stange, Karlene. *The Spiritual Nature of Animals: A Country Vet Explores the Wisdom, Compassion, and Souls of Animals.* Novato, CA: New World Library, 2017.

Stevenson, William Henry, ed. *Asser's Life of King Alfred, Together with the Annals of Saint Neots Erroneously Ascribed to Asser, edited with an introduction and commentary by William Henry Stevenson.* Oxford: Clarendon Press, 1904.

Stevenson, Joseph, trad. *The Church Historians of England.* Vol. 2, Part 2. London: Seeleys, 1854.

Stewart, C. Nelson. « Talismans. » In *Man, Myth & Magic: An Encyclopedia of the Supernatural,* édité par Richard Cavendish, 2772–75. New York: Marshall Cavendish, 1970.

Stokes, Whitley, « Cúchulainn's Death [abridged from the Book of Leinster],» *Revue Celtique* III (1876–1878).

Stokes, Whitley, « The Destruction of Dá Derga's Hostel. » *Revue* Celtique *XXII* (1901).

Stokes, Whitley, *The Destruction of Dá Derga's Hostel.* New York: P. F. Collier & Son, 1910.

Stokes, Whitley, « The Prose Tales in the Rennes Dindshenchas. » *Revue Celtique* 15 (1894).

Stokes, Whitley, « The Second Battle of Moytura. » *Revue Celtique XII* (1891).

Sturluson, Snorri. *L'Edda : récits de mythologie nordique,* coll. « nrf », Paris: Gallimard, 1991.

Summers, Montague. *The Geography of Witchcraft.* New York: University Books, 1958.

Teit, James. « Traditions of the Lillooet Indians of British Columbia. » *The Journal of American Folklore* 25, n° 98 (octobre–décembre 1912).

Tite-Live, *Histoire romaine, Vol. 2.* Paris: Belles Lettres, 1983.

Todd, James Henthorn, trad. *Cogadh Gaedhel re Gallaibh. The War of the Gaedhil with the Gaill; or, The Invasions of Ireland by the Danes and Other Norsemen.* London: Longmans, Green, Reader, and Dyer, 1867.

Turville-Petre, E. O. G, *Myth and Religion of the North; The Religion of Ancient Scandinavia,* London: Weidenfeld and Nicolson, 1964.

Valiente, Doreen, *An ABC of Witchcraft: Past and Present.* Custer, WA: Phoenix Publishing, 1988.

Valiente, Doreen, *Witchcraft for Tomorrow.* Custer, Washington: Phoenix Publishing, 1978.

Walker, Benjamin. « Moon. » In *Man, Myth & Magic: An Illustrated Encyclopedia of the Supernatural,* édité par Richard Cavendish, 1876–82. New York: Marshall Cavendish, 1970.

Watts, Alan, *La philosophie du Tao,* Paris: ed. du Rocher, 2000.

Watts, Alan, « Zen Bones. » In *Eastern Wisdom, Modern Life: Collected Talks 1960–1969.* Novato, California: New World Library, 2006.

Weber, Courtney. *The Morrigan: Celtic Goddess of Magick and Might.* Newburyport, MA: Weiser Books, 2019

Whitford, David M, *The Curse of Ham in the Early Modern Era: The Bible and the Justifications for Slavery.* Surrey, England: Ashgate, 2009.

Wilde, Lady. *Ancient Cures, Charms, and Usages of Ireland; Contributions to Irish Lore.* London: Ward and Downey, 1890.

Wilson, Colin. *Super Consciousness: The Quest for the Peak Experience.* London: Watkins Publishing, 2009.

Wilson, Robert Anton. *Cosmic Trigger: Final Secret of the Illuminati.* Las Vegas, Nevada: Falcon Press, 1989.Trigger

Woolf, Virginia. *Mr. Bennett and Mrs. Brown.* London: The Hogarth Press, 1924.

Yates, James. « Amuletum. » In *A Dictionary of Greek and Roman Antiquities,* édité par William Smith, 91. 2nd ed. Boston: Little, Brown, and Company, 1859.

Yeats, William Butler. « Adam's Curse. » In *The Collected Poems of W. B. Yeats.* Definitive Edition, With the Author's Final Revisions, 78–79. New York: Macmillan, 1956. »

Yeats, William Butler *A Critical Edition of Yeats's A Vision (1925).* Édité par George Mills Harper and Walter Kelly Hood. London: Macmillan, 1978.

Yeats, William Butler « Gratitude to the Unknown Instructors. » In *The Collected Poems of W. B. Yeats.* Definitive Edition, With the Author's Final Revisions, 249. New York: Macmillan, 1956.

Yeats, William Butler « If I Were Four-and-Twenty. » In *Explorations,* 263–70. London: Macmillan, 1962.

Yeats, William Butler « The Lake Isle of Innisfree. » In *The Collected Poems of W. B. Yeats.* Édition Définitive, Avec les Révisions Finales de l'Auteur, 39. New York: Macmillan, 1956.

Yeats, William Butler, *Quarante-cinq poèmes,* coll. « nrf », Paris: Gallimard, 1993.

Zakroff, Laura Tempest. *Visual Alchemy: A Witch's Guide to Sigils, Art & Magic.* Woodbury, MN: Llewellyn Publications, 2022.

Sites Internet:

« American Crow. » *All About Birds.* 21 septembre 2020, https://www.allaboutbirds.org/guide/American_Crow/lifehistory

«The Battle of Clontarf 23rd April 1014. » *Battle of Clontarf.* 20 juin 2023. https://www.battleofclontarf.net/vacations-ireland/the-battle-of-clontarf-23rd-april-1014/3423

Beckett, John. « When You Hear the Call of the Morrigan. » *Under the Ancient Oaks: Musings of a Pagan, Druid, and Unitarian Universalist* (blog), *Patheos*, 30 juillet 2017.
https://www.patheos.com/blogs/johnbeckett/2017/07/hear-call-morrigan.html

Belarde-Lewis, Miranda. « There Are Many Versions of the Tlingit 'Raven' Story, but Its Truth and Hopeful Message Are Universal. » *Seattle Times*. Actualisé le 12 juillet 2019.
https://www.seattletimes.com/pacific-nw-magazine/there-are-many-versions-of-the-tlingit-raven-story-but-its-truth-and-hopeful-message-are-universal/

Best, R. I. « Prognostications from the Raven and the Wren. » *Ériu* 8 (1916). jstor.org/stable/30005405

« The Bill Reid Gallery. » Bill Reid Gallery of Northwest Coast Art. 11 janvier 2020. https://www.billreidgallery.ca/

Bird, Christopher David, et Nathan John Emery. « Rooks Use Stones to Raise the Water Level to Reach a Floating Worm. » *Current Biology* 19, no. 16 (25 août 2009). https://doi.org/10.1016/j.cub.2009.07.033

BirdNote. « A Wide World of Crows. » 7 janvier 2023. https://www.birdnote.org/listen/shows/wide-world-crows

Black Letter Press. « W. B. Yeats - Spiritus Mundi. » 29 novembre 2023. https://www.blackletter-press.com/product-page/w-b-yeats-spiritus-mundi

Boarman, William I., et Bernd Heinrich. « Common Raven. » Cornell Lab of Ornithology. 24 novembre 2023. https://birdsoftheworld.org/bow/species/comrav/cur/introduction

Boechat, Walter. « The Collective Unconscious. » International Association for Analytical Psychology. Accessed November 30, 2023.
https://iaap.org/jung-analytical-psychology/short-articles-on-analytical-psychology/the-collective-unconscious-2/

« The Book Review: Shamans of Prehistory. » Bradshaw Foundation. 26 novembre 2023.
https://www.bradshawfoundation.com/books/shamans_of_prehistory.php

Carlin, George. *On Location at USC*. Internet Movie Database. 29 novembre 2023. https://www.imdb.com/title/tt0249854/characters/nm0137506

Casey, Denis. « Battle of Clontarf. » Britannica. Actualisé le 16 avril 2023. https://www.britannica.com/topic/Battle-of-Clontarf

Clottes, Jean. « The Lascaux Cave Paintings. » Bradshaw Foundation. 15 mai 2023. https://www.bradshawfoundation.com/lascaux/

« Compared Translations of the Meaning of the Quran – 5:31 al-Ma'idah – The Table, The Table Spread Verse 5 : 31. » Internet Mosque. 14 juillet 2023. https://www.internetmosque.net/read/english_translation_of_the_quran_meaning/5/31/index.html

Cristol, Daniel A., Paul V. Switzer, Kara L. Johnson, et Leah S. Walke. « Crows Do Not Use Automobiles as Nutcrackers: Putting an Anecdote to the Test. » *The Auk* 114, n° 2 (1er avril 1997). https://doi.org/10.2307/4089172

« The Crow Hop. » AAA Native Arts Gallery. 30 novembre 2022. https://www.aaanativearts.com/the-crow-hop

Davis, Gareth Huw. « Bird Brains. » *The Life of Birds*. 9 mai 2023. https://www.pbs.org/lifeofbirds/brain/index.html

de Yampert, Rick. « Bang a Gong: Rock Music Rocks Rituals. » The Wild Hunt. 27 mai 2018. https://wildhunt.org/2018/05/bang-a-gong-rock-music-rocks-rituals.html

de Yampert, Rick «Pagan Artists Present Third Offering at Paganicon. » The Wild Hunt. 11 mars 2018. https://wildhunt.org/2018/03/pagan-artists-present-third-offering-at-paganicon.html

Dunlap, David W. « Crows and Ravens Make New York Comebacks to Caw (and Cr-r-ruck) About. » *New York Times*. October, 23, 2016 https://www.nytimes.com/2016/10/24/nyregion/crows-and-ravens-make-new-york-comebacks-to-caw-and-cr-r-uck-about.html

Éditeurs de Encyclopaedia Britannica. « Celt. » Britannica. Actualisé le 21 juin 2023. https://www.britannica.com/topic/Celt-people

Éditeurs de Encyclopaedia Britannica. « Natural History. » Britannica. Actualisé le 24 janvier 2019. https://www.britannica.com/topic/Natural-History-encyclopedic-scientific-by-Pliny-the-Elder

« Feathers and the Law. » U.S. Fish & Wildlife Service. Actualisé le 17 avril 2023. https://www.fws.gov/lab/featheratlas/feathers-and-the-law.php

Garcia, Brittany. « Romulus and Remus. » World History Encyclopedia. April 18, 2018. https://www.ancient.eu/Romulus_and_Remus/
https://www.sagadb.org/egils_saga.en

Haekel, Josef. « Totemism. » Britannica. Actualisé le 8 septembre 2022. https://www.britannica.com/topic/totemism-religion

Hartogsohn, Ido. « Constructing Drug Effects: A History of Set and Setting. » Sage Journals. 1er janvier 2017. https://journals.sagepub.com/doi/10.1177/2050324516683325

Hennessy, W. M. « The Ancient Irish Goddess of War. » 1870. https://www.sacred-texts.com/neu/celt/aigw/aigw01.htm

Hennessy, W. M. « On the Goddess of War of the Ancient Irish. » *Proceedings of the Royal Irish Academy* 10 (1866): 421, 423–40. www.jstor.org/stable/20489002

« How Raven Brought Fire to the Indians. » World of Tales. 11 janvier 2020. https://www.worldoftales.com/Native_American_folktales/Native_American_Folktale_59.html

« How Raven Stole Crow's Potlatch. » Mr. Donn's Site for Kids & Teachers. 9 mai 2023. https://nativeamericans.mrdonn.org/stories/raven.html

« John Ferguson McLennan. » New World Encyclopedia. 6 juin 2023. https://www.newworldencyclopedia.org/entry/John_Ferguson_McLennan

Kaufman, Kenn, « American Crow. » Audubon. 28 juin 2019. https://www.audubon.org/field-guide/bird/american-crow

Kaufman, Kenn, « Common Raven. » Audubon. 28 juin 2019. https://www.audubon.org/field-guide/bird/common-raven

Leonard, Pat. « Crows Have a Mob Mentality Toward Ravens. » All about Birds. 4 juillet 2018. https://www.allaboutbirds.org/news/crows-have-a-mob-mentality-toward-ravens/#

Link, Russell. « Living with Wildlife: Crows. » Washington Department of Fish and Wildlife. 22 septembre 2020. https://wdfw.wa.gov/sites/default/files/publications/00611/wdfw00611.pdf.
https://www.oxfordreference.com/view/10.1093/oi/authority.20110803121134488

MacRae, Fiona. « Why You're More Likely to Have Weird and Wonderful Dreams When There's a Full Moon. » *Daily Mail,* 27 mars 2014. https://www.dailymail.co.uk/sciencetech/article-2590317/Dark-moon-Why-youre-likely-weird-wonderful-dreams-certain-nights.html

Marvell, Andrew. « To His Coy Mistress. » Poetry Foundation. 28 novembre 2023. https://www.poetryfoundation.org/poems/44688/to-his-coy-mistress.

McGowan, Kat. « Meet the Bird Brainiacs: American Crow. » *Audubon Magazine*, mars-avril 2016. https://www.audubon.org/magazine/march-april-2016/meet-bird-brainiacs-american-crow#

McGowan, Kevin. « Frequently Asked Questions about Crows. » Cornell Lab of Ornithology. Actualisé le 9 novembre 2010. https://www.birds.cornell.edu/crows/crowfaq.htm#roost

McGowan, Kevin, et Karen Rodriguez. « Caw vs. Croak: Inside the Calls of Crows and Ravens. » Bird Academy. 21 mai 2019. https://academy.allaboutbirds.org/caw-vs-croak-inside-the-calls-of-crows-and-ravens/

Montanari, Shaena. « We Knew Ravens Are Smart. But Not This Smart. » *National Geographic*, 13 juillet 2017. https://news.nationalgeographic.com/2017/07/ravens-problem-solving-smart-birds/

Montgomery, Sy. « Crow. » Britannica. 25 novembre 2023. https://www.britannica.com/animal/crow-bird

National Audubon Society. « The Migratory Bird Treaty Act, Explained. » Audubon. 24 mai 2023. https://www.audubon.org/news/the-migratory-bird-treaty-act-explained

Ní Mhaonaigh, Máire. « The Date of *Cogad Gáedel re Gallaib*. » *Pertitia* 9 (1995): 354–77. https://doi.org/10.1484/J.Peri.3.255

Nijhuis, Michelle. « Friend or Foe? Crows Never Forget a Face, It Seems. » *New York Times*, 25 août 2008. https://www.nytimes.com/2008/08/26/science/26crow.html

« One for Sorrow ... Magpie Nursery Rhyme. » Bird Spot. 23 juin 2023. https://www.birdspot.co.uk/culture/one-for-sorrow-magpie-nursery-rhyme

« One for Sorrow (Nursery Rhyme) about Magpies. » Birdfact. Actualisé le 19 avril 2022. https://birdfact.com/articles/one-for-sorrow-nursery-rhyme-about-magpies#alternativeVersionsOfOneForSorrow

O'Neill, Brian. « The Battle of Clontarf. » Your Irish Culture. Actualsié le 2 mars 2020. https://www.yourirish.com/history/medieval/battle-of-clontarf

Poe, Edgar Allan. « The Raven. » Poetry Foundation. 30 novembre 2023. https://www.poetryfoundation.org/poems/48860/the-raven

« Rock Art Theories V. » Bradshaw Foundation. 8 mai 2015. http://www.bradshawfoundation.com/news/index.php?id=Rock-art-theories-V

« Rock Art Theories VI. » Bradshaw Foundation. 12 mai 2015. https://www.bradshawfoundation.com/news/index.php?id=Rock-art-theories-VI

Smith, Tiddy. « Animism. » Internet Encyclopedia of Philosophy. 13 juin 2023. https://iep.utm.edu/animism/

Smith, William, ed. « Augur, Augurium. » In *A Dictionary of Greek and Roman Antiquities*, 174-79. London: John Murray, 1875. http://penelope.uchicago.edu/Thayer/E/Roman/Texts/secondary/SMIGRA*/Augurium.html

Swift, Kaeli. « FAQs about Crows. » *Corvid Research* (blog). https://corvidresearch.blog/

Tanabe, Jennifer. « Totemism. » New World Encyclopedia. Actualisé le 28 mai 2015. https://www.newworldencyclopedia.org/p/index.php?title=Totemism&oldid=988394

Vonnegut, Kurt. « Address to Graduating Class at Bennington College. » James Somers. 9 juin 2023. https://jsomers.net/vonnegut-1970-commencement.html

Wei-Haas, Maya. « 40,000-year-ld Cave Art May Be World's Oldest Animal Drawing. » *National Geographic*. 7 novembre 2018. https://www.nationalgeographic.com/science/2018/11/news-oldest-animal-drawing-borneo-cave-art-human-origins/

« What Is a Native American Pow Wow? – The Meaning of Pow Wows. » Pow Wows. 30 novembre 2022. https://www.powwows.com/what-is-a-pow-wow/

Zell, Oberon. « Biography. » Oberon Zell. 21 mars 2020. https://oberonzell.com/biography/

Zimmerman, Larry J. *The Sacred Wisdom of the Native Americans*. New York: Chartwell Books, 2016.

Zorich, Zach. « New Dates for the Oldest Cave Painting. » *Archaeology*, Juillet/Août 2016. https://www.archaeology.org/issues/221-1607/trenches/4551-trenches-france-chauvet-dating

INDEX

À PROPOS DE L'AUTEUR

Rick de Yampert est journaliste et vit en Floride. Il a travaillé pendant trente-deux ans comme rédacteur spécialisé dans les arts et le divertissement pour le *Daytona Beach News-Journal.* Il anime des ateliers et joue du sitar et de la flûte amérindienne lors de festivals païens dans le sud-est des États-Unis. Il donne également des conférences sur la métaphysique lors d'événements et dans des lieux non païens, comme les églises unitariennes universalistes. Rick a étudié le son sacré hindou, le tambour chamanique, le culte de la Déesse Mère, le taoïsme, et plus encore. Son travail sur les corbeaux et les corneilles a été exposé dans des galeries et des festivals d'art en Floride. Vous pouvez le retrouver sur RickdeYampert.com ou mistercrowart.com.

Retrouvez chez Secret d'étoiles :

Retrouvez chez Secret d'étoiles :

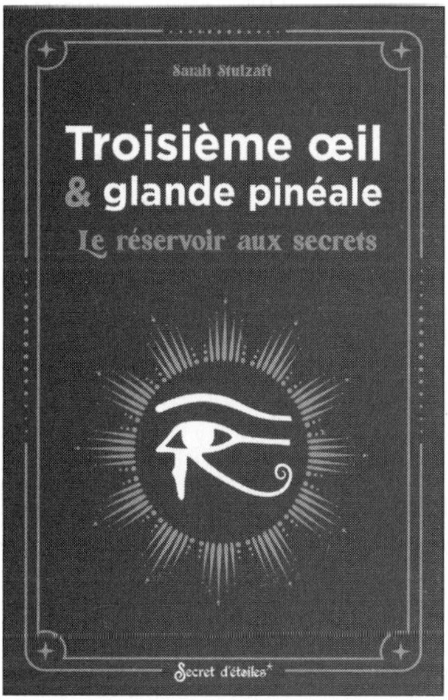

Traduit de l'anglais par Emmanuelle Marmion

Crédit iconographiques
Couverture : © Shutterstock ;
Intérieur : Llewellyn Publications

Crows and Ravens:
Mystery, Myth, and Magic of Sacred Corvids
Copyright © 2024 Rick de Yampert
Publié par Llewellyn Publications
Woodbury, MN 55125-USA
www.llewellyn.com

Direction : Guillaume Pô
Direction éditoriale : Élisabeth Pegeon
Édition : Florine Jamroz
Relecture sur épreuves : Aurélie Lacombe
Direction artistique : Julie Mathieu
Mise en pages : Nord Compo
Fabrication : Morgane Lajeunesse
Direction de fabrication : Thierry Dubus

1er tirage
© 2025, Éditions Secret d'étoiles, Paris
57, rue Gaston Tessier, 75019 Paris
Dépôt légal : février 2025
ISBN : 978-2-3824-0323-5
Code MDS : SR03235 (25L0355)
www.secretdetoiles.com

Certifié PEFC
Ce produit est issu de forêts gérées durablement et de sources contrôlées
PEFC
PEFC/18-32-94
www.pefc-france.org

Ce livre a été imprimé sur du papier PEFC™ issu de forêts gérées durablement. L'imprimeur collecte et élimine ses déchets dangereux auprès de collecteurs agréés, n'utilise pas de produits toxiques et s'engage à être le moins énergivore possible. Par le choix de leurs fournisseurs et par leurs actions quotidiennes, les Éditions Secret d'étoiles s'engagent à diminuer leur impact écologique.

Achevé d'imprimer en en janvier 2025 par Rotolito Italie.